インド憲法とマイノリティ

孝忠延夫 ❖著 KOCHU Nobuo

法律文化社

まえがき

　「We, the People of United States！（われら合衆国人民）」。この言葉は，アメリカ合衆国憲法前文冒頭の言葉である。2001年9月，ニューヨークの廃墟に立ったブッシュ大統領の「国民」への呼びかけにもこの言葉が用いられた。しかし，この呼びかけでは「われら」（みなさん！）という連帯の意味とともに，明らかに「われら」ではない「他者」が想定されている。合衆国の歴史は，「われら」の不断の拡大の歴史，すなわち主権者＝国民の量的質的な充実・発展の歴史であったが，同時に「他者」の不断の確定の歴史でもあった。さらには，「他者」を想像しようとしない神話の中に生きようとする姿勢を強く持ちはじめた人々も増えているように思われる。
　インド憲法前文冒頭も「We, the People of India」で始まる。憲法制定後，インドは，アメリカ合衆国が200年以上かかった主権者＝国民の内実変化をこの50数年で成し遂げている。と同時に依然として国家および社会の周縁的存在とされ，あるいは保護の「対象」とされる人々がいる。本書は，この問題を扱うことによってインドのみならず，今世紀の「国民国家」の将来像を模索することを目的としている。すなわち，憲法とマイノリティの問題である。マイノリティの問題は，現在と将来の国民国家の考察に必要不可欠であり，インドのマイノリティ問題とその憲法的対応は，この考察に貴重な示唆を与えるものであろう。マイノリティは，上述の「われら」と「非われら（他者）」との境界におかれた存在だからである。この境界の「位置と幅」は，たえず変化しつつあり，そのことが当該国民国家の「安定性と不安定性」あるいは「しなやかさと硬直性」を示すもののように思われる。
　本書序章では，インド憲法の基本的特徴と内容を概観し，「憲法とマイノリティ」考察の問題関心の所在と考察の視角を明確にしたい。第1章では，「インドにおけるマイノリティ問題」と「インド憲法におけるマイノリティ」について詳細に論じ，マイノリティの問題がムスリムに加えて指定カー

i

スト（SC）・指定部族（ST），さらには「その他の後進階級（OBC）」の問題をも含めた考察を求めていることを明らかにしたい。第**2**章では，マイノリティ問題（とりわけ不可触民制について）の代表的論者の一人であり，憲法起草委員会委員長としてインド憲法の成立に大きな役割を果たしたB.R.アンベードカルの憲法思想と憲法構想を紹介・検討する（M.K.ガンディーは日本でも良く知られているが，不可触民問題についてその最大のライバルであったアンベードカルに関する憲法学からの紹介はほとんどない）。そして，「インド憲法におけるマイノリティ」を考察するにあたって基本的な二つの問題，すなわち「基本権」（憲法第三編）とは区別して明記された「国家政策の指導原則」（同第四編）の憲法的性質と人権の裁判的保障のあらたな試みとして世界的にも注目されている社会活動訴訟（SAL）の問題を第**3**章で，さらにはアファーマティヴ・アクションと留保措置の問題を第**4**章で扱う。これら「インド憲法におけるマイノリティ」の考察が「憲法とマイノリティ」の考察につながることを明らかにしたい。

　なお，本書で扱う「マイノリティ」は，本文中でも述べるようにエスニック，宗教的・言語的マイノリティにとどまらない「広義のマイノリティ」である。「少数者」という言葉を用いなかったのは，それがたんに数的なものではなく，支配的グループ（マジョリティ）からの支配的圧力を受け，「社会的抑圧・差別を被っている」，あるいは「社会の周縁的存在とされている」という属性を持つことを重視するためである。

目次

まえがき

序章　国民統合とマイノリティ …………………………1
 I　国民国家（ネイション・ステイト）とマイノリティ …………1
 II　インド憲法と国民統合 ……………………………………2
  1 インド憲法の基本理念とその担い手の変化（2）　**2**「われらインド人民（We, the People of India）」——保護の対象から権利の主体へ（5）　**3** インド憲法の基本理念としての政教分離主義（9）　**4**「民衆に開かれた」司法への最高裁判所のこころみ——「社会活動訴訟」の展開（13）
 III　憲法改革の動き——あらたな「国民統合」への模索……17
  1 インド憲法の特質と「変えられてきたこと」（17）　**2** 憲法において「変えてはならないこと」（19）　**3** 最近の憲法改革の動き——憲法改革検討委員会報告書（2002年）（20）

第1章　インド憲法におけるマイノリティ …………24
 I　はじめに——人権論の新展開とマイノリティ ……………24
  1 今，なぜ「マイノリティの権利」なのか（24）　**2** なぜ「インド憲法におけるマイノリティ」なのか（26）
 II　インド憲法とマイノリティ …………………………………27
  1 インド憲法制定前史におけるマイノリティ（28）　**2** インド憲法制定審議過程におけるマイノリティ（32）　**3** インド憲法とマイノリティ（60）
 III　むすびにかえて ………………………………………71

第2章　B.R.アンベードカルの憲法構想 …………80
- I　はじめに …………80
- II　被抑圧階級の代表としてのアンベードカル …………81
  - *1*　サイモン委員会（82）　*2*　円卓会議（83）　*3*　『国家とマイノリティ（States and Minorities）』（87）
- III　憲法起草委員長としてのアンベードカル …………97
  - *1*　インド憲法制定議会とアンベードカル（97）　*2*　憲法案とアンベードカル（99）　*3*　インド憲法とアンベードカル（105）
- IV　むすびにかえて …………106

第3章　インド憲法における「基本権」の保障と「国家政策の指導原則」…………111
- I　はじめに …………111
- II　インド憲法成立過程における「基本権」と「国家政策の指導原則」…………113
  - *1*　イギリスからの独立と「基本権」（113）　*2*　憲法制定議会における提案と論議（118）
- III　「基本権」と「国家政策の指導原則」との関係 …………127
  - *1*　国会と裁判所（127）　*2*　「基本権」と「国家政策の指導原則」（137）
- IV　人権の裁判的保障——社会活動訴訟の展開 …………146
  - *1*　社会活動訴訟とは何か（147）　*2*　社会活動訴訟の開始およびその展開（147）　*3*　「裁判を受ける権利」の現実的行使の可能性（152）
- V　むすびにかえて …………153

目次

第4章　インド憲法におけるアファーマティヴ・アクションと留保措置——マンダル事件判決（1992年）後の判決と最近の憲法改正を手がかりとして——……160

- Ⅰ　はじめに——問題の所在………………………………………160
- Ⅱ　インド憲法におけるアファーマティヴ・アクションと留保措置……………………………………………………………162
  - *1*　チャンパカム・ドライラージャン（Champakam Dorairajan）事件判決（1951年）と憲法第15条4項（162）
  - *2*　憲法第15条4項および第16条4項をめぐる主要な判例（163）
  - *3*　マンダル報告書　およびマンダル事件判決（1992年）（167）
  - *4*　マンダル事件判決後の判決と最近の憲法改正（172）
  - *5*　SC/STに対する留保代表制度（177）
- Ⅲ　インド憲法におけるマイノリティの保護と権利の保障……181
  - *1*　インド憲法におけるマイノリティとOBC（181）　*2*　アファーマティヴ・アクションと留保措置をめぐる憲法問題（182）
- Ⅳ　むすびにかえて——マイノリティと「関係性の『豊かさ』の創造」………………………………………………………190
  - *1*　インド憲法の目指す「社会的，経済的，および政治的正義」と「平等」の実現（190）　*2*　優遇措置のみならず留保（Reservation）措置の憲法的承認とその「広がり」（191）　*3*　「国家政策の指導原則」の基本権化，および社会活動訴訟（SAL）の展開（193）

資料Ⅰ　インド憲法 ………………………………………………………200
資料Ⅱ　マンダル報告書 ………………………………………………212
資料Ⅲ　インド憲法改革検討委員会報告書 …………………………220
主要参考文献 ……………………………………………………………236
　あとがき ………………………………………………………………245
　事項・人名索引 ………………………………………………………249

序章
国民統合とマイノリティ

I 国民国家（ネイション・ステイト）とマイノリティ

　今日，国民国家（ネイション・ステイト）とは何であり，その将来像をどのように構想すべきなのか，という課題を多くの国家が突きつけられている。インドは，20世紀の半ばにその一つのモデルを提示した。インドやスリランカなどの南アジア諸国のかかえている憲法問題を考察することは，この課題に一つの回答を示すことにつながるだろう。また，将来の国民国家の構想にあたって，各種の「マイノリティ」と国民国家の形成・維持，すなわち国民統合の形成の課題を避けてとおることはできない。この意味でも，インド憲法は，一つのモデルを示してきた。もちろん，あらたで積極的な「国民」という概念を用いること自体に否定的なアプローチもありうるし，本書の各章で明らかにするように，インドは，植民地支配からの独立と新国家の建設にあたって示した憲法理念の再構成・あらたな創出の可能性を今なお模索しつつあるのではあるが。

　現在，世界各地で，いわゆる「民族紛争」あるいは「宗教紛争」が頻発している。南アジアにおいても，スリランカでは，シンハラ人とタミル人との間の「民族的・宗教的紛争」が続いてきた。しかし，これらの問題の基本は，民族や宗教の違いそのものにあるのではない。民族や宗教を，あるいはその相互の関係を，歴史的・文化的背景をふまえ国民国家の構想・建設にあたって，どのようにとらえるのかにかかわる問題である。つまり，この意味では，すぐれて政治問題であり，その基本的枠組みを定める憲法問題といえよう。

スリランカの多元的文化を国民的合意形成をはかりつつ，どのように憲法上明記していくのかということが大きな課題となるのである。スリランカにおける国家的マイノリティとしてのタミル人は，分離・独立を主張したとき，その主張が国家と国民統合のあり方を左右しうる力を持つほどの「マイノリティ」である。一方で，マイノリティには，彼らの真摯な主張にもかかわらず独自の存在と権利を憲法に盛り込むことが否定されてしまうもの，さらには，断片化され「語ることができない」とされるものまで存在する。本書で扱う，インドにおけるマイノリティには，宗教や言語を異にするマイノリティとともに，過酷な被差別の歴史から「マイノリティ」としての認知を求め続けてきた不可触民グループがいる（詳しくは，本書第Ⅰ章参照）。

マイノリティの権利を憲法的枠組みとしてどのように構成していくのかは，国際的にも憲法学の大きなテーマの一つとなっている（樋口［1999］94頁）[1]。しかし，統合へのあらたな原理（原理による統合）を模索する公共的な論議の「場」の創出，すなわち「多元的に競合しあう公共空間」の形成をおこない難い国家も多い。宗教的・文化的多様性を公平に尊重し，しなやかだからこそ強靭さを持つ憲法構造をそれぞれの国家がつくり出すことは容易ではないが，かといってそれを「われら，○○人民（We, the People of ○○）」（その内実がまさに問題となるのだが）には不可能だとして放棄してしまうことはできないだろう。

Ⅱ　インド憲法と国民統合

1　インド憲法の基本理念とその担い手の変化

18世紀後半，「われら合衆国の人民（We, the People of United States）」が制定し，確定しようとしたアメリカ合衆国憲法（1787年）は，その規範内容を大きく発展させつつ，20世紀にも大きな影響力を発揮した。そして，この21世紀においてもそうである。日本国憲法（1947年）前文（「日本国民は，……この憲法を確定する。」）のみならず，インド憲法（1950年）も，その前文冒頭で「われらインド人民（We, the People of India）」が憲法を制定し，確定する旨明記

している[2]。

　アメリカ合衆国憲法制定の担い手が，今日的な意味での「アメリカ人民」でないことは周知のことである。しかし，このことが同前文の持つ積極的意義を失わせるものではなかった。かえってそれが持つそれぞれの時代における意義と，アメリカ（という）『国家』形成の将来への「開かれた」可能性を示したものだと考えられたのである。特定の階層に属するわずかの人々が確定するものではなく，エスニック・オリジン，ジェンダーなどを異にする人々がアメリカ憲法を担う「われら人民」として，21世紀のアメリカ合衆国を日々あらたに「確定」し，規範として機能し続ける憲法の生命力を維持・発展しつつある。

　インド憲法の制定者たちは，「われらインド人民」というフレーズに何をどのように含め，規範化しようとしていたのだろうか。制定者たちの意識では，主体としてのインド人民はかなり限定的で，かつ嚮導的な意味合いを持っていたように思われる。インドの国内的名称が「バーラト（Bharat）」と明記されていること（インド憲法第1条1項）からもそのことが窺い知れる[3]。しかし，「われらインド人民」の意味するところは，この50年の間に，アメリカ合衆国憲法が200年以上かかって成し遂げた「広がり」と「深み」を実現しつつある。そこでは，限定的な広がりしか想定しえない「バーラト」（特定の担い手が想定されているもの）ではなく，まさに「インド」（その規範的意味の「広がり」の可能性を持つ）が，某かの不協和音を含みつつも人々のアイデンティティの拠りどころとなったのである。この序章では，本書で扱う問題を網羅的に概観し，問題の所在を予め明らかにしておきたい。

　まず，この「われらインド人民」という国民統合のアイデンティティとそこに内在する不協和音を，第一に，指定カースト・指定部族および「その他の後進階級（OBC）」へのアファーマティヴ・アクションにかかわる憲法改正と最高裁判決などを手がかりに考えてみたい。指定カースト（SC）とは，旧不可触民に対する行政上の用語であり，憲法および法律上指定されたカーストである。指定部族（ST）も同様に後進性を持つ部族として指定された部族をいう（これらの点については，本書第4章で詳しく扱う）。

憲法制定時，すなわち，憲法制定議会での審議中にインド・パキスタンの分離独立が確定した（1947年8月）。しかし，誰もが意識し，考えていたはずの国家と宗教とのかかわり合いについて，憲法前文は明記しなかった。政教分離主義（セキュラリズム）が明記されるのは，憲法制定後四半世紀もたった1976年憲法第42次改正のときである。本章では，第二に，なぜ憲法制定時に明記されなかったのか，憲法制定時に意識されていた政教分離主義と第42次改正で前文に挿入された政教分離主義とは同じ内容を持つものか否か，そして，なぜ1970年代半ばに明記する必要があったのか，を考えてみたい。インドの憲法は，南アジアの他の諸国が，特定の宗教の優位性およびそれとのかかわり合いを明記しているのとは，明文規定上，著しい対照をなしている。

　第三に，あらたに登場した憲法の担い手，すなわち「われらインド人民」に加わった人々の権利保障を担保し，実効あらしめる機関としての最高裁判所の「民衆に開かれた司法」への動きを検討してみたい。インド憲法が保障しているのは，基本権の保障だけではなく，「国家政策の指導原則」をも含む広い意味での基本的人権の保障である。当初，最高裁は，国会が指導原則を実現するためにおこなう立法に対して，それが基本権を侵害するとして次々と違憲判決を出した。しかし，最高裁が社会正義を実現する担い手であると自覚したとき，より積極的なアプローチを模索するようになる。このことが最高裁の判例上確立するのは1980年代だといってよい。この時期は，同時に，人権保障機関としての司法裁判所のあらたな試みとして世界的にも注目される社会活動訴訟（SAL）に最高裁が積極的な姿勢をとりはじめた時期でもある（この点については，本書第3章で詳しく扱う）。

　憲法の基本理念および基本構造にかかわる上記の諸問題は，そもそもインド憲法の基本構造，基本的特質は何か，という論議を引き起こす。ここでは，1973年の「基本権判決」を取り上げてみたい。最近の憲法改革の動きは，この「基本構造」を変更しようとするものではないといわれてはいるが，50年前とはその位相を異にする論議がなされているようである。憲法上は同じ文言でも，そこに読み込もうとする憲法理念（あるいはその理念の「溶解」と評価されるときすらある），と解釈内容にあらたな展開がみられるからである。かか

る問題意識をふまえて、最後に、憲法改革検討委員会（National Commission to Review the Working of The Constitution）の設置にかかわる論議を紹介し、インド憲法の将来像を模索してみたい。

　上記のテーマのいくつかは、ひとりインドのみならず、南アジアに共通のものである。これらのテーマに取り組んでいくことは、インド憲法施行50年を経た今、国民国家の現在とマイノリティのあり方にかかわる将来の考察へのインド（そして南アジア）からの「発信」としての意味を持つように思われる。

2　「われらインド人民（We, the People of India）」——保護の対象から権利の主体へ

（1）　アファーマティヴ・アクションと憲法への留保措置の明記

　憲法制定議会において、「われらインド人民」とは、イギリス植民地から独立を達成し、インドのすべての人々による成人普通選挙に基づく統治システムをつくりあげていく決意を宣言し、独立した国家の民主的正当性と権力性の根拠を示す文言であると理解されていた（Jain,S.C. [2000] p.741.）。ただ、一方で、バーラトの周縁的存在とされていた人々、社会的後進性からの脱却のために、権利主体というよりは保護の対象とされていた多数の人々も存在していた。したがって、「世界最大の民主主義」実現のためには、社会的、経済的、さらには教育的な後進性を改善・克服していくための過渡的措置が必要不可欠と考えられたのである。インド憲法は、市民（公民）としての平等な権利の保障、社会的差別・不平等からの保護を定めるとともに、特定のグループに属する人々への特別保障、特別措置を明記する。

　法の下の平等、機会均等、および差別の禁止にとどまらず、アファーマティヴ・アクションと留保措置（reservation;quota-system）を憲法上明記したことは、インド憲法の大きな特徴である。多くの国では、これらの問題は、憲法規範というよりは、一般的には立法政策の問題とされ、その実施、推進は国内の政治的・経済的状況に依存している。インド憲法が明記するこの留保措置は、マイノリティなどへの「優遇と配慮」を求めるアメリカ合衆国など

のアファーマティヴ・アクションとは，その法的性質を異にするものだとの評価が有力である。

インド憲法が明記するこのアファーマティヴ・アクションと留保措置は，一般的に，次の五つの範疇に分けられる。①社会的な差別の是正・除去（第17条，23条1項，25条2項），②文化的・教育的権利の保護（第29条，30条），③教育・経済分野における優遇措置（第15条4項，46条，164条，338～342条），④公務・公職上の優遇措置（第16条4項，同4A項，同4B項，335条），そして⑤国会および州議会における留保議席（第330条，332条）である。これらの規定の主体あるいは対象となるグループは，最近その区別と相互の関係が問題となり，深刻な対立を招いているが，一応次のように区分できる。①言語的・宗教的マイノリティ，②指定カースト（SC），③指定部族（ST），および④社会的・教育的後進階級（その他の後進階級（OBC）），である。

（2）「その他の後進階級」に対する優遇措置の合憲性

SC/STに対する優遇措置の根拠づけとしては，その歴史性にも着目し，補償的差別であるとする見解が有力であるが，「その他の後進階級（OBC）」に対するアファーマティヴ・アクション（留保措置を含む）は，補償的差別という論拠では十分に説明しきれない。また，OBCの文言そのものは憲法上明記されていないのでOBCをどのように定義するのかも大きな論争となった。憲法第340条に基づいて設置された第一次後進階級委員会の報告書（1955年）は，社会的・教育的後進性を決定する第一次的な要因としてカーストを用いることには否定的であった。また，バラージ判決（1963年）[4]に代表される最高裁判決もカーストを基準とするOBC認定による留保措置を違憲と判断してきた。憲法が明文で否定・克服の対象とするカーストを，たとえ過渡的措置だとしても積極的国家行為の基準に用いることは背理だと考えられたからである。また，カーストに基づく留保政策は，政教分離主義の理念からしても，国が人々にカースト帰属意識を自覚させるという，カースト主義の悪弊の維持・再生産につながるとも批判された。したがって，バラージ判決などは，そのニュアンスに違いはあるが，経済的後進性を重視する傾向を有していた。

このアファーマティヴ・アクションと留保措置の多くは，指導原則（憲法第四編）に明記されているが，そのいくつかは基本権（憲法第三編）の箇所で定められている。このことが，その憲法的性質にかかわる論議をよぶことになった。当初の判例・学説は，ほぼ例外なく，それらを基本権の「例外」規定と解していたが，最近では，目的（基本権保障）のための「手段」と解する見解も有力に唱えられているし，それ自体が「権利」規定だとする学説も登場している（例えば，Singh,M.［1994］p.31.）。これに対して，たとえ基本権の編の中で保障されたものであったとしても，権利規定ではなく，あくまでも「政策」規定にすぎないとする反論もなされている（Singh,P.［1995］p.6;［1998］p.23.）。これらの論議を整理するためには，インドに平等な社会をつくり上げていくための方策と，その方策の憲法的性質をどのようにとらえていくのかということ，後述の「指導原則の基本権化」という問題とともに，国際社会においても大きなテーマとなっている「人権」概念の広がりと変化をふまえることなどが必要である。とりわけ，アファーマティヴ・アクションを基本権だと主張するマーヘンドラ・P.シン（Mahendra P. Singh）の見解は，この「人権」概念の変化をインド憲法の解釈論にとり入れたものである[5]。

第二次後進階級委員会（マンダル委員会）は，カーストのランキングとそれらに属する人々の社会的・教育的地位には密接な関連があるとし，OBCの認定にはカーストが重要な役割を果たすとした。このマンダル委員会報告書（1980年）は，大きな反響をよび，その実施は10年間棚上げされていたが，1990年，政府はその実施に着手した。この実施命令について，1992年，最高裁は，その合憲性を認めた[6]。このマンダル事件判決の判旨は多岐にわたるが，多数意見の要点は，①第16条4項は，同条1項の例外ではなく，1項に内在する分類の一つである，②後進性を認定する一つの基準としてカーストを用いることができる，③経済的基準のみで後進性を判断することはできない，④留保の最大割合は50％である，⑤優遇措置の対象としては，後進階級の中から一定の除外事由（例えば富裕層）に該当する者を除く，そして⑥昇進における留保は認められない，などにまとめられる。このマンダル事件判決

によって，最高裁もカーストに基づく留保措置の合憲性を認める立場にたった。したがって，法曹界などからは，最高裁もポピュリズムに陥ったとの批判も生じた[7]。マンダル事件判決以降，中央政府および州政府が具体的にどの程度の優遇措置を実施すべきか（すべきでないか）をめぐる争いとなっており，BJP政権は，マンダル報告書のOBCリストに126のカーストを追加した。また，後述するようにマンダル事件判決の内容をさらに変更する憲法改正もおこなわれている。

憲法制定時の「われらインド人民」，「民主主義」（前文）の担い手は明らかに変化した。もちろん，それを単純に民主主義の「主体」の広がりとみなすことができるのかには慎重であるべきであり，一定の留保が必要である。すなわち，留保措置の拡充は，普遍的な「人民」ではなく，それぞれの個性と特質を持ったグループごとにその憲法上の取扱いを異にすることを意味し，「民主的政治過程の公共性形成機能を阻害する」（井上 [2001] 203頁）可能性，国民統合の形成・維持という課題をより困難なものとする危険性を内包する。ただ，統合は，共通の価値観と包括的な準拠の枠組みの承認を国家構成員に求めるばかりではなく，差異の尊重を求めるという特徴をも有しているといわれる。カーストの政治化，コミュナル（宗教・宗派共同体）の対立などの激化をインド憲法の理念の再構成によるあらたな国民国家形成の可能性に転化する条件と枠組みの考察が求められる所以である（これらの問題を総合的に検討したものとして，古賀・内藤・中村 [1998] 参照）。

（3）　最近の憲法改正の動向

2001年1月，憲法第85次改正法案（1999年）は，不成立となった。この憲法改正法案は，国会，州議会などで15年間女性に一定の議席を留保しようとするものだった。インドでは，すでに地方レヴェル（パンチャーヤトおよび都市自治体）で議席の3分の1が女性に留保されている（憲法第73次改正（1992年）および第74次改正（1993年））[8]。15年という限定が付いていることからすると，その提案理由も明記するように，「女性のエンパワーメント」のための過渡的措置ということになる。SC/STへの議席留保（第334条）については，過渡的な措置とされつつ50年以上経過したが，この第334条は憲法第79次改正

(1999年第84次改正法案，2000年1月成立)9)でさらに10年延長されている。

マンダル事件判決との関係で必要となった憲法改正，およびマンダル事件判決の内容を変更しようとする憲法改正には，次のものがある（Kagzi [2001]）。

第76次改正（1994年8月31日）は，タミル・ナードゥ州の留保法とマンダル事件判決との調整のために，第9附則257項の次に257A項を追加した。第77次改正（1995年6月17日）は，SC/STへの公職留保はその採用時のみならず，昇進にも適用されることを明記する第16条4A項を追加した。第81次改正（2000年6月9日）は，50％の留保限界には，過年度の空席枠充足のための措置は含まれないことを明らかにするために第16条に4B項を追加した。第82次改正（2000年9月8日）は，1996年の最高裁判決10)を受けておこなわれたものであり，昇進への留保措置について，第335条に但書を追加した。また，第83次改正（2000年9月8日）は，SCが存在していない，アルナーチャル・プラデーシュ州には第243D条が適用されないとする第243M条3A項を追加した。また，第85次改正（2002年1月14日）は，政府公務におけるSC/STの昇進における「当然の優先順位」を明記するために，第16条4A項を改正し，「当然の先任順位に従い」という文言を挿入した（詳細については，本書第**4**章参照）。

3　インド憲法の基本理念としての政教分離主義

（1）　政教分離主義の憲法への明記

憲法の代表的なコンメンタールは，いずれも，①インド共和国が政教分離主義を憲法制定時から，その基本理念としてきたことに異論の余地はなかった，②この黙示の基本理念を明記したのが，第42次改正である，と記している11)。確かに，その「改正理由」では，「政教分離主義の観念は，憲法に内在しており，これを前文の修正にあたって明記しようとするものである。」とされていた。しかし，1970年代半ばに明記しなければならなかった理由があるはずである。このことを考える手がかりとして，同じ第42次改正で前文に挿入された文言に注目してみたい。その一つが「社会主義」であることは

有名であるが，もう一つ，国家の統一のみならず「統合 (integrity)」が追加されたことを忘れてはならないだろう。当時の国内状況から，インドの「統一 (unity)」のみならず，その一体性をも強調・明記する必要があったのである。この「統一と保全」のために政教分離主義を明記せざるをえなかったという側面を無視することはできない。すなわち，この政教分離主義は，マイノリティの権利や信教の自由などを促進・援助するためのものというよりは，「ネルー型の近代国民国家建設（国民統合）の限界」[12]を自覚し，あらためて国家と国民を統一・統合し，それを保全していくための理念の一つとして明記されたように思われる。このことを考えるとき，第42次改正を補正しようとする第44次改正案の中には含まれていたが最終的には成立しなかった「政教分離の定義」が興味深い。この「定義」（案）では，「『政教分離』という表現によって特色づけられる『共和国』は，あらゆる宗教を等しく尊重する (Sarva Dharma Sambhava) 共和国をいう。」とされていた。この定義案に反対した会議派は，与党になったとき，同趣旨の第28A号を第366条に追加する憲法改正法案を国会に提出している（1993年）[13]。

（2） 政教分離主義の内容

広義の政教分離主義の憲法的内容は，信教の自由，市民権の平等，そして国家と宗教との分離の三つを含む。このうち，「市民権の平等」について，日本では自覚的に論じられることは少ない。しかし，「われわれは市民 (citoyen) となってはじめて人 (homme) となる。」（ルソー）ということの持つ意味は，歴史的にも，また今日の実定法理解・解釈においても大きな意味を持っている。南アジアでいえば，憲法上信教の自由を認めつつ，仏教を国教とし，タミル人（ヒンドゥー教徒，タミル語話者）を二級市民化してきたスリランカの例を挙げることができよう。

政教分離が，基本的人権とりわけ信教の自由をその内容として含み，あるいはそれを保障するための手段だとすれば，政教分離主義とは，国家のたんなる「宗教的寛容」政策レヴェルの基本原則ではなく，信教の自由に関する憲法第25条から第28条をすべての人々に十分に保障し，宗教を理由とする差別を禁止する第15条1項および2項，16条2項，29条2項ならびに第325条

を尊重し，宗教的マイノリティに特別の権利を保障する第30条をも尊重することをその主要な内容とすべきものである。この意味で政教分離主義は，狭い意味での信教の自由保障との緊張関係に立つことを予定されているといってよい。

政教分離主義（国家と宗教との分離）は，国家の非宗教性（世俗性）を意味するというよりは，国家の宗教的中立性を意味するとするのが，今日の憲法学の一般的理解である。この中立性は，国家が特定の宗教へ過度にかかわり合いを持つことの禁止をその内容とする。国家の非宗教性，宗教へのかかわり合いが問題とされるのは，主としてマジョリティの信仰する宗教との関係においてであり，宗教の尊重，宗教的行為への配慮が問題とされるのは主として宗教的マイノリティに対してである。政教分離主義は，かかる二面性を持たざるをえない。この二つの面がそれぞれ逆の方向で作用するとき，政教分離主義は，信教の自由の制約，宗教的マイノリティへの抑圧の論理に転化する[14]。アメリカ合衆国最高裁の判例理論によれば，特定の宗教に対する国の行為（かかわり合い）が，その宗教が特別のものであるというメッセージを国民に与える（象徴的行為をおこなう）とき，その宗教を信仰しない国民は当該国家の公的生活の周縁的存在であるというメッセージを発信することになる。このことを極端におし進めると，特定の宗教を信仰しないものに公的生活上の著しい不利益を課すこと，市民権の不平等，剥奪を容認する憲法システムとなってしまう。政教分離主義の内容を上述のようにとらえたとき，インド憲法が理念として内在していたはずの政教分離主義の特質と，憲法上明記された政教分離主義との異同，その現実的展開はどのように評価されるのだろうか（佐藤宏［2000］108頁）[15]。

（3）　政教分離主義と信教の自由をめぐる立法および判例

1980年代，政教分離と信教の自由をめぐって日本では，自衛官合祀拒否訴訟最高裁判決（1988年）があり，アメリカ合衆国では，日本でも周知のレーモン判決（1971年）が示した要件を緩和あるいは変更する一連の判決が登場する。インドでは，国家と宗教との「模索されるべき両者の関係」が一つの方向性を明らかにしはじめた。このことは，例えば，シャーバーノー事件判

決（1985年）をめぐる論議とその後の経過に示されている[16]。

　シャーバーノー事件判決は，困窮した離婚女性には別れた夫から扶養手当を受ける権利があるとし，さらに，統一民法典（憲法第44条）の早急な成立と普及の奨励についても論及した。この判決は，ムスリムの宗教的アイデンティティに干渉するものであるとして激しい反発が起こった。政府と国会は，事実上ムスリム勢力の主張をいれ，「ムスリム女性離婚権保護法」(1986年) を成立させ，ムスリム女性が離婚後の扶養手当をめぐって刑事訴訟法に基づいて争う余地をなくした。

　同種の事例に最高裁が刑事訴訟法を適用したのは，シャーバーノー事件判決がはじめてではなかった。しかし，この判決とその後の国会・政府の対応は，憲法理念を「逆の」ベクトルに働かせ，政教分離主義と信教の自由の保障が政権の支持基盤安定のために援用されたのである。ほぼ同時期，1977年来閉鎖されていたバーブリー・マスジットに地元裁判所の開錠令（1986年2月）が出たこととあわせて考える必要があるだろう。

　シャーバーノー事件判決を契機に統一民法典問題も論議された。統一民法典の問題は，すべての「インド人民」に共通の身分法を将来的には制定すべきだということと，固有の身分法を持つコミュニティ（宗教・宗派共同体）の権利を尊重するということをどう調和させていくのか，にかかわる問題であり，憲法制定議会でも大きな論議となったテーマである。付随的とはいえ，シャーバーノー事件判決で最高裁がこの論点に早急な結論を出すべきだと述べたことが，逆に結果として「ムスリムを社会の本流から切り離す」ことを助長してしまった。ムスリム女性離婚権保護法は，セキュラリズムの本質は「すべての宗教を等しく尊重する」ことであるという名目で，身分法の問題を憲法規範の射程から全く自由な領域に移してしまい，コミュニティ間の政治的力関係で処理されるものとしたのである[17]。

4 「民衆に開かれた」司法への最高裁判所のこころみ──「社会活動訴訟」の展開

(1) 「国家政策の指導原則」の明記

インド憲法における基本権の保障は，きわめて具体的であるとともに，裁判上の救済まで明記していることに特徴がある。また，その内容に反する法律，国家行為の存在を認めず，「裁判上訴えて実現することのできるもの」(第13条，32条) である。しかし，たんなる基本権の宣言・保障だけでは，すべての人に自由と平等を確保し，国民の社会的・経済的生存を確保，向上せしめ，さらにはインドの社会・経済構造の変革などを実現できないことは憲法制定者たちが独立運動の中で学んできたことの一つであった。このことは，憲法前文の原案となり，指導原則の理念を示した『目標決議』(1947年1月22日) で明言されている。指導原則の法的性質とその規定形式については，憲法制定議会での審議の結果，「基本権」(第三編)とは別に，「指導原則」(第四編)を設けることになった。この指導原則は，その実現のために「裁判に訴えて実現することのできないもの」ではあるが，国の統治において基本的なものであり，立法にあたってこれらの原則を適用することが国の義務とされた (Chander [1995] p.52.)。

この指導原則は，1937年アイルランド憲法の規定形式を参考にしたものである。アイルランド憲法の当該規定は，南アジアの諸国の憲法のみならず，各国の憲法にもみられるようになっている。

このように，50年前にインドが憲法に指導原則を明記したことは，たんにインドにおける人民の自由と生存の現実的保障に資するばかりではなく，非西欧世界における基本的人権保障のあり方に一つの枠組みを提示したということができよう。

(2) 〔基本権を重視する最高裁〕vs〔指導原則を実現するための立法をおこなう国会〕

憲法制定から約30年間の国会・内閣と最高裁との関係は，基本権と指導原則との関係をめぐる見解の相違に端的に示されている。換言すれば，この両者の争いは，ほとんどの場合，〔指導原則に基づいて積極的な立法を試みる

国会〕vs〔基本権を手がかりに当該法律の違憲性を判断する最高裁〕という構図をとってきたのである。

基本権と指導原則との関係について，初期の最高裁判決は，指導原則に対する基本権の優位，すなわち基本権と指導原則とが対立したときには，基本権が優位することを明言していた。例えば，1951年最高裁は，医工科大学の入学定員をコミュナル別に留保する政令を憲法第29条2項に違反するとして違憲判決を下した[18]。これに対して，国会がおこなったのが，第15条に4項を追加する憲法第1次改正である。さらに，1967年の最高裁判決は，いかなる基本権を剥奪または侵害する法律を制定する権限をも国会は有しないと判示し，基本権の不可侵性，優位性を強調した[19]。その後，1960年代の判決には，両者の間には「全体として何の抵触もない」ことを強調するものもみられたが，初期の判例が明確に変更されたわけではなかった。最高裁の見解がはっきりと変わったのは70年代に入ってからである。1973年，最高裁は次のように判示した。「指導原則と基本権との間に不調和は存在しない。なぜなら，それらは憲法が謳う社会革命の実現と福祉国家の樹立という同一の目標を目指しているという点で，互いに補い合うものだからである」[20]。この判断は，80年代にも引き継がれ，「憲法は，第三編と第四編とのバランスの上に築かれている。一方に対して他方に絶対的優位を与えることは，憲法の調和を破壊することにつながる。基本権と指導原則とのこの調和とバランスは，インド憲法の基本構造の本質的特徴の一つである。」との考えが示される[21]。この判決の中で，バグワティ（P.N.Bhagwati）裁判官は，「社会変革への関与の核心は，基本権と指導原則の中にある。これは，インド憲法の良心ともいえる。」と述べた。最高裁は，争いとなった法令の合憲・違憲の判断にとどまるのではなく，憲法前文，基本権，そして指導原則に示された憲法理念をインド社会においてどのように実現していくべきなのかについて，最高裁が果たすべき役割を自覚してきたのである。この姿勢が，「社会活動訴訟」の開始・展開につながっていく。

（3） 司法積極主義と社会活動訴訟

インド最高裁は，指導原則に基づく国会の積極的な立法に対して，基本権

を援用してその違憲性を判断するのではなく，具体的にどのような形でインド人民に基本的人権を保障し，人権侵害に対する救済措置を命じていくのかを模索しはじめた。最高裁の出した一つの回答が「社会活動訴訟（Social Action Litigation）——以下SALと略記する。」である（Baxi [2000] p.156;孝忠［2000］20頁）。このSALの展開には，憲法前文と指導原則の基本的な位置づけの再解釈（何らかの意味での法規範性を認める解釈アプローチ）が大きな意味を持ち，基本権の個別条項と最高裁・高裁の令状発出権がその根拠となった（佐藤創［2001］)[22]。

　SALは，人権侵害を受けている個人，グループに代わって社会活動グループなどが最高裁へ書簡を出し，最高裁が，それを「虐げられた人々，途方にくれている人々の最後の頼みの綱」として令状請求訴訟とみなし，審理を開始するものである。SALの考え方は，1976年の最高裁判決の中で，クリシュナ・アイヤール（V.R.Krishna Iyer）裁判官によってはじめて述べられた。その後，同裁判官は，一連の最高裁判決の中でこの考え方を主張し続けてきた。1981年の判決では，Y.V.チャーンドラチャド（Y.V.Chandrachud）長官もこの立場を支持し，賛同する裁判官も広がりをみせた。しかし，最高裁がSALを全面的に展開するようになったのは，バグワティ裁判官がこの訴訟に前向きになってからである。1982年のグプタ事件判決[23]は，SALの射程と原告適格の問題についての先例となった。

　SALを展開していくためには，伝統的な訴訟法理論のいくつかを克服しなければならなかった。まず，原告適格の問題について，最高裁は，憲法第32条は本人が基本権侵害を争うことのできない場合，例えば貧困または社会的に著しく不利益な立場にいるために自らは裁判所に訴えることができないときに，善意をもって行動する社会の一員，換言すれば，社会正義の実現を求めて善意のうちに行動する者が，それらの人々に代わって裁判所に権利の実現・救済を求めて訴えることを認める規定であると解釈した。また，裁判では対審構造をとらないかぎり正義は達成されないという考え方に対して，とりわけ当事者間に著しい不均衡・不平等が生じているところでは，逆に不正義を正当化する論理になりかねないと批判した。そして，基本権実現のた

めに独自の新しい手続を採用し，基本権をたんなる幻想に終わらせないよう工夫する必要があるとしたのである。つまり，最高裁は，客観的な第三者として審理を進めるのではなく，調査特別委員会を任命したり，その報告書を証拠として採用することなどによる事実認定，さらには，法律扶助組織の援助をとりつけたり，法廷助言者として弁護士を任命するなどの措置もとってきた。請求人が十分な証拠を提出できないときには，新聞記事などを申立ての証拠として認めたりもしたのである。

　最高裁は，1988年12月1日にSALのガイドラインを作成し，さらに1991年1月1日以降は高裁レヴェルでのSALの推進を試みた。このような訴訟に対しては，もちろんそのかかえる問題点と限界も指摘されてきた。この訴訟の結論，とりわけ政府機関に対して一定の措置をとることを求める指令という形の判決の実効性が，最終的にはそれを受けた政府の協力姿勢に依存していること，裁判所には施策の実行を強制する権限がないので，虐げられた人々を持続的にフォローすることができないこと，などである。しかし，バグワティ裁判官は，「われわれの民主主義が参加型の民主主義であることを望むなら，法は正義を語るだけではなく，正義を与えることが必要である。」と述べ，「裁判所に対して申し立てられた不正義につき，……法的というよりはむしろ道義的・説得的にその是正を要請するプロセス」としてSALがあるという立場を明らかにしている。

　SALは，基本的人権の主体が「裁判を受ける権利」を現実に行使しうるものだけであってはならないことを示している。このSALは，「法曹革命」ともよばれるように，一定の社会層のリーダーシップによって展開されてきた。しかし，それがたんなるパターナリステックなものに終わるのではなく，貧しいもの同士が互いに支えあい，「共感とコミットメント」によって人民間でのあらたで豊かな「関係性」を創り出していくものとなるための要件も考察しておく必要がある。「上からの」制度構築ではなく，まさに「インド人民」自身がその生活に根ざしたところから権利を実現していくシステムとして，例えばインドではパンチャーヤト，フィリピンではバランガイというものがあったといわれてきた。近年制度化されつつあるのは，あらたな制度

ではあるが，これらの名称が用いられている（浅野[1997]）。身近な紛争処理にかかわる広い意味での裁判機構が，SALにみられるような「上からの」裁判所の役割変化と相まって機能していくときに，はじめて裁判所が人権保障の砦としての役割を果たすシステムが機能しはじめたのだと評価できよう。

III 憲法改革の動き——あらたな「国民統合」への模索

1 インド憲法の特質と「変えられてきたこと」

　インド憲法は，長い歴史的・文化的伝統を有するインド社会において，20世紀中葉に独立インドの基本法として制定された近代的意味における憲法である。このインド憲法の特質には，最も狭い意味における特質，すなわち「制定過程そのものに内在する要因によってもたらされた特質」と，現実にインドの基本法として効力を有している憲法を理解するのに最小限必要と思われる特質とが考えられる。後者の特質としては，一時的な非常事態を経ながらも軍事勢力の力を借りずに国家秩序を維持し，「強い政府」に対する議会と裁判所による政府・行政統制のシステムという建前が保持されていることなどを挙げることができる。S.M.メータ（S.M.Mehta）は，インド憲法の特質として，①世界最大にして最も詳細な憲法，②主権を有する社会主義的・政教分離主義的・民主主義共和国，③柔軟性を有する憲法，④集権的傾向を有する連邦制，⑤議院内閣制，⑥基本権の保障，⑦国家政策の指導原則の明記，⑧基本義務の明記，⑨普通選挙制度，⑩インド藩王国の統合，⑪憲法習律の役割，そして⑫司法権の独立を挙げている（Mehta [1990] p.19）。

　憲法第368条によれば，憲法改正には各議院で総議員の過半数が賛成し，かつ出席し投票した議員の3分の2以上の多数で可決し，さらには大統領の裁可（assent）が必要である。他の憲法と比較して改正手続が必ずしも「軟性」だとはいえないのに，制定後頻繁に改正がおこなわれてきた理由としては，比較的細部にわたる事項まで憲法が定めていることに加え，最高裁の違憲判決に対する国会の憲法改正権の行使などが挙げられよう。憲法の重要な改正は，インドが政治的にも経済的にも大きな転機に立ったときにおこなわ

れてきた。

　憲法制定の翌年に施行された第1次改正法（1951年）は，最高裁の違憲判決をうけて，第15条4項を新設したほか，不在地主制度を廃止する法律の合憲性を明記するために第31A条を設けるなどの内容を持っていた。また，国会は，次のように憲法改正の目的および理由を述べて第24次改正（1971年）をおこなった。「最高裁は，周知のゴーラク・ナート事件判決（1967年）において，基本権に関する第三編を含むすべての改正権を国会が有することを認めていた従来の判決を覆した。この判決の結果，国会は，国家政策の指導原則を実現するため，あるいは憲法前文が示す目的達成のために必要な場合でも，憲法第三編の保障するいかなる基本権をも剝奪または制限する権限を有しないと考えられるにいたった。それゆえ，憲法第三編の規定の改正が，国会の憲法改正権の範囲内にあることを明記する憲法改正が必要であると考える」。このゴーラク・ナート事件とは，パンジャーブ土地改革法の一つであるパンジャーブ借地権法に基づいて剰余地を収用された原告が，①この法律は，憲法第19条1項(f)号および(g)号ならびに第14条に違反し無効である，②この法律を，憲法第三編の規定から適用除外する第1次憲法改正，第4次憲法改正および第17次憲法改正は無効であるとして，憲法第32条に基づき最高裁に令状請求訴訟を提起したことにはじまる。最高裁の多数意見は，国会の憲法改正権は憲法の明記する基本権に抵触することができないと判示した[24]。この最高裁判決をうけて国会が行使したのが，第24次憲法改正なのである。

　数多くの改正の中でも，とりわけ1975年から1976年にかけておこなわれた憲法改正は，インド憲法の基本的特質にかかわる内容を含んでいる。すなわち，第38次改正（1975年）は，大統領権限の強化，裁判所の権限の制限，非常事態時における基本権の制約を目指していた。この方向は，第42次改正（1976年）によっていっそう徹底され，国会の憲法改正権には限界のないことが明記される（第368条4項，5項）。この改正の最大眼目の一つが，第13条（基本権と抵触し，または基本権を侵害する法律の効力）および第32条（基本権行使のための救済措置）を保障し，それらを実効あらしめるための機能を果たそうとする裁判所の権能を制約すること，つまり，法律の違憲審査権を司法権から

剥奪しようとするものであったことは明白である。一方で、この第42次改正は、指導原則に子どもの保護（第39条(f)号），無料法律扶助（第39A条）および環境保護（第48A条）などを新設した。この点では、国家の性格と任務を明確にし、現代的課題に応えるための内容を盛り込んだ改正だったともいえる。さらに、「主権を有する民主共和国」（前文）を「主権を有する社会主義的・政教分離主義的・民主主義共和国」に改めている。改正趣旨の説明では、インド共和国がその成立当初から「社会主義的でしかも政教分離主義を採用する国家」であったことが強調されている。なお、裁判所の権能の制限など立憲主義の後退と評価された改正のかなりの部分は、第43次改正（1978年）および第44次改正（1979年）による旧条文の復活、あらたな条項の追加などによって「修復」された。

その他、主要な改正内容としては、憲法のヒンディー語訳に関する規定（第二十二編）を設けた第58次改正（1987年），18歳以上の選挙権を定めた第61次改正（1989年），首都デリーの地位と権限に関する規定（第239AA条，第239AB条）を設けた第69次改正（1992年），パンチャーヤト（地方自治）および都市自治体の拡充をはかる第73次改正と第74次改正（1993年）などを挙げることができる。

2 憲法において「変えてはならないこと」

2004年1月1日現在、成立した憲法改正は、92である。たんなる文言修正，附則への法律の追加なども含めるので、このような数となるが、インド憲法には「変えてはならないもの」があるとするのが、一般的な理解である。このことを徹底的に論じたのが、ケーサヴァナンダ事件判決（1973年）であり，この判決は一般的には「基本権判決」とよばれている[25]。

この基本権判決で最高裁は、憲法第25次改正で新設された第31C条を、基本権と指導原則との関係に重大な変更をもたらすものとみなし、その一部を無効と判断した。この判決は、判例集約800頁にものぼる膨大なものであり、各裁判官が、①国会の憲法改正権，②基本権の性質，そして③司法審査などの問題について詳細な意見を述べている。判決は、全員一致で憲法改正その

ものの有効性を認めたが,「最高法規である憲法の定めた基本構造を変更する憲法改正権を国会は有するのか」という点について意見は分かれた。

多数意見は,憲法には基本構造があり,それを変更する改正権を国会は有しないとした。少数意見も憲法前文に法規範としての効力があることを認め,そこに明記された理念が本文で具体的に定められているとしたが,憲法の基本構造なるものは憲法に明記されてはおらず,国会の憲法改正権に「黙示の限界」があるとはいえないとした。1980年代に入り,最高裁は,ミネルヴァ工場事件判決において「第42次改正法の……改正第31C条は,国会の憲法改正権の限界を超えている。これはインド憲法の基本的特徴を損ない,基本構造を破壊しようとするものである。」と判示した[26]。では,改正してはならない憲法の基本構造とは何を指すのだろうか。最高裁の一連の判決の中では,基本構造の重要な要素として,①憲法の最高性,②連邦制,③権力の分立,④憲法改正権の限界,⑤裁判所の独立,および⑥自由・公正選挙,が挙げられている。ただ,これらの要素そのものが具体的事件の中で争われたわけではなく,争いとなった多くの事件は,指導原則を実現するための立法および憲法改正が憲法の基本構造を侵害しないか否かをめぐるものであった。したがって,本章で扱った憲法前文の理念・目的——国民主権,基本的人権の尊重,政教分離主義など——を実現していくための基本的枠組みがまさに憲法の基本構造として論議されてきたといえよう (Bhandari [1993])。

3 最近の憲法改革の動き——憲法改革検討委員会報告書 (2002年)

憲法には変えてはならないものが含まれているという,この基本的な考え方は,BJP政権(インド人民党(BJP)を中心として1998年から2004年まで内閣を構成していた連立政権)にも公式には引き継がれていた。BJP政権に対しては,全般的な憲法改革検討提案の背後に「隠された意図」があるのではないかとの憶測をよんだが,憲法改革検討委員会への付託事項 (2000年2月22日) では,この委員会は,「インド憲法50年の経験をふまえ,議会制民主主義の枠内で,どのようにすれば有効,円滑かつ効率的な統治システムと社会的・経済的発展への要請に憲法が応えうるのか,また憲法の基本的特徴を損なうことなく,

その諸条項の改正が必要だとすれば，そのことを勧告することを任務とする。」とされた。同年2月13日に発表されたこの委員会は，M.N.ヴェンカタチャーリア（M.N.Venkatachalia）最高裁裁判官を委員長に，その他10人の委員と58人の調査官およびその他のスタッフで構成され，任期は1年とされた。委員の多くは，著名な法律専門家などであるが，部族社会を代表する政治家P.A.サングマ（P.A.Sangma）が委員に加わったことが注目された。

　この委員会が調査・検討を委ねられた事項は10の分野にわたる。すなわち，①議会制民主主義制度の強化，②選挙改革，③社会的・経済的変革および発展，④識字率の向上，雇用の促進，社会保障，貧困の解消，⑤連邦・州関係，⑥地方分権，パンチャーヤト制度の強化，⑦基本権の拡充，⑧基本義務の実効化，⑨指導原則の実効化と憲法前文の目的の達成，そして⑩財政・金融政策の法的統制，である。この10の分野について，委員会は20の審議報告書を作成するものとしたが，2001年1月8日，そのうち七つの報告書を公表した（http://ncrwc.nic.in/vsncrwc/）。委員会の任期は，三度にわたり延長され，最終的には2002年3月31日までとされた。最終報告書は，2002年3月11日に完成し，首相への提出を決定した。3月31日，政府に提出された報告書（全2巻）の第2巻は，三部からなっており，第1部は，1．官報告示，2．専門委員名簿，および3．審議報告書で構成されている（孝忠［2003b］，本書資料Ⅲ参照）。

　憲法改革検討委員会は，自らの作業と憲法改革提案が「パンドラの箱」を開ける可能性と現実性を持つものであることを自覚的に述べている。それは，「憲法改革問題」という論議の土俵で，インド国民国家の将来像にかかわる一定の結論を出そうとするものである。この委員会最終報告書を含め，憲法の基本理念にかかわる最近の論議をみると，従来，インド憲法の基本的特質，基本原則といわれてきたものの再検討や読み替えが進行しているように思える。その可能性は少ないとはいわれているが，包括的な憲法改正によって，1980年代に明確となった「憲法理念の再構成」現象が何らかの形をとって憲法に明記されたとき，インド憲法の「基本構造」は変質を余儀なくされよう。

1) 江橋崇「マイノリティーの人権」ジュリスト1192号64頁（2001年）なども参照。
2) スリランカ憲法（現行1978年憲法および2000年8月新憲法案など）も「われらスリランカ人民（We, the People of Sri Lanka）」ではじまる。
3) 「インドすなわちバーラトは，諸州の連邦である（インド憲法第1条1項）」。本文でも述べたように，インドとバーラトとは，JapanとNipponの使い分けとは全く異なった意味を持っているようである。このことは，例えば「バーラト憲法案」と名づけられた憲法改正私案の内容をみても明らかである（K.Sharma, Reconstruction of the Constitution of India, Deep&Deep, New Delhi, 2002.）。この憲法改正私案前文では，「われら，バーラト人民（We, the People of Bharat）が構成するのは，「主権を有する共和国（a sovereign republic）とされており，現行憲法の「主権を有する社会主義的・政教分離主義的・民主主義共和国」とは決定的に違っているように思われる。
4) *M.R.Balaji v. State of Mysore,* AIR 1963 SC 649.
5) パーマナンド・シンは，アファーマティヴ・アクションと留保措置とを区別し，留保措置は，たとえそれが基本権の編に明記されていたとしても「政策規定」だとする（Singh,P. [1995]；[1998]）。これに対して，マーヘンドラ・シンは，留保措置も広い意味での人権規定だとする（Singh,M. [1994]）。
6) *Indra Sawhney v. Union of India,* 1992 Supp (3) SCC 217. このマンダル事件判決とマンダル報告書を詳しく紹介したものとして，孝忠 [1995(c)] [1996] 参照。
7) 特集としてIndian Bar Review, vol.17 (3&4), 1990; vol.18 (1), 1991. がある。
8) 浅野 [1997]，孝忠 [1995(b)] などが詳しい。
9) 国会に提出された憲法改正法案としては，第84番目の法案であり，それが第79番目の憲法改正として成立したことを示す。以下，同様に表記する。なお，後に提出された法案が先に成立することもあるから，法案の順番と憲法改正の順番とは必ずしも一致しない。
10) *S.Vinod Kumar v. Union of India,* (1996) 6 SCC 580.
11) 90年代の最高裁判決も同様の趣旨を述べている。*A.M.Ahmadi,J. in S.R.Bommai v. Union of India,* AIR 1994 SC 1918. など。
12) 関根康正「南アジアの国民統合の現実」岩波講座『開発と文化4　開発と民族問題』93頁，102頁（岩波書店，1998年）。なお，佐藤宏 [2000] 17頁も参照。
13) 憲法第80次改正法案第28A条「国は，あらゆる宗教を等しく扱わなければならない」。この第28A条案も成立しなかった。
14) 近藤則夫「1990年代のインドの政治経済の新展開」アジア経済第41巻10.11号2頁，9頁（2000年）。
15) 関根康正「現代インド社会におけるセキュラリズムとコミュナリズムという難題」『南からみた世界02　東南アジア・南アジア』185頁（大月書店，1999年）。

16) *Mohd, Ahmad Khan v. Sha Bano Begum,* (1985) 2 SCC 556: AIR 1985 SC 945. この判決については，杉山圭以子「80年代における政治とセキュラリズム——シャー・バーノ訴訟と諸論争を中心に」学習院大学国際関係学研究20号135頁（1993年）など参照。
17) Nivedita Menon, "Women and Citizenship", in: Chaterjee [1998] p.207.
18) *State of Madras v. Champakam Dorairajan,* AIR 1951 SC 226.
19) *I.C.Golak Nath v. Punjab,* AIR 1967 SC 1643.
20) *Kesavananda Bharati v. State of Kerala,* 1973 4 SCC 225: AIR 1973 SC 1461.
21) *Minerva Mills Ltd. v. Union of India,* (1981) 1 SCR 206: AIR 1980 SC 1789.
22) 社会活動訴訟は，裁判所の公式用語としては，公益訴訟（Public Interest Litigation）が用いられる。ただ，アメリカ合衆国で類似の名称が用いられている訴訟とは，その内容および性格が異なっているので，ここでは「社会活動訴訟」の名で紹介・検討する。佐藤創 [2001]，稲 [2001] 193頁以下参照。
23) *S.P.Gupta v. Union of India,* AIR 1982 SC 802.
24) AIR 1967 SC 1643.
25) AIR 1973 SC 1461; Bhandari [1993] p.3-. この判決において，バグワティ裁判官は，改正第31C条は，憲法の基本構造を損なうものではなく，基本権に対抗するものとしてのコミュニティ構成員の権利に基本的重要性を与えることによって，それを強化するものであると主張し，多数意見に反対した（Bhandari [1993] p.270.）。
26) AIR 1980 SC 1789. 前述Bhandari [1993] によれば，「変えてはならないもの」についての最高裁裁判官の見解は，大別すれば二つに分かれる。一つは，「憲法の根本的で本質的な特質（basic and essential features of the Constitution）」であり，他の一つは，「憲法の基本構造または枠組み（basic structure of the Constitution）」である（p.151）。

第1章
インド憲法におけるマイノリティ

I　はじめに——人権論の新展開とマイノリティ

　今日，現代国家における「国家と自由」をめぐる問題は，かつてない複雑な展開を示し，人権論におけるあらたな展開とそれを可能とするアプローチを求めているように思われる。人権の普遍性に対する異議が唱えられる一方で，その価値と重要性がいっそう増していることも指摘されているからである。人権概念の非西欧諸国への受容と変容を考察しようとするとき，その方法論が問題となる。国際人権法などからの最近の問題提起に対する憲法学からの応答は必ずしも十分ではなかったが，樋口陽一をはじめ，憲法学からの意識的な論点顕在化の試みもはじまっている。また，比較法文化論，「アジアの法」研究方法論の認識枠組みからする，千葉正士，安田信之などのこころみも注目されよう[1]。

　本章は，インド憲法におけるマイノリティ規定を手がかりに，その成立前史から今日における解釈論までを素描することにより，この現代人権論の新展開への筆者の問題意識を提示しようとするものである。

1 今，なぜ「マイノリティの権利」なのか

　基本的人権の観念の成立，その展開をふりかえってみるとき，「違いにもかかわらず，……」というところに基本的視座を置くことが可能であろう。と同時に，「違いを違い（差異）として認めたうえで」ということも重要である。自分あるいは自分たちとは違った個性，特性あるいは内面を持つ他者の

存在を認め，すなわち，不断の「他者」確定作業をおこないつつ，同時に彼らを包括した（ある場合には排除しつつ）どのような「国家」をつくり上げていくのかが大きなテーマとなった。国家（近代国民国家）は，まず，「第一世代の人権」とよばれる基本的人権を主として保障する憲法典を制定する。ついで，社会国家の登場にともない，社会権など「第二世代の人権」ともよばれる基本権をその憲法典中に加えていくことが当然と考えられるようになっていく。あくまでも，個人を基本としつつ，その社会的属性などにも着目して基本権としての位置づけが与えられるにいたったのである。

憲法学で考察されてきた「新しい人権」論の試みは，自由権と社会権という枠組みを維持しつつ，「生存権体系の新しい展開として位置づける必要のある」[2] 環境権，プライヴァシー権などの人権の憲法的性質を論じてきた[3]。しかし，国際法学の分野では「第三世代の人権」論が唱えられるようになってきており，憲法学におけるこれまでの人権論との架橋が必要となっている。

例えば，国際人権の一つとして注目をあびた「発展への権利」は，「そこにおいてすべての人権と基本的自由が完全に実現される，経済的・社会的・文化的・政治的発展に参加し，貢献し，享受することが可能となる不可侵の権利」であり，「自己決定権を完全に実現する権利」だとされている。そして，この権利を憲法学がどのようにとらえるのかが問われてきた[4]。また，人権の主体として，個人のみにとどまらずエスニックな特質を持つ集団なども含めて考える「集団的人権」が説かれることも多い。さらに，マイノリティの権利についても，国際法学，国際人権のテーマの一つであり，マイノリティの定義，権利の主体および内容・性質などをめぐって論議が続いている[5]。

国際人権論のこのような動向すべてを必ずしも肯定的にとらえることはできないし，横田耕一が指摘するように，新しい「人権」として展開するにしても「従来の『人権』論との理論的整合性が求められよう」[6]。ただ，人権論のこのような動向をふまえるならば，今，あらためて憲法学で「マイノリティ」の問題と「人権」そのものの性質論を検討することが要請されていると思われる。井上達夫の表現を借りれば，「事実上の力関係において諸個人が不平等だからこそ」マイノリティとマジョリティの「地位を規範的に対等

化する理念的・制度的装置としての人権が要請」[7] されているからである。「今，なぜマイノリティの権利なのか」という本章の問題意識は，ここにある。

2　なぜ「インド憲法におけるマイノリティ」なのか

　インド憲法を扱うのは，それが非西欧社会における立憲主義と人権の保障という問題を考えていくうえで，貴重な示唆に富む内容を持っていると考えるからである（安田 [1994]）[8]。

　インド独立過程におけるマイノリティ問題は，インド内の問題，あるいはインドとイギリスとの関係において生ずる問題であるのみならず，国際政治の仕組みとその変動の中で論じられるべきテーマである[9]。また，政治的問題を中心に考えるならば，当初，分離・独立の可能性をはらんでいたムスリム問題を軸に展開していったということができよう。しかし，「多様なインド」を構成するマイノリティの問題を考えるなら，いくつかの宗教的・言語的・文化的マイノリティ（ムスリムも当然そのなかに含まれる）を包み込んだ国家をどのようにつくり上げ，その中で，それぞれのマイノリティの特性を尊重し，基本的人権を具体的にどのように保障していくのかが大きな問題となる。

　それぞれの特性（「違い」）を保持し，それを尊重していくことが基本となるマイノリティを「狭義のマイノリティ」とよぶことができる。宗教的・言語的・文化的マイノリティは，狭義のマイノリティであり，それらの特性を有している集団（グループ）がこの意味でのマイノリティに含まれることに異論はないだろう。この狭義のマイノリティに，現在，①社会的・経済的・教育的に後進の状態にあると認められるグループ，②何らかの理由で差別されているグループ，をマイノリティに加えて考えることもできる。この①と②とは相互に関連しているが，必ずしも一致するとはかぎらない。これらのグループを加えたものを「広義のマイノリティ」とよぶことができる。

　インド憲法は，これら「広義のマイノリティ」に対する保護，権利の尊重，保障を定めている。が，あとで詳しく検討するようにその成立過程，政治

的・社会的・歴史的背景もあり，そのそれぞれに対応する保護と保障が必ずしも体系的に定められているわけではない。しかし，今日，世界各地で多発し，その「国家と自由」存立の根底を揺さぶっている問題に対して，インドが20世紀半ばに，国家の分離・独立とマイノリティ問題に対する一つの回答としての憲法をつくり上げ，それを保持していることの意義は大きい。

インド憲法は，マイノリティに対してたんに基本権を宣言し，保障するだけではない。「国家政策の指導原則」(第四編)として，マイノリティに対する配慮，施策を国に義務づけているのである[10]。また，マイノリティに対する特別優遇(アファーマティヴ・アクション)と留保(リザーベーション)も憲法上明記されている。さらには，国会(衆議院)，州議会(州立法院)におけるマイノリティの議席留保も定められている。現代人権論考察の手がかりとして「インド憲法におけるマイノリティ」を取り上げる所以である。

本章は，まず第一に，インドの自治を目指す動きが，独立の動きへと展開していく過程でマイノリティの権利とその主張がどのようになされてきたのかを明らかにする。第二に，インド憲法制定過程におけるマイノリティ問題とそれが憲法条文にどのように盛り込まれていったのかを検討してみたい。そして，第三に，インド憲法のマイノリティに関する条文の解釈・判例を紹介する。

II　インド憲法とマイノリティ

インド憲法案の逐条審議も終わった憲法制定議会審議の最終段階において，「マイノリティ」という言葉を「一定の階級」(certain classes)に置き換えるべきだという動議が可決され，「マイノリティに対する特別規定」(第十四編)というタイトルも「特定階級に対する特別規定(Special provisions relating to certain classes)」に置き換えられた。したがって，現行インド憲法には，「マイノリティ」という表現は限られた条文にしか用いられていない。しかし，マイノリティの問題は，インド憲法のみの問題にとどまらず，インド独立過程から今日におけるインドの『国家と自由』を考えていくうえでの一つのキ

ーワードである。以下，インドにおけるマイノリティの問題を，①インド憲法制定前史，②インド憲法制定審議過程，③インド憲法制定後，の大まかな時期区分によって概観してみたい。

1 インド憲法制定前史におけるマイノリティ

(1) インドの自治とマイノリティ

マイノリティの問題は，自由と独立を目指すインドの歩みを妨げる一つの要素とも考えられていたが，この問題は，主としてヒンドゥーとムスリムとの関係を念頭において論じられてきた。このヒンドゥーとムスリムとの分裂は，1857年の反乱以降のこととされるが，この二つのコミュニティが，共通の利害を持って投票することができないという考えがはじめて認められたのは，1908年10月，当時インド総督であったミントが，ムスリムは分離選挙権を与えられるべきだとして，次のように述べたときであるといわれている (Rao [1968] p.741.)[11]。

「インドのムスリムは，たんなる一宗教団体ではない。彼らは，現実に一つの完全に分離したコミュニティを構成し，婚姻，食生活，慣行によって区別されている。……」

コミュナル（宗教・宗派共同体）ごとの利害の相違を承認し，それを何らかの制度に盛り込んでいくことに対する批判は当時すでに存在していたが，コミュニティ的要求やコミュニティ的利害を承認していくことは，インドにおけるイギリス政府の基本政策の一部となっていった。イギリスがインドの自治と代表制を認めていく過程は，マジョリティの抑圧と支配からマイノリティを保護するイギリス本国政府の責務を強調し，そのための措置がとられていく過程でもある。立法府におけるマイノリティの分離代表，公務におけるマイノリティへの留保枠その他の手段がとられ，マイノリティは「保護の必要なもの」と位置づけられていった。この意味でのマイノリティには，シク，アングロインディアン，インディアン・クリスチャン，そして被抑圧階級（厳格な定義について論議はあるが，当時，ヒンドゥー・コミュニティの「不可触民」に与えられた名称であり，今日では憲法・法律上，「指定カースト(SC)」とされている。)[12]

が含まれるものとされた。このようなマイノリティの概念は，立法府における分離代表を必要とするマイノリティとして，富裕なヨーロッパ系商人コミュニティにまで広げられた。

　マイノリティの権利保護に関する主要な要求の一つは，公務員の採用留保枠であった。1925年から，インド政府はコミュニティの不平等を救済するため，政府の直接任命職に一定の留保枠を設けるという政策を実施した。この政策は，当初「公務職におけるムスリムの漸増を主たる目的」としておこなわれたが，後にその他のマイノリティ・コミュニティにも広げられ，1935年統治法後は，その施策が一層進められた。マイノリティへのイギリス政府による「保護」政策は，一方でインドの「自治」あるいは「独立」のために，インド人が一体となってイギリスに対抗していくことに対する牽制策，分裂政策の一つであるとする批判も強くなっていく。被抑圧階級の分離代表，公職への留保枠をめぐる論議も，このような脈絡の中で考察していく必要があるだろう。

　1919年インド統治法改正を検討するために任命されたサイモン委員会（1927年）の構想やこの委員会に対抗してインド人自身の手によって将来のインド構想を明らかにしようとしたネルー報告書などについては，別のところで紹介・検討することとし，ここでは，1930年および31年に開催された円卓会議での論議を簡単に紹介するにとどめたい。

　1930年11月に開催された第1回英印円卓会議は，会議派の不参加のために重要な決定をおこなうことができなかったが，この会議に被抑圧階級の代表としてB.R.アンベードカル（B.R.Ambedkar）とR.B.シュリニーヴァサン（R.B.Srinivasan）が参加していたことが注目される[13]。会議派も参加した第2回英印円卓会議は，1931年9月7日から開催された。ここで，M.K.ガンディー（M.K.Gandhi）は，被抑圧階級をヒンドゥーから政治的に分離した存在と認めることに徹底して反対した。円卓会議に代表を出していた五つのマイノリティ・コミュニティは，マイノリティの特別要求を盛り込んだ覚書を提出する。この覚書は，『マイノリティ協定』（Minority Pact）として知られており，次のような内容を持っていた[14]。

① 何人も，出生，宗教，カーストまたは信条を理由として，公雇用に関してまたは市民権の享有，取引等に関して，いかなる形態によろうと差別されてはならない。

② 差別的立法の禁止が，憲法上明記されなければならない。

③ 完全な宗教の自由，すなわち信仰，礼拝，布教および宗教教育の完全な自由は，公の秩序に服するすべてのコミュニティに保障される。何人も信仰の変更のみを理由として，市民権または特権を奪われることはない。

④ 慈善，宗教および社会施設，ならびに学校その他の教育施設を自己の資金で設立，管理および運営する権利は，それらの施設で宗教活動をおこなう権利を含むものとする。

⑤ 憲法は，宗教，文化などの保護のための充分な保障，マイノリティ・コミュニティの教育，言語および慈善施設の拡充，ならびに国および自治体からの補助金がマイノリティに適切に配分されるための保障を明記しなければならない。

⑥ 市民権をすべての市民が享受することを保障すること。

⑦ マイノリティ・コミュニティを保護し，その福祉を増進するための専門省庁を，法律により中央政府および州政府に設置しなければならない。

⑧ 各マイノリティ・コミュニティには，その人口割合を下回らない代表を，すべての議会で保障しなければならない。

⑨ 分離選挙をおこなうべきであるが，10年経過後は当該コミュニティの同意があれば，留保議席付き合同選挙または留保議席なしの合同選挙をおこなうこともできる。

⑩ 被抑圧階級に対しては，分離選挙施行後20年を経過し，かつ成人直接選挙権が確立されるまでは，留保議席付き合同選挙へのいかなる変更もなされてはならない。

1932年8月14日，イギリス首相は，コミュナル問題についての裁定を下した[15]。この裁定は，ムスリム，シクなどのマイノリティに分離選挙を認めるとともに，被抑圧階級に対しては特別選挙区における分離選挙（被抑圧階級の代表は，被抑圧階級のもののみが選挙する）と合同選挙区における合同選挙（被選

挙権は，被抑圧階級のみが有するが，選挙では当該選挙区の有権者全員が投票する）という二重の選挙権を与えていた。この裁定に対しては，インド人の間の分裂を永久化させるものであり，政治的にインドのバルカン化をはかるものである，などとする強い反対の声が起こったが，一方で，「インドの歴史上はじめて不可触民が独立の政治的存在となり，母国の将来を形成する法的権利を与えられた。」とする評価もあった。ガンディーは，カースト・ヒンドゥーから不可触民を政治的に分離するこの裁定に「死に至る断食」をもって反対し，『プーナ協定』による解決がはかられたのである[16]。

　（2）　インド独立への動きとマイノリティ

　1935年統治法に基づいて構成された各州議会において，会議派は，ほとんどの州でマジョリティの地位を占め，11州中7州で政府を組織することができた。これに対してムスリム連盟は，ほとんど勝利をおさめることができなかった。この結果を受けて，ムスリム連盟は，会議派が一ヒンドゥー団体にすぎないという宣伝を強化し，対等な構成要素としての主張，そして1940年の『パキスタン宣言』を採択するまでにいたる[17]。

　イギリス本国政府の戦時提案（1942年クリップス提案）の注目すべき特徴の一つは，イギリスからインドの手に権力を移行する条件として，人種的・宗教的マイノリティの充分な保護をおこなうということであった[18]。

　1946年5月16日の内閣使節団声明は[19]，コミュニティの保護を謳い，制定されるべき新憲法の中には，コミュニティの問題は二つの主要なコミュニティの出席し投票するそれぞれの過半数で，かつ出席し投票するすべての議員の過半数で決めなければならないことを明記すべきだとしていた。また，この声明は，マイノリティのために権利章典の性質を有する規定が憲法上明記されるべきであり，憲法制定議会によって起草された憲法に基づいてなされるインド人民への主権移譲は，マイノリティ保護のための充分な規定を持つことを条件とすることも明らかにしていた。しかし，この内閣使節団声明の主たる関心は，「分離した完全に独立した主権国家パキスタン」を避けようとすることであり，インド分割を求めるムスリム連盟への代替案を提示することにあったという評価もなされている。

1946年12月9日，憲法制定議会が開かれたとき，ムスリム連盟はその議会をボイコットし，代表を送らなかった。議員の大多数は会議派の代表であったが，当時会議派は，次のように主張していた[20]。

「政府のいかなる計画においても，マイノリティが最大限その発展を遂げ，その参加のための充分な手段を尽くすことを保障するために，インドにおけるマイノリティの宗教的・言語的・文化的その他の権利を保障することは，会議派の第一次的責務であるとともに，その基本的政策でもある。」

このことは，1946年12月13日，J.ネルーが提案した『目標決議』(1947年1月22日採択)の中でも明らかにされていた[21]。憲法前文の原案ともなったこの決議は，8項目から成り立っている。その第5項は，「社会的・経済的・政治的正義，地位，機会および法律の前の平等，ならびに法と公共道徳に従う思想，表現，信条，信仰，礼拝，職業，結社および行動の自由は保障される。」とし，第6項は，「充分な保障がマイノリティならびに後進および部族地域，被抑圧階級その他の後進階級のために規定されなければならない。」ことを謳っていた。ここで，マイノリティと後進階級が区別されていることが注目されよう。

2 インド憲法制定審議過程におけるマイノリティ

1947年1月24日，基本権，マイノリティおよび後進地域などに関する諮問委員会を設置するための決議が提案された。提案者のG.B.パント (G.B. Pant) は，マイノリティ問題の重要性を次のように述べている (C.A.D.vol II, p.310)[22]。

「マイノリティの問題は，憲法上の論議にどこまでも大きくのしかかってくる。憲法がこの暗礁に乗り上げてしまうことも多い。マイノリティ問題の満足のいく解決は，自由インド国家の健全で活力のある強固さを保証するだろうし，このことは，憲法制定議会での論議の結果として実現するにちがいない。マイノリティの問題を決して過小評価してはならない。それは，インド国民の異なった部門間の争い，混乱および分裂を生みだすためにのみ用いられてきている。帝国主義は，かかる争いの上に繁栄しており，このような

傾向を促進することに関心を持っている。これまで，マイノリティは，統合と統一を妨げるようなやり方で煽動され，影響を受けてきた。しかし，これからは，あらたな章がはじめられるべきであり，われわれは自らの責務を理解しなければならない。……」

　この段階で，ムスリム連盟の代表たちは憲法制定議会での審議に参加してはいなかったが，いつでもムスリム連盟が審議に参加しうるよう，その門戸をたえず開いておくことが議決され，あらゆる配慮が払われた。

　（1）　マイノリティ小委員会における主張・提案

　諮問委員会は，各種小委員会を組織するために，1947年2月27日に開催された。五つの小委員会の一つとしてマイノリティ小委員会がつくられた。マイノリティ小委員会とともに基本権小委員会もつくられている。この二つの小委員会がつくられたこと自体にも，当時のマジョリティとマイノリティとの「マイノリティ問題」に対する姿勢の違い・対立をみてとることができよう[23]。マイノリティ小委員会は，関係するすべてのマイノリティからの代表をその構成員としていた。同日，マイノリティ小委員会は，委員長にH.C.ムーケルジー（H.C.Mookherjee）を選出した。この小委員会の任務について，2日間にわたり論議がおこなわれ，各委員の意見を質問事項に対する回答という形式で明示することを決めた。この質問事項は，K.M.ムンシー（K.M.Munshi）により，次のようにまとめられた[24]。

　①　新憲法におけるマイノリティのための保護の性質と範囲
　②　マイノリティの，イ）中央での，ロ）州での政治的保護
　③　マイノリティの，イ）中央での，ロ）州での経済的保護
　④　マイノリティの，宗教的，教育的および文化的保護
　⑤　上記保護を効果的におこなうための機構
　⑥　上記保護が制限される時期および状況

　ムスリム連盟は参加していなかったので，ムスリム・コミュニティのための覚書は提出されなかったが，それぞれのマイノリティ代表，個人から13の覚書，回答などがよせられた。以下，その中のいくつかのものを紹介してみたい。

(a) 被抑圧階級――指定カースト　B.R.アンベードカルは、マイノリティと基本権の問題について、網羅的な覚書を提出した[25]。以前から被抑圧階級（指定カースト）の指導者として、その政治的・経済的保護に関心をよせていた彼は、新憲法が指定カーストの向上のための充分な規定を持つことを求めた。彼は、指定カースト（SC）が議会、内閣、市町村でその人口割合に応じた最小限の代表を有すべきことを提案し、この代表は分離したコミュナル別選挙区から選挙されなければならないとした。また、彼は、SCがその人口に比例して各種公務におけるポストを保有すべきだとし、この留保が、すべての段階（連邦、州、市町村その他の地方団体における公職）でなされることを提案した。社会的側面については、とりわけ「社会的ボイコット」に特別の関心を示している。彼は、それを「デモクレスの剣」と表現し、SCのみが、この社会的ボイコットの恐ろしさを知っていると述べ、社会的ボイコット、社会的ボイコットの助長、煽動または威嚇行為に対する厳正な処罰を求めた。また、差別の実態と改善措置、優遇措置の実施状況を調査・監督するための監督官の設置を望んでいる（この監督官は、会計検査院長と同じ身分を持つものとされる）。

　J.ラム（J.Ram）も、SCのリーダーであるが、アンベードカルとはかなり異なった主張をしている。彼は、「絶滅」からの保護は人種的・宗教的マイノリティに向けられるべきであり、SCのようなマイノリティを母集団に「同化」するための最善の手法は、当該コミュニティでの他のグループと同一の水準にそのマイノリティを引き上げることに向けられるべきだということを強調する[26]。したがって、多くの保護は、彼によれば基本権の形式でなされるべきものであった。しかし、SCの特別な保護および特別代表については、アンベードカルと歩調を同じくした。

　SCの保護のために、アンベードカルは、議会での議席の留保、中央・地方の内閣におけるポストの留保、すべての分野の公務職における留保がなされるべきであると主張した。また、土地、住宅などの経済環境の向上、教育を受けるための手当など、SCに対する特別の措置を求めた。彼は、人種的・宗教的マイノリティに対する宗教的・文化的自由の保障は、インド憲法

の特徴の一つであるべきだとしたが，SCに対する特別規定は，それとは異なった意味を持つものであると考えた。すなわち，「SCに関する特別規定は，不可触民自体が全体として消滅したとき——つまり，ヒンドゥー寺院がヒンドゥー社会のすべてのカーストに開かれたとき，あるカーストの水や食物が他のカーストとの接触によって『汚れる』とは考えられなくなったとき，そしてすべてのカーストのヒンドゥーがあらゆる宗教的・社会的活動に参加しうるようになったとき——，消滅しうるはずである。」と考えたのである[27]。SCに対する保護を廃止するのには，連邦を構成するすべての議会での決議を必要とし，その決議には，それぞれの議会でSC全議員の3分の2が賛成し，かつ連邦議会で同じく3分の2が賛成することが必要とされる。

　SCについてのその他の提案としては，全インド被抑圧階級協会による覚書や，H.J.カーンデカル（H.J.Khandekar）の回答がある[28]。被抑圧階級協会は，SCの向上のためにとるべき措置についてのリストを系統だてて挙げていた。同協会は，人口割合に応じて各議会で議席を留保すべきことを要求し，これらの留保議席選挙は，分離選挙でおこなうべきだとしている。もし合同選挙の原則が採択されるならば，すべての候補者がその当選確定にはSCメンバーの投票総数の少なくとも40％を獲得していることを必要とするという条件をつけるべきことを提案している。カーンデカルの主張のポイントは，SCの人口はムスリムに匹敵するので，議会，内閣，裁判所および公務における留保は，ムスリムに与えられる留保代表より不利なものであってはならない，ということであった。また，マイノリティに与えられるすべての譲歩と特権は，30年間有効とされ，変更しようとする場合には，それぞれのコミュニティに諮られるべきであると述べている。

　(b) シク　マイノリティ小委員会の委員であったU.シン（U.Singh）とH.シン（H.Singh）は，シクのために明記すべき保護を詳細に述べた覚書を提出した[29]。その覚書の中では，第一にパンジャーブが，「シクの故郷であり，しかも聖地として」維持されなければならないと述べられていた。また，シクの経済的・社会的保護，宗教上の権利の保護およびパンジャーブ語使用の権利の保障が求められている。さらには，シク中の後進階級に対して，

SCや原住指定部族（ST）に対するのと同じ保護と公務への留保を明記すべきだとしている。シクへの保護をめぐる論議については、後に詳しくふれる。

　(c)　アングロインディアン　　覚書を提出したのは，F.アントニー（F. Anthony）とS.H.プラター（S.H.Prater）である[30]。このコミュニティの要求は，次の三点に要約されよう。第一は，英語で教育を受ける権利の保障である。第二に，自らのコミュニティの学校への助成金の継続と増額を要求していた。そして第三に，鉄道，郵便などの職への一定の優遇枠を定めることを求めている。これは，このコミュニティに属する人々が，従来これらの職に就いてきたという事実に基づいている。政治的な保護については，国会での代表枠を与えられるべきだという主張が盛り込まれ，内閣にも，その代表が含まれることを望んでいた。

　(d)　部族民　　R.N.ブラーマ（R.N.Brahma）は，アッサムの部族民に対する保護を要望した[31]。彼は，これらの部族民の教育的・文化的発展のための特別規定を要求し，彼らの教育について助言し配慮する特別の組織を設けることを提案した。そして，自らの宗教・祭祀を伝承している部族民は，共通のグループとされ，中央と州の議会に代表を送り，適切な割合でポストを与えられねばならないと主張している。

　(e)　その他のマイノリティ　　インディアン・クリスチャンについては，特別のコミュナル的要求は何ら提示されなかった。パールシーについて，H.モーディ（H.Mody）は，かつていかなる特権をも要求してこなかったが，他のマイノリティが特別代表を与えられるならば，少なくともパールシーより小さなマイノリティと同じ扱いを受けるべきだと述べている。ただ，彼は，マイノリティに対する政治的保護が何らかの意味を持つかどうかには否定的な見解を明らかにしている[32]。

　(f)　各委員の見解　　R.A.カウル（R.A.Kaur）は，いかなる種類の保護にも反対し，「特権や保護は，それを要求する人々を弱体化してしまう。」と述べる。しかし，当時のコミュナル（宗教・宗派共同体的）対立などを考慮し，二つの具体的な提案をおこなった[33]。一つは，コミュナル紛争を解決するための特別審判所を設置すること，二つめは，コミュニティが１票ずつを有す

る委員会で，コミュナル紛争に対する措置が「公共の福祉」に適っているか否かを決定するものとすることである。

　S.P.ムーケルジー（S.P.Mookerjee）およびJ.ダウラトラム（J.Daulatram）が提出した覚書は，マイノリティの権利保護のために必要だと考えられた基本権を列挙していた[34]。ムーケルジーの覚書は，マイノリティの代表によって構成され，マイノリティの保護について助言する州マイノリティ委員会を各州に設置することを提案していた。彼は，一定のマイノリティに議会の議席留保を保障すべきことも主張している。ダウラトラムは，最高裁長官により指名され，マイノリティの申立てに基づき審理し，裁定を下すマイノリティ保護裁判所の設置を提案している。

　K.T.シャー（K.T.Shah）は，インドにおける宗教的マイノリティの発展にその関心をよせた。宗教または文化を理由とするマイノリティの権利は，当該マイノリティの権利保障のみにとどまらず，全コミュニティの保護につながるものだと考えたからである[35]。M.ルートナスワミ（M.Ruthnaswamy）は，マイノリティの範疇としてムスリム，シク，インディアン・クリスチャンおよびアングロインディアンを考え，これらのマイノリティの権利・自由について述べている[36]。まず，これらのマイノリティは，自らの宗教を告白し，布教・宣伝することが認められなければならず，そのための規定を設けるべきだと主張した。この規定には，宗教的コミュニティが運営する学校その他の教育施設への補助金，後進マイノリティの教育向上のための特別援助，マイノリティの宗教的・文化的教育を実施するための学校教育などの規定が含まれる。また，人口に応じてマイノリティの代表が，中央と州のそれぞれの機関に存在することが必要だとしている。彼は，インドにおける司法裁判所の高い権威と信頼性に依拠して，権利と自由を求めて司法裁判所へ訴えることが容易にできるよう，連邦裁判所の地方支部を多数設置することも提案している。

（2）マイノリティ小委員会での論議

　これらの提案，主張をうけて，1947年4月17日〜19日にマイノリティ小委員会が開催された。この中で，マイノリティ小委員会は，基本権小委員会の

とりまとめたマイノリティの権利にかかわる部分を検討した[37]。ここでは，人種，宗教，カーストなどを理由とする差別の禁止という重要な事項が扱われた。すなわち，不可触民制の廃止，不可触民制より生ずる不利益の強制が法律の定めにより処罰される犯罪となること，宗教教育・宗教活動の自由，宗教的・慈善的目的から施設をつくり，維持する権利，母語を使用する権利，宗派的・コミュナル的あるいは言語別学校を設立する権利などである。マイノリティ小委員会のまとめた中間報告では，次のような勧告がおこなわれている[38]。

① すべての市民は，その母語と文字を使用する権利を有し，その選択によって，他の言語と文字を選択，学習または使用する権利を有する。

② マイノリティは，その構成単位ごとに，その言語および文化を十分に保護される。また，マイノリティを抑圧し，損なう法令を制定してはならない。

③ 宗教的，コミュニティ的または言語的マイノリティは，国家教育施設への入学の権利を奪われず，差別されてはならない。また，いかなる宗教教育も強制されてはならない。

④ 宗教的，コミュニティ的または言語的マイノリティは，そのいかなる構成単位においても，その選択によって自由に教育施設を設立・運営することができる。また，同種の施設に与えられているのと同じ方法・手段により，国家助成を受ける権利を有する。

⑤ 慣習法，慣行を理由とするか，または寄進により設置されたものであることを理由とするかを問わず，いかなるヒンドゥーも，カースト，出生または宗派に基づいて，ヒンドゥー・コミュニティまたはその一部の使用のためにつくられた教育施設から排除されてはならない。

⑥ 公務，専門職または教育施設への入学に関して，性別を理由とするいかなる差別もおこなわれてはならない。ただし，男女別の教育施設を設立することを妨げるものではない。

パキスタンの分離確定（6月3日）によって，マイノリティ小委員会の審議への大きな制約がなくなり，マイノリティの政治的権利についての論議が

開始された。ムスリム連盟メンバーが参加した7月21日の審議では，マイノリティの政治的保護，公務における代表の問題が論じられ，小委員会が審議すべき論点は次のようにまとめられた。

① 立法府における代表——合同選挙か分離選挙か，特別優遇は？
② 内閣におけるポストの留保
③ 公務における代表
④ 一定の基本権を裁判所に訴えることのできるものとすることにより，マイノリティの権利保護を保障するための行政機構

これらの問題について，小委員会は7月27日まで審議を続け，同日報告書をとりまとめた。この報告書は，小委員会が到達した結論を含んでおり，その内容は次のようにまとめることができる[38]。

① 分離選挙と特別優遇の要求はしりぞけられる。人口に基づく，マイノリティへの議席留保付きの合同選挙の原則は認められる。
② 内閣における閣僚の留保の要求はしりぞけられる。
③ 人口に基づく，公務職の留保の要求は認められる。
④ マイノリティの保護および利益を配慮する特別官が任命されるべきである。

以下，その内容を簡単に紹介しておきたい。

(a) 分離・コミュナル別選挙ではなく，合同選挙・留保議席　分離・コミュナル別選挙について，小委員会は圧倒的多数で反対の立場をとり，マイノリティのために議会の議席を留保するという問題については，賛成の立場をとった。この留保は，10年間継続するものとし，その期間終了時に再検討して継続するか否かを決定するものとされた。小委員会は，いかなるマイノリティが，どのような留保議席を与えられるべきかの検討を続けたが，留保議席を与えられるべき『認定』マイノリティは，次の三つに区分された。①アングロインディアン，パールシーおよびアッサム平原に居住する部族民（これらのコミュニティは，インド自治領人口の0.5％未満のマイノリティである），②インディアン・クリスチャンおよびシク（1.5％以下の人口のマイノリティである），③ムスリムおよびSC（1.5％を超える人口のマイノリティである）。なお，ア

ングロインディアンおよびパールシーに対する中央と州の議会での代表の問題は，諮問委員会による審議に委ねるものとされた。

　小委員会は，留保議席を有するマイノリティ・コミュニティのメンバーが非留保議席にも立候補しうることを認めた。しかし，留保議席での選挙に立候補したマイノリティ候補者は，その当選確定前に彼自身のコミュニティの必要最少得票を得ていなければならないとする提案は，諮問委員会に付託することになった。アンベードカルは，マジョリティ・コミュニティに属する候補者が，その当選確定前に，当該選挙区でマイノリティ・コミュニティの一定の必要最少得票を得ていなければならないとする提案をおこなったが，この提案は，マジョリティに対する一種の拒否権をマイノリティに認めようとするものであり，賛成者が1人もいなかった。

　(b) 公務・公職の留保　　内閣にマイノリティのためのポスト留保枠を設けるべきだとする提案は，僅差で否決された。公務におけるポストの留保については，SC, ムスリム，平原部族民およびアングロインディアンに対する留保を設けるべきだとする提案が認められた。競争試験で採用されるポストの留保については，個別的に検討され，SCに対する留保は認められたが，ムスリム，シクおよびSTに対する留保は認められなかった。なお，留保枠採用にあたって，「行政の効率性を配慮しなければならない」ことを明記すべきだとする提案の賛否の表決は，可否同数であった。

　(c) マイノリティの権利保護　　マイノリティの権利保護を実現していくための公正で権限ある機構を確立することが重要であるというのが，小委員会の意向であった。小委員会は，中央では大統領，州では知事が任命し，マイノリティ保護の活動について連邦議会および州議会に報告する任務を持つ，独立した官職を設けるべきだとするアンベードカルの提案を認めた。また，社会的・教育的後進階級の状況について調査権を有する委員会の設置規定を設けるべきだとするムンシーの提案も認められた。

　マイノリティへの特別優遇などによってマイノリティの権利を保障していこうとする主張に対して，R.A.カウルは，社会のある特別の階層や部門に対して特権の性質を有するものを与えることは原則として誤りであると述べ

た。彼女は，提案されている留保や特権は，階級なき社会をつくり上げようとするインド連邦の目的を妨げ，インド国民の分裂をもたらすことにつながるのではないかと考えたのである。

（3） 諮問委員会での論議

4月21日から22日にかけておこなわれた諮問委員会でのマイノリティに関する論議は，次のような勧告にまとめられた[40]。

① マイノリティは，いかなる構成単位においても，その言語，文字および文化に関して保護されるものとし，この点に関して抑圧的・不利益に作用するいかなる法令も制定してはならない。

② 宗教的，コミュニティ的または言語的マイノリティは，国家教育施設への入学に関して差別されてはならず，いかなる宗教教育も強制されてはならない。

③ 1） 宗教的，コミュニティ的または言語的マイノリティは，そのいかなる構成単位においても，その選択によって自由に教育施設を設立・運営することができる。

2） 国は，国家助成を与えつつ，宗教，コミュニティまたは言語に基づいてマイノリティが運営する学校を差別してはならない。

マイノリティ小委員会の報告書は，7月28日〜31日の4日間，諮問委員会で論議された。マイノリティに対する憲法上の保障について，諮問委員会は，その基本的立場を次のように述べた[41]。

「われわれは，提案のいくつかを拒否せざるを得ない。内閣におけるポストの留保については，厳格な憲法規定が，かえって議会制民主主義を機能しえなくすると思われるからである。また，選挙制度の整備については，健全な国民生活の発展とマイノリティの特別要求とを調和させる必要があると考えるからである。われわれのとる一般的アプローチは，マイノリティであるという事実のみによって抑圧されていると感じることをやめるべきであり，他のコミュニティ部門と同じように，国民生活上名誉ある部門であると感じるべきだということを広めていくことである。われわれは，一般コミュニティの水準と比較して後進的なマイノリティ向上のために特別措置をとること

が基本的立場であると考えている。[42]」

　委員会は，いかなる種類の分離選挙をも認めなかった。それは，分離選挙が過去においてコミュナル的違和感を先鋭化し，健全な国民生活の発展に対する障害の一つであることが明らかになっているとの判断に基づいている[43]。したがって，中央および州議会のすべての選挙は合同選挙の考えに基づいておこなわれることになった。一定のマイノリティ・コミュニティには，人口に応じて議席が留保された。また，マイノリティ・コミュニティのメンバーは，彼らに留保された議席に加えて，留保されていない議席をも争うことのできる資格が与えられた。

　内閣におけるマイノリティの代表については，マイノリティ小委員会の見解を受け入れた。公務における任命の留保枠については，いかなる特別規定にも反対することが決定された。そして，全インドにおけるマイノリティの要求は，行政の効率性に矛盾しないかぎりで認められるとする一般規定を設けるべきだとするA.ザヒール（A.Zaheer）の提案が認められた[44]。

　マイノリティに対する特別優遇には否定的であったが，アングロインディアンに対する特別優遇の問題は委員会で検討された。というのは，アングロインディアンは，一定の公務上の地位にその経済状況を全く依存していたからである。

　諮問委員会は，マイノリティのために憲法が明記する保護と保障の実現を確実なものとするための最善の機構は，連邦と連邦構成単位とのそれぞれについて，マイノリティ特別官を任命することであるという結論に達した。この特別官は，申立てに基づいて調査し，国会または当該議会にその結果を報告する職責を与えられる。また，諮問委員会は，マイノリティの保護に関する事項のみにとどまらない権限を有する委員会の設置についての規定を設けるべきだとするマイノリティ小委員会の勧告を認めた。この委員会は，すべての「社会的・教育的後進階級」の状況について調査し，かれらの雇用の困難性を検討し，その困難を除去するための措置と財政援助について勧告する権限を有するものとされていた。

（4） 憲法制定議会での審議など

　マイノリティの権利とアングロインディアンについての諮問委員会の報告書は，8月27日および28日に憲法制定議会で審議された。マイノリティの権利についての報告書を提出したV.パテール（V.Patel）は，その報告書が「マイノリティ自身とマジョリティとの意見の一般的一致の結果である。」と述べている。委員会のすべての勧告が採択されたが，論議は主として合同選挙か分離選挙かをめぐってなされた。

　ムスリムのための分離選挙の継続を認める修正動議が出されたが，否決された[45]。当時，人口移動がなお続いており，人口規模に応じた留保議席を確定できない州もあったので，その部分についての審議は延期された。

　SCは，ヒンドゥー・コミュニティ中の，一定の社会的不利益を被っている一部門であると考えられていた。ムンシーは，SCを「ヒンドゥー・コミュニティの一部門」と位置づける修正案を提出した[46]。この修正案の要旨を，ムンシーは，次のように説明している。

　「この修正案の目的は，いわゆるSCの地位を明らかにすることである。国際条約や国際法で『マイノリティ』とは，人種的，言語的，および宗教的マイノリティに限定されている。しかし，周知のように，SCは人種的・言語的マイノリティではないし，宗教的マイノリティでもない。したがって，正確な言葉遣いのために修正が必要である。1935年インド統治法における『マイノリティ』の言葉遣いは間違っており，言葉の正確な意味においてSCは，マイノリティではない。彼らは，ヒンドゥー・コミュニティの構成員であり，彼らに与えられる保護は彼らがヒンドゥー・コミュニティに完全に受入・吸収されるまでのものである。また，制定されるべき憲法において，SC以外のヒンドゥーとSCとを隔てていた不可触民制は廃止され，その慣行は法律で処罰される犯罪とされている。これらの事実からすれば，SCをマイノリティとして保護することは不合理であり，彼らがヒンドゥー社会の完全な一部門となることを妨げることになろう。」このムンシーの提案は認められたが，シク・コミュニティの一定の部分もSCに含まれるという修正がおこなわれた。

また，同様の主張は，S.L.サクセナ（S.L.Saksena）によってもなされた。サクセナは，マイノリティ表からSCを削除することを求めたが，その理由を「この提案の目的は，SCは分離したマイノリティの一つではなく，ヒンドゥー社会の不可欠の一部門（integral part）と扱われるべきだということにある」[47]と述べた（C.A.D.vol.Ⅴ,p.235.）。さらに，SCコミュニティからの候補者は，留保議席での当選確定前にそのコミュニティにより投ぜられた票数の35％を得ることが必要だとする提案が，S.ナガッパ（S.Nagappa）によりなされ，同様のことがすべてのマイノリティの留保議席について必要だとする修正動議がK.T.M.イブラヒム（K.T.M.Ibrahim）により提案されたが，いずれも否決された（C.A.D.vol.Ⅴ,p.284.）。これらの修正動議に対して，パテールは，コミュナル紛争の種を蒔く試みが含まれているとして厳しく批判した。

　「北東辺境（アッサム）部族・除外地域小委員会（North-East Frontier (Assam) Tribal and Excluded Areas Sub-Committee)」（アッサム小委員会）は，1947年7月28日に報告書を提出し，「除外・半除外地域（アッサムを除く）小委員会（Excluded and Partially Excluded Areas (other than Assam) Sub-Committee)」（アッサム外委員会）は，8月18日に中間報告書を提出し，9月25日に第二報告書を提出した[48]。この二つの小委員会は，部族地域の行政計画の立案と，除外・半除外地域の行政計画の立案とを付託されていた。これらの地域の行政に関する勧告とは別に，小委員会は，部族民の向上と国内および州の政治生活への参加に関する重要な提言をおこなっている。その提言は，アッサムにおける除外地域（辺境地域を除く）には成人選挙権を与えるものとし，合同選挙を勧告していたが，その選挙区は自治県に限定されており，高地部族に属する人々以外はその選挙区の選挙に立候補する資格を有していなかった。特別優遇は必要とはみなされなかったが，人口割合以上の代表を出すことが認められていた。

　アッサム小委員会は，内閣における高地部族の代表は，できれば法文上明記しておくべきであり，憲法上の特別規定が定められないときには，知事への指令書中に適切な命令がなされるべきだと提案している。また，高地部族が行政に関与する必要性を強調し，高地部族を適切な割合で公務に任用すべ

きことも提案した。

　アッサム外小委員会は，指定地域の行政に関する事項につき助言する部族協議官を設置することを提案している。また，部族民・原住民は全体としてマイノリティと扱われ，合同選挙によりSCと同じ方法で，その人口に比例して留保議席という特別代表を彼らに与えるべきことも提案した。さらに，道路，学校，医療施設その他への中央からの財政援助が不可欠であることから，そのための計画の立案と財政支出を明記し，彼らの発展状況，施策の進捗状況について調査するための特別委員会の設置を中央政府に勧告している。

　これら二つの小委員会の報告書が提出されたとき，すでに憲法案起草の段階に入っていた。したがって，これらの勧告は，まず第一に憲法顧問により，ついで起草委員会によって憲法案中に具体化されていった。

（5）　1947年10月憲法草案（憲法顧問案）におけるマイノリティ

　1947年10月，憲法顧問によって作成された憲法草案は，マイノリティ問題についての憲法制定議会の決定を具体化したものであった。また，部族についての二つの小委員会の勧告を実現するための規定も含んでいた。これらの事項は多様な項目に関係していたので，一箇所に規定されたのではなく，憲法草案のいろいろな部分に規定されていた[49]。

　国会および州議会についての章の中に，ムスリム，SC，STおよびインディアン・クリスチャンについての議席留保の規定が含まれていた。アングロインディアン・コミュニティの代表が不十分だとみなされたときには，大統領および州知事がそれぞれ国会および州議会にアングロインディアンの代表を指名することができるとする規定も盛り込まれている。草案第5附則には，州知事への指令書の中に，当該大臣会議にできるだけマイノリティ・コミュニティの代表を含めるようにとの知事への指令が明記されていた。憲法制定議会で決定された，マイノリティに関するその他の事項は，「雑則」編（第十二編）に定められている。マイノリティに関する条文は五つあり，その内容は，①中央および州政府の任命にあたっては，行政の効率性と調和を保ちつつ，すべてのマイノリティの主張を考慮しなければならないとする一般的な規定（第226条），②鉄道，関税，郵便・電信部門における一定のポストを

アングロインディアンの雇用にあてることに関する暫定規定，およびアングロインディアン学校に特別補助金を 3 年間継続するという暫定規定（第227条および第228条），③中央および州においてマイノリティの福祉を担当する特別官を設けるという規定（第229条），④後進階級の状況を調査する委員会を設置する権限を大統領に与える規定（第230条）であった。また，連邦とその構成単位との間の行政上の関係について定めた章の中には，中央政府に指定地域および指定部族の福祉のために計画を立てることを命じ，その計画の執行に対する監督権を行使する権限を中央政府に与える条項があった（第194条）。

（6） 1948年 2 月憲法案（憲法起草委員会案）におけるマイノリティ

1947年 8 月29日，憲法起草委員会が任命された（B.R.アンベードカル委員長）[50]。この委員会は，1947年10月から翌 2 月にかけて，憲法顧問案を審議し，憲法案の起草作業を続けた。マイノリティに関する条文の最終的検討は，2 月 5 日から 6 日にかけておこなわれた。委員会は，憲法顧問案のこれらの条文をその実質においてすべて認めたが，いくつかのものについて調整をおこなった。この委員会が作成した憲法案には，「マイノリティに対する特別規定」というタイトルで特別の編（第十四編）が設けられていた[51]。この編は，10箇条（第292条～301条）からなり，マイノリティについて憲法制定議会で採択された決議，および部族民についての二つの小委員会の勧告を詳細にしかも細心の配慮を払って取り入れていた。

この第292条は，ムスリム，SC，STおよびマドラス州とボンベイ州のインディアン・クリスチャンに対して，それぞれの人口に応じた留保議席を衆議院で認めている。第294条は，第一編に定める州（旧イギリス領州）の議会における同趣旨の議席留保を認めている。また，アッサム州議会における，自治県での議席留保も定められていた。第293条は，アングロインディアン・コミュニティが十分に代表されていないと大統領がみなしたとき，衆議院で 2 名以内のアングロインディアン・コミュニティ構成員を議員に指名する権限を大統領に与えた。州議会については，第285条が同様のことを定めている。第296条は，行政の効率性維持と調和しつつ，マイノリティ・コミュニティの要求を公務および公職の任命をおこなうにあたって配慮しなけれ

第 1 章　インド憲法におけるマイノリティ

ばならないと定めている。第297条は，1947年 8 月15日までと同じ理由で，連邦鉄道，関税，郵便・電信職におけるアングロインディアンのためのポスト留保が引き続き効力を有する旨規定している。第298条は，教育に関してアングロインディアン・コミュニティの便宜をはかるために政府が補助金を支出することに関して詳細に定めている。第299条は，連邦および各州ごとにマイノリティ特別官を任命すべきだとしている。このマイノリティ特別官は，憲法で定められたマイノリティへの保護に関するすべての事項を調査する職責を有し，当該政府に報告書を定期的に提出することを求められていた。第300条は，指定地域の行政およびSTの福祉について報告をおこなう委員会を任命する権限を大統領に与えている。この委員会の任命は，憲法施行後10年たったときには必ずおこなうべきものとされた。また，同条は，STの福祉計画の作成および実行に関して連邦政府が州に命令を出す権限を認めていた。この権限は，当該計画の実行のための資金と継続的支出が交付金の形で連邦歳出から支払われるべきことを定める第255条の規定に対応している。第301条は，インド領内の社会的・教育的後進階級の状況と彼らの就労の困難さについて調査し，救済措置を提示し，また連邦からの交付金の交付目的および条件について勧告する委員会を任命する権限を大統領に与えている。

　この1948年 2 月憲法案は，二つの限界を持っていた。一つは，インド藩王国の問題である。これまでの論議は，その対象をインド旧自治領州に限定しており，インド藩王国の問題を含んではいなかった。インド藩王国は，マイノリティ問題，後進地域・部族問題をかかえてはいたが，憲法制定議会は，インド藩王国の内部問題には立ち入らないという了解の下に審議を進めていたのである。この点について憲法起草委員会は，次のような見解を明らかにしている[52]。

　「マイノリティの保護について——憲法案は，州議会における議席および公務上のポストの留保に関する憲法制定議会と諮問委員会の決定を具体化している。これらの規定は，インド藩王国には適用されないけれども，インド藩王国はインドのより広い利益のために，同様の規定を採用すべきであろう。」

もう一つは，パンジャーブおよびベンガル問題である。インド分割後の大規模な人口移動にともない，東パンジャーブ州と西ベンガル州の地位は，不確定であった。このような理由から，マイノリティ関連規定はこれらの州に適用できなかった。したがって，シクに対する保護という重要な問題は，未解決のまま残された[53]。

(7) 1948年11月憲法案におけるマイノリティ

1948年11月4日，アンベードカルが中心となって起草した憲法案が憲法制定議会に提出された。アンベードカルは，マイノリティの保護に関する条文について，次のように述べた（C.A.D.vol.Ⅶ,p.39）。

「憲法案は，マイノリティのための保護を定めているという理由で批判されている。この点について，起草委員会は何の責任も有しない。というのは，憲法制定議会の決定に基づいて（この起草作業を）おこなっただけだからである。私自身の見解を述べるなら，……このインドでは，マイノリティもマジョリティも誤った道を歩んできたと考える。マジョリティがマイノリティの存在を認めないのは間違っているし，マイノリティが永久にマイノリティであろうとすることも間違っている。したがって，憲法で定められるべき解決策は，この二重の誤りを克服するものでなければならない。まず第一に，マイノリティの存在を認めるものでなければならず，第二には，将来マジョリティとマイノリティとが一つになることを可能ならしめるものでなければならない。憲法制定議会が示した解決策は，この二面的な目的に仕えるものであるがゆえに，歓迎されるだろう。

マイノリティの保護に反対する頑固な保守主義者に対しては，二つのことを述べておきたい。一つは，マイノリティの問題は国家の全構造をふきとばしてしまう起爆力を持つものであることである。ヨーロッパの歴史は，このことをぞっとするような事実で示してきている。もう一つは，インドにおけるマイノリティがマジョリティの手中にその存在を委ねることに同意してきたということである。……インドにおけるマジョリティは，基本的にはコミュナル・マジョリティであり，政治的マジョリティではない。マジョリティは，マイノリティへの差別を認めないことが，その義務であることを理解し

ている。マイノリティが存続するのか消滅するのかは、マジョリティの行動に依存している。マジョリティがマイノリティに対する差別行為をなくす、まさにそのときに、マイノリティはその存立の基盤を失う。彼らは消滅するのである。」

ここには、「マイノリティ」問題についてのアンベードカルの問題関心と考察視角が端的に示されている。今日と将来における「マイノリティ」問題への示唆に富む発言と評価できるが、詳しくは本書第**2**章で取り上げてみたい。

シクに与えられるべき保護の問題については、小委員会で論議が続けられた[54]。シク・コミュニティ保護の提案は、次のようにまとめられよう。

① シクは、純粋なコミュナル選挙によって議会への代表を選出する権利を有する。

② 東パンジャーブ州議会の議席の50％、国会では5％の議席を留保する。

③ 連合州およびデリーの議会で議席を留保する。

④ SC・シクに対して、他のSCと同様の特権を付与する。

⑤ 軍隊内の、一定割合のポストの留保を法令上明記する。

小委員会は、これらの要求を全体として認められないと考えた。なぜなら、これらの要求は、憲法制定議会がSCを含むその他のコミュニティに関しておこなった決定と「基本的な点で乖離していた」からである。人口の点だけから考えれば、シクはマイノリティとみなされるかもしれないが、他のマイノリティ・コミュニティが被っている不利益をシクは受けていない、と判断されていたのである。このことは、次の指摘からもうかがわれる。

「シクは、高度の教育をうけており、軍人としてばかりではなく、農民、熟練工および優れた起業精神を持った力強いコミュニティである。国内の他のコミュニティと比較して彼らが不安をいだく必要のある活動分野は事実上存在しない。われわれは、彼らが持っている才能をもってすれば他のコミュニティが羨む水準に容易に達することができると信じている。また、パンジャーブが分割される前、彼らはその人口のわずか14％だったのだが、東パンジャーブではその人口の約30％近くを占めている。その州の公の分野におい

ては，かなりの権威ある地位が彼らに力を与えている。」(Rao [1968] p.768.)

小委員会の報告書は1948年12月30日，諮問委員会に提出された。東パンジャーブと西ベンガルにおけるマイノリティ保護の問題については，結論を出すことができなかったが，この会議で，マイノリティの権利の性質について一定の示唆に富む論議がなされた。

委員の何人かが，すべてのマイノリティに対する留保を認めないとする動議を提出しようとした。その理由として挙げられたのは，①議席留保を認めていたときとは，全般的状況が大きく変化した，②議席留保は自由インドの理念に合致しない，③特定の宗教的コミュニティへの議席留保は，分離主義を導くことになり，政教分離国家の理念にも反する，ということであった。この動議に対してパテールは，自らの代表を出す権利をあきらめるようマイノリティに強制することは適切ではないので，かかる決議は自らのコミュニティに関してのみ提出できると述べた。また，アッサムに関するかぎり，マイノリティが彼らに留保された議席に加えて一般議席をも争いうるという決定は適用されないとする主張がなされた。というのは，アッサムでは，人口の40％を超えるコミュニティが存在しなかったからである[55]。

（8）　諮問委員会の勧告（1949年5月11日）と憲法制定議会での審議——SC/ST以外への留保議席の廃止

1949年5月11日，諮問委員会の勧告が憲法制定議会に提出された。諮問委員会のこの勧告は，マイノリティの権利というテーマについての以前の決定を要約し，国会においては，ムスリム，SCおよびインディアン・クリスチャンのために議席が留保されるべきだという憲法制定議会の決定を採用していた[56]。ただ，1947年に諮問委員会がその勧告をおこなったとき以降状況が大きく変わったので，自由インドという流れの中では，ムスリム，クリスチャン，シクその他の宗教的マイノリティのために議席を留保することはもはや適当ではないとする意見もあった。これらの意見は，分離選挙の廃止は政治体から多くの害毒を除去するかもしれないが，宗教的コミュニティへの議席留保は，かなりの程度の分離を導くだろうし，そのかぎりにおいて，政教分離・民主国家という観念に反すると述べていた。また，いかなるコミュニ

ティに対しても議会での議席留保の廃止を勧告するという決議通告もおこなわれた。

　5月11日の会議で，SC以外のマイノリティについて，すべての留保議席を廃止するという決議が諮問委員会の圧倒的多数の委員の誠意ある支持を得たということが報告書に加えられた。SCに関しては，その特有の地位が彼らに10年間の留保を与えることを必要だと判断させたのである。

　5月25日，パテールが憲法制定議会でこの重要な決定を説明した[57]。彼は，マイノリティ・コミュニティ自身の大多数がマイノリティ自身への過去のかかる留保が悪い効果をもたらしていることを理解していると述べた。コミュナル留保の廃止についての表決では，一人だけが反対票を投じた。

　諮問委員会の提案は，留保がSC/STに対してのみ定められるというものであった。これは，これらのコミュニティの後進的地位を理由としたものである。提案は，その代表が議会のメンバーとなるべきであり，国内の政治生活に活発に参加することを求めていた。また，アングロインディアンの特別の地位を考えて，大統領および州知事がそのコミュニティのメンバーを指名する権限を有するという規定も維持された。

　憲法制定議会は，SCがヒンドゥー・コミュニティの後進部門の一つであり，不可触民制という悪しき慣行は，他のいかなる宗教にもみられず，したがってヒンドゥー以外の宗教に属するSCの問題は，起こりえないはずであると考えていた。しかし，すでに述べてきたように，シクは，そのいくつかの後進階級が，SCのリストに含まれるべきだと主張してきた。このことが諮問委員会によって認められたのである。パテールは，これらのコミュニティの地位について，彼らは，元々SCヒンドゥーであり，最近シク教に改宗したものであること，したがってSCヒンドゥーではないし，そのようなレッテルはりをすべきでもないことを強調した。というのは，シク教においては，不可触民制のようなもの，序列化や相違のようなものは存在しないはずだからである。しかし，パテールは次のようにも述べている[58]。

　「このインドにおいて不幸なことは，ヒンドゥー教が社会にはびこる特定の慣行と偏見の悪弊を被っており，シクがいうところのヒンドゥー改革コミ

ュニティも時の経過とともに，同じように堕落してきていることである。」

シクは，これらのSCが他のSCが受けているのと同じ便益を与えられないとしたら，ヒンドゥーに復帰するだろうと考えていた。パテールは，続けて，次のように述べている。

「私は，諸君が『一碗のあつもの』のために現実の宗教の実質をなげ棄てるところまで自分たちの宗教を貶めないよう，このことを強く主張した。しかし，彼らは同意しなかった。それゆえ，われわれがなしうることは，保護を望んでいるコミュニティの人々に，SCの分類に入ることを助言することである。彼らは，今日このことに同意している。それは，シク・コミュニティにとって好ましいことではないが，彼らがそれを望んでいるので，われわれは当分の間それを許容すべきだと考えたのである。……」

論者の大多数（ムスリム，クリスチャン，アングロインディアン，SC，さらにはヒンドゥー）は，コミュナル的理由からする留保を廃止するという提案に支持を表明した。ネルーは，その提案を，「インドの運命の歴史的転回」とし，次のように述べている（C.A.D.vol.Ⅷ, p.330.）。

「しかし，諸君が正真正銘の民主主義に反対しつつ，マイノリティ（しかも比較的小規模なマイノリティ）に対する保護を与えようとするならば，そのコミュニティを孤立させてしまうことになるだろう。諸君は，そのコミュニティをわずかばかり保護するかもしれない。しかし，何を犠牲にしてそうするのか？　それを対立させるという犠牲を払ってなのか？　あるいは，──私は，もちろん政治的なレヴェルで述べているのであるが──内部的な共感とマジョリティとの友愛感情を犠牲にして，しかもマジョリティが歩んでいる主要な流れから彼らを引き離しながらそうするのか？」

SCとST以外のすべての留保を廃止するという，パテールの動議に，憲法制定議会の三人のムスリム議員が反対を表明した。そして，その一人ひとりが代案を提示した。憲法起草委員会委員（アッサム選出）のM.サードゥラ（M. Saadulla）は，10年の期間留保を継続することを望んだ。彼は，個人的には留保にこだわってはいなかったが，アッサム議会の同僚のムスリムたちが，全員一致で，彼にムスリムのための留保を主張するよう命じたのである。マ

ドラス選出のM.イズマイル（M.Ismail）は，パテールの動議に反対したばかりでなく，分離選挙という以前の立場に戻ることを望んだ。彼は，憲法制定議会がムスリムおよびその他のマイノリティ・コミュニティに対して中央および州議会でその人口を基礎とする議席留保を認めるべきであり，これらの議席がそれぞれのマイノリティに属する有権者の選挙区から選出される議員によって占められるべきだという修正動議を出した。彼は，分離選挙こそが人民の調和を実現する唯一の手段だと主張したのである[59]。また，Z.H.ラリ（Z.H.Lari）は，すべてのコミュニティへの留保をなくすことを主張し，そのかわりに，比例代表制と大選挙区制（1選挙区から二人以上を選出する）による累積投票とを導入することを主張した[60]。

諮問委員会の提案に最も厳しい批判を展開したのは，M.タヤージ（M.Tyagi）であった。彼は，マイノリティを保護するために考慮すべきなのはカーストではなく階級（class）であると考えていたので，SCにではなく「指定階級（Scheduled Classes）」にかかる便益を及ぼすべきだと，要旨を次のように述べた（C.A.D.vol.Ⅷ, pp.344-45.）[61]。

「SCへの留保という考えがはじめて導入されたとき，それは20年間だけのものだとされた。それが1933年のことであるから，あと数年で20年となる。それを今なぜさらに10年続けなければならないのか？　SCのリストを見てみよう。そこには実に多様なものが含まれている。SCという言葉はフィクションである。もちろん，そこには抑圧されてきたカースト，貧困なカースト，不可触とされたカースト，そして虐げられてきたカーストが含まれている。しかし，この間，議会に代表を出したカーストは数えるほどしかない。

私も，インドがカースト差別のない社会になることを望んでいる。カーストのない社会になることはできるが，階級のない社会になることはできない。したがって，階級こそが代表を出すべきである，と考える。コミュニティに基づくマイノリティではなく，経済的，政治的，そして思想的基盤の違いに基づくマイノリティが保護されるべきであろう。SCへの議席留保ではなく，土地なし労働者，未熟練職人，洗濯人，その他生活の糧を得るに十分な収入のない人々などに特別留保が必要なのである。……読み書きのできない人々

は，この憲法制定後も奴隷の地位にとどまることになる。これらの虐げられた人々を救う最善の方法は彼らを保護し，彼らの代表を議会に迎えることである。」

　これらの修正提案は否決され，諮問委員会の提案は，いかなる留保も10年を超えて効力を有するものではない，というT.バールガヴァ（T.Bhargava）による修正動議とともに憲法制定議会によって採択された。

（9）　憲法制定議会におけるマイノリティ――最終段階

　マイノリティに関する条文案は，1949年 8月23日，憲法制定議会での論議に付され，修正された原案も提出された。そこでは，留保される議席数が人口に応じていることが明記されていた[62]。修正案の説明に立ったアンベードカルは，この修正案が諮問委員会決定の正確な再現であると述べた。しかし，この修正案は，1948年2月憲法案と比べると大きく変更されていた。起草委員会が提出した憲法案において，留保議席は，部族に関しては英領州時代より限定されていた。また，第1附則第一編，第二編または第三編に規定された州のいずれであるのかを問わず，換言すればインド全体にわたる，すべての州における留保について規定していた。これは，インド藩王国がインドに統合されたことの一つの帰結ではあるが，そのことについて十分な論議はなされなかった。

　この憲法案に対しては，いくつかの修正が提案された。

　N.C.ラスカル（N.C.Laskar）は，パキスタン分離にともない，一定の地区が分割されたので現在の人口割合からすればSCは代表を出すべきだということにはならないと考えた。それゆえ，彼は，一般的に議席留保のために採用される人口割合は，アッサムのSCには適用されるべきではないという修正動議を提出した[63]。この主張に対して，その人口の少なさゆえに留保を認められない他のコミュニティの事例を挙げた反論がなされた。

　SCに関するかぎり，1941年国勢調査は大きな数え不足があり，したがって，あらたな人口調査が議席割当の基礎と考えられるべきである，という不満がくすぶっていた。アンベードカルは，政府がこの状況を改善するために適切な措置をとるべきだという以前の主張を繰り返した[64]。彼は，あらたな

人口調査をおこなうか，人口規模の判断を有権者の数を基礎としておこなうのか，のいずれかをとるべきであると述べている。このプロセスを彼は，人口の大まかで容易な判断方法だと主張しており，憲法制定議会は，彼のこの主張を認めた。

　H.シンは，SC/STが「非留保議席」を争う資格を有することを明記することを望んだ。アンベードカルは，問題となっている第292条がこの種の規定の位置としては適切でないので，選挙に関する事項を規定する箇所で定めることを求めた。その他の修正は，選挙法および選挙区の境界設定に関する事項についてのものであり，この理由から憲法制定議会によって否決された (C.A.D.vol.Ⅸ, p.659.)。

　T.バールガヴァは，アッサムのSTは一般議席を争う権利を有しないことを明記すべきだとする修正動議を提出した。バールガヴァ自身は，原則として留保には反対の立場を表明していた。しかし，いかなる特定のコミュニティにも留保されていない議席が50％未満であるアッサムでは，留保階層は非留保階層の権利を侵害することを許すべきではない，ということを付け加えた。憲法制定議会は，彼の修正案を否決した[65]。

　第293条は，アングロインディアン・コミュニティが十分に代表されていないと考えたときには，衆議院にアングロインディアンを2名以内指名する権限を連邦政府に与えていた。H.シンは，この指名権がより一層広く用いられるよう修正動議を提出した。彼が提出した修正動議は，何らかのマイノリティ・コミュニティが不十分にしか代表されていないときには，数の制限なしに，充分と考えられる何人かを指名する権限を大統領に与えようとするものであった[66]。アンベードカル自身は，その修正案について発言しなかった。しかし，その修正動議は，コミュニティに対する指名議席や留保議席に反対しておこなわれた憲法制定議会の決議の精神に反することが指摘された[67]。

　第294条の最も重要な特徴は，今日，州議会における留保がコミュナル的にはSC/STに限定されており，地域的にはアッサム自治県に限定されているということであった[68]。議席留保の数は，人口に比例していた。また，ア

ッサム自治県の指定部族の構成員以外は，その地区で選挙する資格を有しなかった（シロング駐屯地および自治市を代表する選挙区を除く）。さらに，SC/STのための議席留保は，第１附則第一編および第三編に挙げるすべての州において定められていた（すなわち，すべての州と地方長官監督州に編入されたものを除くすべての藩王国）。この条文は，何の修正も加えられることなく採択された。州立法院へのアングロインディアンの指名を定めた第295条も，同様に採択された。

新第295A条が，アンベードカルによって提出された。この条項は，SC/STへの議席留保は憲法施行の日から10年後に廃止することを定めていた[69]。このことは，すでに憲法制定議会が採択した決定に基づくものであった。しかし，多くの説明的修正動議が出された。T.バールガヴァの修正動議は，アングロインディアンの指名についての特別規定も10年後に廃止すべきだというものであった[70]。T.T.クリシュナマチャーリは，10年後の留保廃止は，そのときに存在している衆議院や州立法院が解散するまでは，それぞれの代表に影響を及ぼさないという但書を付け加えるべきだという動議を提出した[71]。彼は，アンベードカルが提出した条文案には不明確な間隙があるので，議院のメンバーが次の総選挙まで変更しないことを明記しようとしたのである。

また，10年という期間は全く不十分な期間であり，留保はその後も継続する必要があるとする多くの懸念がSCを代表する何人かの議員から表明された[72]。

アンベードカルは，バールガヴァおよびクリシュナマチャーリから提出された動議を受け入れた[73]。SC/STに対する議席の留保が必要と考えられる期間の問題について，アンベードカル自身は，もっと長期間が必要だということを強調する意図を持っていた。ただ，この10年という期間は，政党間の一般的合意の結果であり，憲法制定議会により認められたものであった。したがって，これらの規定を当初の段階にまで差し戻すことは正しくないと考えたのである。また，10年たっても，SC/STの状況が改善されず，彼らが期間の一層の延長を望んだときには，「彼らがここで約束されたのと同じ保

護を得るあらたな方法を考えだすことが，その能力と知性からして可能であろう。」と述べた[74]。

　STへの議席留保の期間について，アンベードカルは，より長期間の留保を与えることが適切であることを明言した。しかし，SC/STへの留保に関して発言したすべての議員は，留保は10年の期間終了後廃止すべきだと論じたのである。憲法制定議会の決定を誠実に実行しつつ，アンベードカルは，彼自身の信念が疑いもなく，留保はより長期間必要だとするものであることを聞き手に印象づけた。審議をふまえて，アンベードカルが修正を加えたその条文は，憲法制定議会により採択された。

　マイノリティに公雇用上の優遇措置を定める第296条は，1949年8月29日に論議された。公務員採用における特別措置（採用留保枠）をSC/STに限定せず，第三編の州（旧インド藩王国）での優遇にも及ぶとする修正案が提出された。この修正案は，憲法制定議会の以前の決定に調和していないという理由で，反対意見が出た。結論を出すことができず，この問題は，1949年10月14日に再審議され，激しい論議がおこなわれた。

　H.シンは，憲法案の趣旨を生かし，公務への任命に関して，SC/STに対してのみならず，すべてのマイノリティに特別の配慮をおこなうことを必要と考えている，ということを明らかにする修正動議を出した。彼は，認定マイノリティとして，ムスリム，クリスチャン，シク，アングロインディアンおよびパールシーを明示する説明を付け加えた。また彼は，マイノリティに対する保護と保障が徐々に減ぜられていき，公務への任命の配慮とマイノリティ特別官の任命という二つの規定が残るだけになる，と不平を述べた。彼は，シクに対する既得権益が侵害されているので，憲法制定議会が慎重に審議をすすめるよう求めた。そして，「スローガンではなく，具体的な行動」によってマイノリティの信頼を勝ち取ることをマジョリティに訴えた――この具体的な行動とは，すべてのマイノリティへの公務上の適切な代表の保障を中央および州政府に命ずることを明示的に維持することである（C.A.D.vol. X，p.232.）。

　この意見に対してパテールは，公務における代表の問題は，諮問委員会で

とくにとり上げられたのであり，一致をみなかった問題であると述べた。そして，次のように述べている[75]。

「われわれは，誓約を破る国民ではない。あらゆる共感と配慮がシク・コミュニティに対して示されるだろう。なぜならそれは，特定の地域に位置しているからである。したがって，それは，華やかで力強いものであり，他者に対してそれ独自の立場をとることができる。『われわれは傷つけられている。われわれは，無力である。われわれは，マイノリティの地位にある。われわれには，希望がない。われわれは何もなし得ない。』と言い続けることによって，その精神をなくさないでほしい」。公務における代表という問題についてパテールは，シクがいかなる分野（通商，工業，商業その他）においても後進的ではないと述べた。それゆえ，彼は，シクに後進的だという「その心理を忘れる」ことを訴えた。

ムスリムに関してパテールは，印パ分割およびそれに続く出来事のせいで，彼らの地位が「本来あるべき幸福なもの」ではないことを認めた。彼は，ムスリムに対して，ささいな規定についての主張を取り下げるよう訴え，次のように述べる。

「国家全体に有益な争点をめぐって争おう。そのことを実施していこう。そのための基盤を用意しよう。諸君は，二つの州にかかわる大きな利害を有している。パンジャーブにおける問題とベンガルにおける問題は，異なってはいるが一定の同じ問題を有している。これらの問題は，中央によってではなく，州自身によって解決することができる。したがって，願わくは，国家の福祉に利害を持つ人々は，混乱と無秩序の雰囲気ではなく，それとは異なった雰囲気をつくりだすべきである。」

一定の職務におけるアングロインディアンの特別代表とアングロインディアン学校への特別助成金を定めた第297条および第298条について，6月16日審議がおこなわれた。第297条については，何の論議もなく採択され，第298条について論議がおこなわれた[76]。ムンシーは，憲法制定議会にこれらの条文の背景を説明した。すなわち，①アングロインディアン・コミュニティは，短期間何らかの譲歩により一方的に保護されないかぎり，自立することが不

可能なやり方で，旧政府の庇護の下に置かれていたこと，②60％以上がこれらの職務に携わっており，したがって突然の変更は，そのコミュニティを即座に路上に投げ出してしまうことになること，③特別助成金が交付される教育施設は，高水準に達しており，他のコミュニティからも生徒が来ていること，などが述べられた[77]。この説明は了承され，二つの条文は，憲法制定議会により採択された。

マイノリティ保護について調査し，報告書を作成する任務を持つ特別官の任命に関する第299条は，二つの点について起草委員会で修正された。第一点は，特別官の権限をSC/ST，アングロインディアンその他の後進階級に限定するものであり，第二点は，中央と州とにおいて活動する特別官を連邦政府が任命するという変更であった。この修正条文は，1949年10月14日，ムンシーにより，動議として提出された[78]。

この点に関して多くの修正動議が提出されたが，論議は原則的にはB.S.マン（B.S.Mann）とH.シンとの主張をめぐってのものに集中した。彼らの主張は，特別官の管轄がムスリム，クリスチャンおよびシクを含むすべてのマイノリティにかかわる事項に及ぶべきだとするものであった。ムンシーは，これに反論して，次のことを強調した。①特別官調査の保障は，市民の中の一定の充分に定義された部門の保護についての政治的保障である。②特別の政治的保障は，今日SC/ST，アングロインディアンその他の後進階級に限定されているから，特別官はこれらコミュニティの保障のみを扱うべきである。

憲法制定議会は，ムンシーにより提出された条文を採択した。

第300条は，二つのことを定めていた。まず第一に，連邦政府に指定地域の行政，STの福祉について報告する委員会を任命する権限を与えており，かかる委員会が憲法施行後10年たったときには必ず任命されていなければならない，と規定していた。また，この条文は，STの福祉にとって基本的な計画を起草し，執行することを州に命ずる権限を連邦政府に与えていた。この条文は，その規定対象をインド藩王国領にも広げるという，アンベードカルの修正を付して（この修正は，A.V.タッカー（A.V.Thakkar）により熱く歓迎された。），1949年6月16日に採択された[79]。

1949年9月17日，アンベードカルは二つの新条文第300A条と第300B条を提出した。SCは，憲法案中で，1935年統治法に基づいて認められたコミュニティに含まれるものと定義されており，またSTは，憲法案第8附則に挙げられていた。アンベードカルは，これら二つの条文の目的が，SCとSTの長いリストを憲法に掲げる必要性を避けるためのものであると説明した。大統領が，州知事または州統治者と協議したうえで，SCまたはSTとみなされるカーストまたは部族を特定して公示をおこなう権限を有するということも提案された。この手続は，以前つくられたリストが，当時インド自治領の州であったもののみ列挙していたことからも必要であった。また，憲法構造の枠組み内にインド藩王国領土を編入することにより，それら領土内のSC/STも同じように定義することが必要となったのである。当初公示されたリストからその後何らかの除外または追加をおこなうにあたっての唯一の制限は，このことを国会がおこなわなければならないということであった。

　憲法各条項の審議は，1949年10月17日で終了し，11月3日に憲法制定議会に提出された。この1949年11月案の「マイノリティ」に関する条文は，第十六編第330条～第342条として採択された。11月16日，クリシュナマチャーリは，「マイノリティ」という言葉は，それがどこで使われていても「一定の階級」という言葉に置き換えるべきだという修正案を提出した。彼は，この編の見出しにおいても，この言葉が使われている他の箇所でも，「マイノリティ」という言葉の使用に対して，それまでの審議過程で何人かの議員により挙げられた反対意見を引用しつつ，この修正が必要なことを指摘した。この修正は，憲法制定議会により採択され，その見出しは，「特定階級に対する特別規定」と改められたのである。

　憲法制定議会は，1949年11月26日独立インドの憲法を採択し，この憲法は，翌1950年1月26日より施行された。

3　インド憲法とマイノリティ

（1）　インド憲法におけるマイノリティ

　インド憲法が明記している，広義のマイノリティへの保護は，大別すると

二つに分けられる。すなわち，第一には市民（公民）としての平等な権利の保障，社会的差別・不平等からの保護である。これらの保障・保護は，主として憲法第三編「基本権」の内容とされている。第二は，マイノリティに対する特別の保障，特別措置などを定めるものである。これに関連する規定は，第三編「基本権」，第四編「国家政策の指導原則」，そして第十六編「特定階級に対する特別規定」などにみられる。

このように，あまり体系的とはいえない規定形式となったのは，前節までに紹介・検討してきた，憲法成立過程における複雑な事情などがからんでいるからであろう。インド憲法の広義のマイノリティへの保障規定をさらに区分すれば，次の五つの範疇に分けることもできる。

①社会的な差別の是正・除去（第17条，23条1項，25条2項），②文化的・教育的権利の保持（第29条，30条），③教育・経済分野における優遇措置（第15条4項，19条5項，46条，164条，338条〜342条），④公務・公職上の優遇措置（第16条4項，4A項，4B項，335条），⑤国会および州議会における留保議席（第330条，332条）。

これらの規定の「主体」あるいは「対象」となる広義のマイノリティは，次のように分類できる。①言語的・宗教的マイノリティ，②社会的・教育的後進階級　イ）SC，ロ）ST，ハ）その他の後進階級（OBC）。

本章では，言語的・文化的マイノリティの権利（第29条）および宗教的・言語的マイノリティの教育の権利（第30条）を考察してみたい。

（2）　マイノリティの文化的・教育的権利

(a)　マイノリティの利益保護（憲法第29条）　第29条1項は，異なった言語，文字または文化を有する公民のすべての部門に対して，それらを保持する権利を保障することによって，マイノリティへの保護を定めている。これらの権利は，「個人の（individual）」権利ではなく，「公民のいかなる部門（any section of the citizens）」に対しても保障された権利である。これに対して同条2項は，個々の公民に保障された権利（fundamental right of individual citizens）である。ただ，その規定からも明らかなように，厳格にいえば「公民がマジョリティ・コミュニティの構成員なのか，マイノリティ・コミュニ

ティの構成員なのかにかかわらず，彼らが固有の言語，文字または文化を有することが証明されたなら，それらを保持する権利を有するものとなる[80]」のである。かかるマイノリティが彼ら自身の言語，文字および文化を維持することを望むならば，州は，介入・干渉してはならない。ケーララ教育法案事件最高裁判決（1958年）は，次のように述べている[81]。

「インド憲法が存在し続けるかぎり，基本権を支え，マイノリティ・コミュニティ（他者ではなくわれわれ自身でもある）に対するわれわれの神聖な責務を尊重することは，当裁判所の義務だと考える。何世代にもわたって，様々な信条，文化および人種（アーリア人と非アーリア人，ドラヴィーダ人……）が遠く離れた地域からこの地に果てしなく殺到してきた。インドは，これらすべての人々を歓迎した。かれらは，出会い，集まり，混血しあい，一つの集団として形成され，あるいは消滅していった。…… 実にインドは，われわれの国歌にも盛り込まれ，謳われている善意のメッセージを世界に発信してきたのである。」

この判決は，クリスチャン，ムスリムおよびアングロインディアンのすべてがケーララ州において，第29条1項および第30条1項でいうマイノリティであることを認めている。州においてある一部門が，憲法第29条の目的とするマイノリティを構成するのか否かは，パトローニ事件判決[82]およびD.A.V.カレッジ，J事件判決[83]で判示されたように，当該州の全人口との関連によって決定される。また，ヤグデヴ・シン事件判決[84]は，公民の一部門の言語を保持するための政治的宣伝（喚起）は，国民代表法第123条3項の内容に含まれる不正行為とみなされてはならず，「憲法第19条1項とは異なり，第29条1項は，いかなる合理的な制約にも服さない。」と判示し，言語を保持する権利が言語の保護を喚起する権利をも含むことを認めている。すなわち，第29条1項の権利は，言語をたんに保持するという消極的な権利ではなく，その保護を求めて訴えることのできる積極的な権利である。

第29条2項は，国家基金により維持あるいは助成されている教育施設への入学に関する規定である。いかなる公民も宗教，人種，カースト，言語またはそのいずれかのみを理由としてかかる教育施設への入学を拒まれてはなら

ない。

　後進階級についての特別規定（1951年憲法第1次改正法）によって挿入された第15条4項は，第29条2項に対する一つの但書であり，国（州）が，社会的・教育的後進階級またはSC/STの発展のために特別規定を設けることを認めている。憲法第1次改正後のチャンチャラ事件判決[85]は，憲法第29条2項にかかわらず，州は，後進階級メンバーのために最小限の議席数を留保する権限を有することを認めた。しかし，かかる留保数が，不合理とみなされる程度にまで過度になってはならないことも判示されている。

　第15条も，宗教その他を理由とする差別を禁じている。この第15条と第29条2項との関係について，ボンベイ教育協会事件判決[86]は，次のように述べる。

　①　第15条は，国（州）によるすべての公民への保護を定めたものであるが，第29条2項の保護は，その条項の定める権利を否定する国（州）または何人に対しても及ぶ。

　②　第15条は，一般的にすべての公民を差別から保護しているが，第29条2項は，不正のある特定のもの，すなわち特定の教育施設への入学の拒否からの保護である。

　③　第15条は，その文言においてきわめて一般的かつ広範であり，公民がマイノリティであろうとマイノリティグループに属していようと，すべての公民に適用されるものであるが，第29条2項は，国（州）により維持され，または助成を受けている教育施設への入学について，公民に特別の権利を与えるものである。

　④　保護の理由が同じではない。第15条には「言語」という言葉が理由として明記されていないが，第29条2項では「出生地」と「性別」という理由が明記されていない。

　マドラス大学事件高裁判決[87]は，第29条2項に「性別」という文言が明記されていないことの効果は，教育施設入学についての女性の権利が，大学当局の規則制定権に属する事項とされることにあると判示した。また，この条項は，マジョリティ・コミュニティが運営する大学の構内で，他のコミュニ

ティに属するメンバーがその宗教を自由に告白，布教する法的権利を与えるものでもない。

　(b)　教育施設を設立・運営するマイノリティの権利（第30条）　　第30条1項は，宗教または言語に基づくすべてのマイノリティに，その選択に応じて教育施設を設立・管理する権利を与えている。マイノリティが宗教や言語をたんに維持するだけでなく，発展させることも保障されているとするならば，その最も重要な手段として教育の権利が保障されるのは当然であろう。ここでいう宗教的・言語的マイノリティについて最高裁は，次のように判示している。①憲法第30条が保障する権利は，宗教および言語に基づくマイノリティに対してのみ適用される。第30条1項は，マイノリティとは言語的マイノリティであると同時に宗教的マイノリティでもあることを必要とはしていない。いずれか，または両者であれば十分なのである。②言語的または宗教的マイノリティを構成するのが誰なのかは，争われている法律が州法であるならば，インド全体との関係ではなく当該州との関係で判断しなければならない[88]。また，その施設の設立の時期がインド憲法制定前であっても，それがマイノリティによって設立されたものであれば，第30条1項の適用を受ける[89]。

　憲法第44次改正法（1978年）によりあらたに挿入された1Ａ項は，次のように定めている。「1項で規定された，少数者の設立・管理する教育施設財産の強制収用を法律で定めるにあたっては，同項で保障された権利を制限または廃棄しないよう，国は当該財産収用につき定める法律に基づいて額を定めなければならない。」

　この保障は，今日では削除された憲法第31条に以前は含まれていた。マイノリティが設立・管理する教育施設の財産の取得に関する権利は，それ自体第30条に具体化されていると考えられるので，マイノリティにとって，それは今でも基本権である。

　1）　第30条の目的　　この条文は，二つの目的を有している。一つは，かかる教育施設の設立をマイノリティの選択に任せ，その宗教，言語または文化を保持する目的であり，あと一つは，その子女に十分な普通教育を与え

る目的である。

　第30条１項の保護にかかわらず，州が，マイノリティの教育施設を管理・運営するマイノリティの権利に対して国家的あるいは公共的利益からの制限を有効に課しうるのか否かという問題に対する一つの回答は，シダーラジバーイ事件判決[90]において提示された。この事件において，最高裁は，次のように述べている。

　「マイノリティ施設の形式的性格を維持する一方で，本来，教育施設にはない公益または国家的利益を理由として管理権を損なう命令が正当とされるならば，第30条１項が保障する権利は，たんなる幻想，現実性のない空約束になるだろう。」

　管理という言葉について，アジーズ・バシャ事件判決は次のように述べる[91]。

　「マイノリティがその教育施設を設立した場合には，それを運営する権利を持つということであり，それ以外のことではない。この条文は，たとえ教育施設が他の誰かによって設立されたものであったとしても，いかなる宗教的マイノリティもそれを運営する権利を持つということを意味する。というのは，何らかの理由によってインド憲法が施行される前から当該施設を運営していたかもしれないからである。この条文の『設立・運営』という言葉は，接続して解釈しなければならない。かく解釈することによって，マイノリティが設立したものである場合には，その教育施設を運営する権利がマイノリティに与えられるのである。」

　ただ，この「設立」と「運営」についてマイノリティは，彼らが教育施設を設立した場合にのみ，その施設の管理・運営権を有することになるとも考えられる。最高裁は，マイノリティが「設立」すなわち教育施設を創設することができ，そして設立したときにはそれを管理・運営することもできると判示している[92]。すなわち，第30条１項における設立・運営という表現は，何らかの施設を設立したときにのみ援用しうるのであり，もし，施設が他の誰かによって設立されたものならば，いかなる宗教的マイノリティも，インド憲法施行前それをすでに運営していたという理由で，それを管理・運営する権利を持たないという考えである。「管理」という文言は，チッナマ事件

判決[93]が示すように，あるマイノリティ・コミュニティによって経営されている教育施設における服装その他の事項に関する規律の実施などをも含む広がりを持っている。また，校長を選ぶ権利は，学校を管理する権利の中に含まれる重要な事項の一つであり，それゆえ，職務の資格とは区別される制約は，パトローニ事件判決で判示されたように，第30条1項の違反となる。

　D.A.V.大学，B事件判決[94]において，最高裁は，マイノリティの選択に応じて教育施設を設立・運営するマイノリティの権利が教育手段の選択の権利をも含むことを判示した。大学が，マイノリティの経営するカレッジを強制的に加盟させ，そのマイノリティ自身のものでない言語で教育や試験をおこなう手段を定めた場合には，その文字を保持し，その施設を管理・運営する基本的権利を妨害するものと考えられる。D.A.V.大学，J事件[95]では，1969年グル・ナーナク大学アムリットサル法第4条2項が憲法第29条1項と第30条1項とに違反していると申し立てられた。この法律第4条2項は，大学がグル・ナーナク（Guru Nanak）の生活および教育ならびにインドと世界の文明化に果たしたその文化的・宗教的影響力に基づいて学習・研究をおこなう旨の規定を設けることを定めていた。最高裁は，この条項は，憲法第29条1項によっても，第30条1項によっても申立人の権利に違反するものではないと判示した。グル・ナーナクの生涯と教えについての教育・研究は，インドと世界の文明化の文脈におけるその文化的・宗教的影響力に関する教育であることに異論はなく，それは非常に学術的かつ哲学的な教育だといえよう。しかし，大学が聖人の生涯や教えの学術的教育・研究のための規定を設ける場合，加盟カレッジに対して，その聖人の生涯や教えを強制的に学ばせ，それを実際に研究することを強制することはできないと述べている。

　2）男子学校への女子の入学　　マイノリティが，その教育施設に他のコミュニティの子女を受け入れる権利を有するか否かという問題は，チャールズ・ロブソン事件[96]において生じたが，男子マイノリティ学校へ女子を入学させることができるか否かも争われた。ローマカソリック・トリヴァンドラム教区に所属する学校の管理者が，その地方の高等学校への女子生徒の受入れを許可するようケーララ教育当局に求めたのが，マーク・ネットー事件

である。その高等学校は，それまで25年以上にわたって男子生徒のみを受け入れてきていた。ただ，その地方のクリスチャン・コミュニティは，女子もコミュニティの学校での教育を受けるべきだと主張していたので，その地方では女子の教育のための施設（Muslims Girls High Schoolなど）も存在していた。しかし，教育当局は，1959年ケーララ教育規則第12条3号に基づいてその受入れを拒否していた。最高裁は，申立てをした学校管理者の訴えを認め，その規則が憲法第30条に違反していると判断し，次のように述べた[97]。

「……問題となった規則は，男子マイノリティ学校への女子生徒の入学許可を却下することを広範に認めている点において，憲法第30条に違反している。このように広く解釈するならば，規則で定めることのできる範囲を超え，憲法第30条に基づくマイノリティの権利である，施設の管理運営権への干渉の問題となろう。……われわれは，その規則を全体として無効とすることを必要だとも望ましいとも考えてはいないが，その適用は限定されるべきであり，本件において生じた状況では，マイノリティ教育施設には適用できないと考える。」

また，リリー・クリアン事件判決[98]において，最高裁は，「第30条1項に基づく基本的自由は，憲法第19条1項とは異なり，文言上，絶対的なものとして定められている。（30条に基づく自由は）第19条の列挙する基本的自由のように合理的制約に服するものとはされていない。すべての言語的・宗教的マイノリティは，第30条1項により，その選択に応じて教育施設を設立・運営する絶対的な権利を有しており，第30条1項に基づくその権利を侵害する法律または執行命令はその限度で無効となる。」と判示した。ただ，次に紹介するアーメダバード聖ザビエルカレッジ協会事件判決[99]において，「絶対的な言葉が絶対的な権利を与えるものではない」とし，第30条1項の権利には，憲法上，次の四つの制約が明示されていると述べる。

① 密接に関連する第29条2項が，第30条1項の権利に一つの制約を課している。

② 入学の権利は，第15条4項に基づく制約を受ける。この第15条4項は，第29条2項の例外を定めたものである。

③　第28条3項は，第30条1項の権利に第三の制約を課している。

④　この権利には，一定の黙示的制約も存在している。この権利は，それらの黙示的制約に服するものと解釈しなければならない。

州は，管理権の行使を規制することができるが，その権利自体を損なう制約を課する権限は有しないと判示されてきたのである。

3）　大学に加盟するマイノリティ施設の権利　アーメダバード聖ザビエルカレッジ協会事件判決で検討された問題の一つは，大学に加盟するマイノリティ施設の基本権が存在しているのか否かであった。最高裁（レイ裁判長およびパレカル裁判官）は，次のように述べた[100]。

「当裁判所の一貫した見解では，大学へ加盟するマイノリティ施設の基本権なるものは存在しない。ある大学へマイノリティ施設が加盟を申し入れたとき，そのマイノリティ施設は，その大学で定められた一般教育体系と教育課程に加わることを選択したことを明示する。大学規則が定める加盟のための措置は，統一性，効率性等々を理由とするものであり，第30条に基づくマイノリティの基本権を侵害するものではない。」

少数意見によれば，加盟は，宗教的または言語的マイノリティが管理するものであることを唯一の理由として，あるいは恣意的または不合理な理由に基づいてマイノリティ施設に対して拒否されてはならない。かかる拒否は，憲法第14条および第15条1項の違反であり，裁判所が無効とする。

また，G.F.カレッジ事件判決[101]においては，当該マイノリティ施設が州の認可を受けるという，憲法上またはその他の権利は存在せず，したがって，州はその認可を授けるための合理的な条件を，例えばその施設の雇用する教員の資格や運営団体の構成などについて，定めることができると判断されている。

前述A.バシャ事件判決では，1920年アリーガル・ムスリム大学法（改正法）（1951年および1965年）の合憲性が争われた。アリーガル大学は，1920年法に基づき中央議会によって設立されており，ムスリム・マイノリティが設立したのではなかった。したがって，この大学は，憲法第30条1項の意味におけるマイノリティ施設ではなく，ムスリム・マイノリティは，それを管理・運

営する権利を持たず，その改正法は有効と判示された[102]。

4) マイノリティの基本権の内容と範囲　　全聖人高等学校事件判決[103]で最高裁は，第30条1項が定める権利の内容と範囲について，それまで20年間最高裁が論じてきた見解の徹底的な分析をおこない，いくつかの原則を明らかにした。その見解は，次のように要約できる。

「憲法第30条は，マイノリティがその教育施設を管理し，運営するマイノリティの基本権を定めており，それがインドの民主主義の政教分離主義的性格と憲法自身が定める基本原則に調和することは明白である。第19条と異なり，マイノリティの権利は絶対的，自由かつ無条件的なものとされてはいるが，このことはこの権利が当該条項の目的，すなわち教育分野における美徳と理想を損なう不当な行使への自由手形を与えることを意味してはいない。

州およびその他の機関は，マイノリティ施設の内部管理・運営に干渉する権利を有しない。が，州は，教育水準の効率性・利便性を高めるための措置を規則で定めることができ，また，その施設の教員その他の職員の職務の安全を確保するためのガイドラインを設定することができる。しかしながら，州または大学当局は，その施設運営の自治を損なうことはできないし，当該施設管理の核心を無意味にするなどの妨害をおこなうこともできない。

第30条は，マイノリティ教育施設が，カレッジまたは大学に加盟することのできる条件について明記してはいないが，その条文の性質からして，加盟が申請されたときには，当該大学は十分な理由がなければそれを拒むことができず，マイノリティ教育施設の自治的運営を全く破壊してしまうような条件を課すことはできない。マイノリティ教育施設の事務を処理するためにその理事会または評議会に，外部機関を導入することは，第30条1項の保障する基本権を侵害することになる。なぜなら，その運営にマイノリティが発言権を持たない団体になってしまい，第30条のまさに保護しようとする施設の特性と個性を損なうことになってしまうからである。

政府または大学は，教員の勤務条件などを定める諸規則・規程を制定することができる。この規則は，教育内容を向上し，教員の地位を保障し，構成員が恣意的に処遇され，不当に処分されることがないよう指針を定めるもの

であり，当該施設の内部運営や自治に干渉するものであってはならない。マイノリティ施設が大学に加盟する場合に，その学習課程，授業計画，使用する教科書を検討し，当該施設学生の学力試験を実施することは，憲法第30条の自由に違反しない。

これまで，いくつかの事件において，外部機関がマイノリティ施設の意見を聴かずにそのマイノリティ施設に関する決定をおこなう絶対的権限を持ち，これらの命令が，その施設を拘束している例がみられた。このような処理形式は，マイノリティ施設に関するかぎり憲法上認められない。なぜならば，それはその制度の自治的運営に直接に干渉するからである。」

第30条1項のキーワードの一つは，「自らの選択にしたがって（of their choice）」であろう。ケーララ教育法案事件判決は，次のように判示する[104]。

「……この条項の真の意味内容を理解するカギは，『自らの選択に従って』という言葉である。その中心は『選択』であり，その内容・範囲は，ある特定のマイノリティ・コミュニティが選択する内容・範囲を意味する。」

また，グジャラート大学事件判決も次のように述べる[105]。

「第30条1項の『自らの選択に従って』という文言は，限定が付されていないので，重要性を持っている。第29条1項とあわせて解釈すれば，マイノリティは自らの言語と文化を保持する権利ばかりではなく，その選択によって教育施設を設立し，さらには，その構成員の選択した方法でその施設を管理する権利を有していることになる。この権利が行使されるとき，州は教育施設を管理する特定の方式，方法を定める権限を持たないのである。」

憲法第14条や第39条などの保障が，第30条に基づくマイノリティ教育施設で働く教職員に対しては軽視されてきたとの批判がなされていたが，最近の判決では，調和的解釈がとられ，国民の基本権保障という大きな傾向の中で，第30条の保障も位置づけられるようになっている。すなわち，福祉国家の理念の優位が一般化し，労働基本権の保障も，マイノリティ教育施設に当然に及ぶと解されている[106]。

第30条2項は，施設の管理・運営が，宗教または言語によるマイノリティの影響下にあるという理由で，その教育施設に対して，州が補助金を与える

ことにつき差別をおこなってはならないと定めている。なお，外国人が教育施設の管理・運営にかかわっていても，第30条１項の保護を否定する理由とはならないが，最高裁は，S.K.パトロ司教事件判決[107]で，かかる教育施設の経営者はインドの居住者でなければならない，と判示した。

(c) マイノリティの特別保護の効果——憲法第29条と第30条との関係

最高裁に提起された問題の一つは，マイノリティに特別の保護を与えることはマイノリティを差別することに帰着するのではないか？ ということであった。前述アーメダバード聖ザビエルカレッジ協会事件判決[108]は，第30条でマイノリティに権利を与える目的が，マジョリティとマイノリティとの間の平等を実現することにあると述べる。マイノリティがかかる特別の保護を有しないとしたら，彼らは平等を拒否されることになろう。この点について，それまでの判例を全体的に検討したうえで最高裁は，次のように述べる。「第30条１項は，一般政教分離主義的教育をおこなう施設について定めている。第30条の目的は，マイノリティの子どもが充分に施設の整った分野に出ていくことを可能ならしめることである。その教育施設がマイノリティの言語，文字または文化に関するものである場合にのみ，マイノリティの選択に基づいて教育施設を設立・管理するマイノリティの権利を制限するものとして第30条１項を解釈することは間違っている」。

第29条と第30条は明確に区別されるが，同時にこの二つの条文が一体となって，結果的にマイノリティの権利が効果的に保障されることは当然であろう。判決でも，「最高裁は，第29条と第30条の二つの条項が二つの異なった権利を創設するものであり，憲法第30条の保障範囲は第29条１項に基づく配慮を加えることによって狭くなるものではない」と述べられている[109]。

III　むすびにかえて

本章では，「十分に定義され，かつ周知のマイノリティ（well defined and known minorities）」と一概に論ずることのできないマイノリティ問題が，インド独立前後からインド憲法制定審議過程にかけて，インドにおける「国家

と自由」をめぐる一大争点であったことをみてきた。マイノリティの権利がたんなる個人の（individual）権利にとどまるものでないという見解の一致はあったようであるが,「市民のいかなる部門（any section of the citizens）」と「すべてのマイノリティ（all minorities）」とは明確に区別された。また，後進階級はマイノリティなのか否か，とりわけSCはマイノリティなのか否かが激しく論議され続けた。マイノリティの定義を正面からおこなうことは極力避けられ，編のタイトルからも「マイノリティ」の用語は消えた。最終的には憲法上「マイノリティ」の言葉はほとんど登場しない。結局，第29条および第30条に残った「マイノリティ」と第十六編の「特定の階級」の異同は論理的に不明確なまま現行規定となった。

　マイノリティの特性を維持し，固有の宗教，言語，文化などを尊重することと，彼らがこれまで被ってきた不公正を除去し，インド社会の正当で対等な構成員としての処遇を受け，マジョリティと同様の教育的・経済的地位を保障していくことが憲法の目的であるとするならば，その目的を達成するための手段として，権利の保障と特別の保護が憲法上明記され，それらの目的達成のための措置がとられなければならない。国がとることを義務づけられるこれらの措置が，「社会の弱者層」に向けられることは，ある意味では当然であり，「広義のマイノリティ」を考えなければならない。ただ，このようにマイノリティの概念を広げていくことは，それぞれの個性と特質を生かした，多様性に富む国家形成の可能性を育むとともに，国民的統合を形成・維持していくこととの厳しい緊張関係に立つことになるだろう（井上［2001］204頁）[110]。

　インド憲法が「マイノリティ」について規定する第29条1項と第30条1項との間の区別を最高裁は，次のように述べている[111]。

　第一に，第29条は，マジョリティ部門をも含む公民のいかなる部門に対しても基本権を与えているが，第30条は，すべてのマイノリティに権利を与えている。第二に，第29条1項は，言語，文字または文化に関するものであるが，第30条1項は宗教または言語に基づく，国民のマイノリティを扱っている。第三に，第29条1項は，言語，文字または文化を保持する権利に関する

ものであるが，第30条１項は，マイノリティの選択に基づいてその教育施設を設立・運営する権利を扱っている。そして第四に，第29条１項に基づく言語，文字または文化を保持する権利は，教育施設の問題とは直接には関係がなく，第30条１項に基づくマジョリティによる教育施設の設立・運営は，同様に，言語，文字または文化を保持するという動機とは無関係である。マイノリティは，宗教教育のために施設を管理・運営することができるが，そのことは言語，文字または文化を保持する問題とは全く無関係である[112]。

　本文でも述べたように，インド憲法において問題とされる「マイノリティ」は，インド独立のプロセスで最大の問題となった「ムスリム問題」から，最も狭義のマイノリティ（第29条および第30条）にその表現が限定されることとなった。しかし，「インド憲法におけるマイノリティ」は，SC/ST問題などを当然その視野に入れた憲法の規範的内容となっている。民主主義があるところでしかマイノリティ問題は起こりえない（Kumar [1985] p.9）ことを前提とすれば，インド憲法がその構造と基本的特質の中に取り入れたマイノリティ問題は，インドにおける民主主義の可能性と「危うさ」を折りにふれて国民に自覚させ，かつ憲法理念の「確認」を迫るものともいえよう。

1) 千葉［1998］，樋口［1999］，安田［1994］など参照。
2) 上田勝美「『新しい人権』の憲法的考察」公法研究40号105頁，111頁（1978年）。また小林直樹は次のように述べている。「…人権『体系』といっても，完結的・客観的な出来上がりの体系があるのでは勿論なく，形容矛盾に聞こえるかもしれないが，《開いた体系》として歴史の各段階ごとに編み直さなければならないものである。」（「新しい基本権の展開」ジュリスト606号15頁，26頁（1976年））。なお，環境権を「自由権，生存権の区分論を超えた」性質のものとしてはじめてとらえることを提唱したものとして，松本昌悦『環境破壊と基本的人権——基本権の再構成と「環境権」確立のために』（成文堂，1975年）参照。
3) 阿部照哉「現代人権論の一側面——公害と人権」公法研究34号89頁（1972年）。
4) 田畑茂二郎『国際化時代の人権問題』287頁以下（岩波書店，1988年），川眞田嘉壽子「人権としての発展の権利——その意義と将来」（宮崎繁樹編『現代国際人権の課題』81頁（三省堂，1988年）），斉藤惠彦『世界人権宣言と現代——新国際人道秩序の展望』194頁以下（有信堂，1984年），平覚「開発と人権——人権としての発展の

権利を中心として」(高野雄一・宮崎繁樹・斉藤惠彦編『国際人権法入門』350頁以下(三省堂、1983年))など。
5) 池畠美穂「市民的及び政治的権利に関する国際規約第27条における少数者保護について(一)、(二・完)——第27条の起草過程を中心として」同志社法学182号113頁(1983年)、同183号169頁(1984年)。

　　マイノリティの定義については、A.カポトルティの次の定義が引用される。「ある国の残りの住民より数的に劣っており、非支配的地位にあるその国の国民である構成員が、他の住民とは異なった種族的、宗教的または言語的特徴を有し、黙示的にのみであれ、自己の文化、伝統、宗教または言語を維持することを目指した連帯の意識を示しているような集団」。なお、規約第27条は次のように定めている。「種族的、宗教的または言語的少数民族が存在する国において、当該少数民族に属する者は、その集団の他の構成員とともに自己の宗教を信仰しかつ実践しまたは自己の言語を使用する権利を否定されない。」

　　マイノリティの権利については、藤田久一『国際法講義Ⅱ』116頁以下(東大出版会、1994年)、大竹秀樹「少数者保護と国際連合」同志社法学190号87頁(1985年)。Y.Dinstein (ed.), *The Protection of Minorities and Human Rights*, 1992.
6) 横田耕一「『国際人権』と日本国憲法——国際人権法学と憲法学の架橋」国際人権5号7頁、9頁(1994年)、同・「人権の国際的保障をめぐる理論問題」(憲法理論研究会編『人権理論の新展開』119頁(敬文堂、1994年))、Morigiwa / Ishiyama / Sakurai(ed.), *Universal Minority Rights?* Franz Steiner Verlag, Stuttgart, 2004. など。
7) 井上達夫「リベラル・デモクラシーとアジア的オリエンタリズム」今井弘道・森際康友・井上達夫編『変容するアジアの法と哲学』23頁、28頁(有斐閣、1999年)。
8) 安田信之「アジア文化圏における人権」ジュリスト1022号159頁(1993年)。
9) 竹中千春「ナショナリズム・セキュラリズム・ジェンダー」押川[1997] 191頁。
10) 本書第❸章で扱うこの「国家政策の指導原則」は、1987年フィリピン憲法などにも明記されており、人権としての「発展の権利」を具体化するものとも考えられる。詳しくは、安田信之「東南アジア憲法体制の特質」(『講座東南アジア第7巻　東南アジアの政治』)158頁以下(弘文堂、1992年)参照。
11) インド憲法制定過程における資料集として、Rao [1966] vol. I～Ⅳ；Rao [1968]、李素玲「インド憲法下におけるマイノリティの位置」(大内[1978] 33頁)、同・「インド憲法の制定過程におけるマイノリティ」(大内[1977] 45頁)などを参照。
12) 藤井毅「インド国制史における集団——その概念規定と包括範囲」(佐藤[1988] 23頁)、同『歴史の中のカースト』(岩波書店、2003年)。
13) 彼らは、この会議を、イギリス政府が憲法問題についてインド人と論議すること

を認めた最初のものであり，被抑圧階級の代表がはじめて招集された会議であると評価した。彼らは，この会議で被抑圧階級がカースト・ヒンドゥーとは分離したコミュニティであり，将来のインド憲法には被抑圧階級の基本的人権を定めた条項が加えられなければならないと主張した。

14) Provisions for a Settlement of the Communal Problems, put forward jointly by Muslims, Depressed Classes, Indian Christians, Anglo-Indians and Europeans for Consideration by the Minorities Committee of the Second Session of the Indian Round Table Conference, in:Gwyer/Appadrapai [1957] p.252; Minority Pact, in: Ambedkar [1946] p.318.
15) Banerjee [1965] vol.Ⅲ,p.273.
16) *Ibid.*,p.242.
17) 「現在の世界でも少数派を『保護する』のではなく，『対等に処遇』する制度的解決策を民主主義国家」が持っているとはいえず，その意味では，当時の「アーザード，ジンナーに代表されるインド・ムスリムの要求は，国民国家の抱える難題の先駆的な表現であった」（長崎暢子「インド・パキスタンの成立──『インド・パキスタン・バングラデシュ統一連邦案』の崩壊」歴史学研究会編『講座世界史9　解放の夢』73頁，98頁（岩波書店，1996年））。
18) Banerjee [1965] vol.Ⅳ,p.152.
19) Rao [1966] vol.Ⅰ,p.213.
20) Rao [1968] p.746.
21) The Objective Resolution, January 1947, in:Rao [1966] vol.Ⅱ,p.3; Constituent Assembly Debates（以下C.A.D.と略記する），vol.Ⅰ,p.57.
22) Rao [1968] p.746.
23) 基本権小委員会での論議について，詳しくは李・前掲（大内 [1977]）57頁以下参照。
24) Rao [1966] vol.Ⅱ,p.391.
25) Memorandum and Draft Articles on the Rights of States and Minorities, in: Rao [1966] vol.Ⅱ,p.90. この『国家とマイノリティ』について，詳しくは本書第**2**章参照。
26) Rao [1966] vol.Ⅱ,p.330.
27) Rao [1968] p.750.
28) Rao [1966] vol.Ⅱ, pp.381,324.
29) *Ibid.*,pp.362-70.
30) *Ibid.*,pp.343-61.
31) *Ibid.*,pp.370-3.
32) *Ibid.*,pp.322-4.

33) *Ibid.*,pp.309-12.
34) *Ibid.*,pp.336-43,361-2.
35) *Ibid.*,pp.377-81.
36) *Ibid.*,pp.312-8.
37) *Ibid.*,pp.199-207.
38) A.Kumar［1985］p.23.;Rao［1966］vol.Ⅱ,p.209.
39) A.Kumar, *op.cit.*,p.21;Rao［1968］p.754.
40) Rao［1968］vol.Ⅱ,p.213,pp.281-2.;A Kumar, *op.cit.*,p.24.
41) なお，6月3日の印パ分離決定によって，憲法制定議会およびその諸委員会の構成にも大きな変化があった。詳しくは，李・前掲［1977］51頁以下参照。
42) Report, August 8, 1947, in:Rao［1966］vol.Ⅱ,p.416.
43) Rao［1968］p.757.
44) *Ibid.*,p.758.
45) ムスリム連盟のB.ポッカー（B.Pocker）の出した動議は否決された。この動議に対してG.B.パント（G.B.Pant）は，マイノリティ自身の自殺行為に等しいとして厳しく批判している（C.A.D.vol.Ⅴ, p.244)。
46) A.Kumar［1985］p.46．K.M.ムンシーとS.G.ダスーは，SCがマイノリティであるということに否定的であった（Chaterjee,S.K.［1996］,pp.699-701);C.A.D.vol.Ⅴ, pp.227-8.。また，ダースは，次のように述べる。「マイノリティに関しては，実際にはそうよぶことのできない多くのマイノリティが存在している。例えば，ハリジャンの例をとってみると，彼らは実際にはヒンドゥーであり，ムスリムやクリスチャンのようなマイノリティではない。」（C.A.D. vol.Ⅴ ,p.241.）
47) Chaterjee, S.K.［1996］p.701.
48) Rao［1966］vol.Ⅲ,p.681; B.Sharma, "The Treatment of Minorities in the Draft Constitution of India", in: Grober［1997a］vol.2,p.26.
49) *Ibid.*,pp.22,80,95,160.
50) インド憲法の成立にアンベードカルの果たした役割について，詳しくは本書第**2**章参照。また，アンベードカルの著作の邦訳については，山崎元一・吉村玲子訳『カーストの絶滅』（明石書店，1994年）などがある。
51) Rao［1966］vol.Ⅲ,p.630.
52) Rao［1968］p.765.
53) 東パンジャーブ選出のシク代表議員は，次の要求を記した覚書を提出した（Rao［1996］vol.Ⅳ.p.594.）。
  ① シク後進階級は，政治的権利の問題についてはヒンドゥーSCと同列に置かれなければならない。
  ② 言語，文字および文化の問題については，地域ごとの調整を憲法上はかるか，執

行府の行為によって即座に解決をはかるかの，いずれかの措置をとらなければならない。

③ 東パンジャーブ外のシク・マイノリティは，他のマイノリティに与えられてきた，または与えられるであろう扱いと同じ扱いを受けるべきである。

54) Rao［1966］vol.Ⅳ,p.590.
55) *Ibid.*,p.597.
56) *Ibid.*,p.599.
57) C.A.D.vol.Ⅷ,p.269.
58) Rao［1968］p.771.
59) C.A.D.vol.Ⅷ,p.274.
60) *Ibid.*,p.282.
61) Chaterjee,S.K.［1996］pp.725-28.
62) C.A.D.vol.Ⅸ,p.633.
63) *Ibid.*,p.663.
64) *Ibid.*,p.658.
65) *Ibid.*,pp.647,659.
66) *Ibid.*,p.660.
67) R.K.Sidhavaや A.Ayyangarが指摘している（*Ibid.*,p.661.）。
68) *Ibid.*,p.663.
69) *Ibid.*,p.674.
70) *Ibid.*,p.686.
71) *Ibid.*,p.688.
72) *Ibid.*,pp.677,682.
73) *Ibid.*,p.696.
74) Rao［1968］p.776.
75) C.A.D.vol.Ⅹ,p.246.
76) C.A.D.vol.Ⅷ,p.937.
77) *Ibid.*,p.940.
78) C.A.D.vol.Ⅹ,p.251.
79) C.A.D.vol.Ⅷ,p.942.
80) AIR 1974 SC 1389.
81) *In re Kerala Education Bill,1957,* AIR 1958 SC 956; 1959 SCR 995.しかしながら，マイノリティは，自らの利益のためにのみ排他的にその教育施設を持つ資格があるわけではない（*St.Stephen's College v. University of Delhi,*（1992）1 SCC 588.）。
82) *A.M.Patroni v. E.C.Kesavan,* AIR 1965 Ker. 75.
83) *D.A.V.College,Jullundur v. State of Punjab,* AIR 1971 SC 1737.

84) *Jagdev Singh v. Pratap Singh Daulta*, AIR 1965 SC 183.
85) *Chanchala v. State of Mysore*, AIR 1971 SC 1762.
86) *State of Bombay v. Bombay Education Society and others*, AIR 1954 SC 561.
87) *University of Madras v. Shantha Bai*, AIR 1954 Mad. 75.
88) *Charles Robson v. State of Tamil Nadu and others*, AIR 1971 SC 1737. ただ，注意しなければならないのは，問題となった法令が適用される地域の人口マイノリティではないということである。言語的マノリティが一定の地域で人口の過半数を占めていることは十分に考えられる。一般的には，マイノリティが州の人口との関連で決定されるということに異論はないが，問題点も指摘されている。すなわち，憲法制定過程では明らかにインド全人口との関連で考えられていたし，最高裁の基準によれば，「ある州でのマイノリティメンバーは保護を要求できるが，他州における同メンバーは同様な保護を認められない可能性がある」からである（李・前掲（大内［1977］40頁））。
89) AIR 1974 SC 1389, at 1417.
90) *Sidharajbhai v. State of Gujarat*, AIR 1963 SC 40.
91) *Azeez Basha v. Union of India*, AIR 1968 SC 662, at 670.
92) *S.P.Mittal v. Union of India*, AIR 1983 SC 1.
93) *Chinnama v. R.Dy.D.P.I.*, AIR 1971 SC 1762.
94) *D.A.V.College, Bhatinda v. State of Punjab*, AIR 1954 SC 561.
95) *D.A.V.College, Jullundur v. State of Punjab*, AIR 1954 Mad. 75.
96) *Charles Robson v. State of Tamil Nadu and others*, AIR 1971 SC 1737.
97) *Mark Netto v. Government of Kerala*, AIR 1974 SC 1389, at 1417.
98) *Lilly Kurian v. Sri. Lewina*, AIR 1979 SC 52.
99) *Ahmedabad St.Xavier's College Society v. State of Gujarat*, AIR 1974 SC 1389.
100) *Ibid.*, at 1463.
101) *G.F.College v. Agra University*, AIR 1957 SC 1820. 講義要綱，カリキュラムについては，*State of T.N. v. St.Joseph Teachers Training Institute*, (1991) 3 SCC 1042.
102) *Azeez Bahsa and others v. Union of India*, AIR 1968 SC 662. なお，アリーガル・ムスリム（改正）法をめぐる論議については，Kumar［1985］p.90参照。
103) *All Saints High School v. Government of A.P.*, AIR 1980 SC 1042.
104) 1959 SCR 995, at 1054.
105) *Shri Krishna v. Gujarat University*, AIR 1962 Guj.88 (F.B.).
106) *Frank Anthony P.S.E. Association v. Union of India*, AIR 1987 SC 311; *Christian Medical College Hospital Employees Union v. Christian Medical College Vellore Association*, AIR 1988 SC 37; *All Bihar Christian Schools Association v.*

State of Bihar, AIR 1988 SC 305. など。教員の任命，規則制定権については，*Virendra Nath Gupta v. Delhi Administration,* (1990) 2 SCC 307. 勤務条件については，*Manohar v. Basel Mission Higher Education Centre,* 1992 Supp (2) SCC 301.

107) *Bishop S.K.Patro v. State of Bihar,* (1966) 1 SCC 683.

108) AIR 1974 SC 1389.

109) *Indulal Hiralal Shah and others v. S.S.Salgaonkar and others,* AIR 1983 Bom. 192, at 196.

110) 竹中千春「サティー論──スピヴァク『サバルタンは語ることができるか』をどう読むか」神奈川大学評論叢書『ポストコロニアルと非西欧世界』311頁（御茶の水書房，2002年）。

111) AIR1974 SC 1389, 1394.

112) マシュー裁判官は，次のように述べている。「第29条1項は，インド領内に居住するいかなる部門に対しても，その言語，文字または文化を保持する権利を与えている。この条項は，宗教的その他いかなるマイノリティについても語ってはいない。一方，この第29条1項は，専門的な意味で理解されるマイノリティに対してのみ権利を与えているのではなく，専門的な意味ではマイノリティでありえない，インド領内に居住する公民の1部門にも権利を与えている。これに対して，第30条に基づく権利の利益は，宗教的または言語的を問わずマイノリティに与えられるのである。このことが第29条1項と第30条1項との間の相違の一つである。注目すべき第二の相違は，第29条1項が三つのこと，すなわち言語，文字または文化に関して権利を与えているのに対して，第30条は，教育施設を設立・運営する権利のみを定めていることである。確かに，第29条1項によれば，異なった言語，文字または文化を有する国民は，それらを保持するために教育施設を設立しうる。しかし，第30条1項によれば，宗教的・言語的マイノリティに与えられる権利は，その言語，文字または文化を保持するために教育施設を設立する権利ばかりではなく，その選択に応じて教育施設を設立する権利をも有しているのである。第29条1項が『教育』にふれていないのに対して，第30条は教育施設の設立と管理・運営のみを定めている。ある一定の事例では，二つの条文は重なるだろう。言語的マイノリティがその言語を保持するために教育施設を設立するとき，その言語的マイノリティは，両条項を援用しうる。第30条1項が，ある言語的マイノリティはその選択に応じて教育施設を設立・管理しうると述べるとき，そのことはいかなる教育施設をも設立・管理しうるということを意味する。ある言語的マイノリティがその言語を保持するために教育施設のみを設立することができるとしたならば，第30条1項の『その選択に応じて』という表現は，実際上その意味を奪われてしまうことになるだろう。」(Kumar [1985] p.117.)

第2章
B.R.アンベードカルの憲法構想

I はじめに

B.R.アンベードカル（Bhimrao Ramji Ambedkar,1891-1956）は，被抑圧階級（不可触民に対してイギリス政府が19世紀後半に官庁語として用い，その後一般的にも用いられるようになった用語。本書では，文脈に応じて被抑圧階級，不可触民，そして指定カースト（SC）を同じ意味で用いている。）の卓抜した指導者として，自らの階級の解放のためにその要求を主張し，その実現のために先頭にたって行動した[1]。彼は，被抑圧階級こそが「マイノリティ」であると主張し，とりわけ，被抑圧階級の特別代表制をめぐって，M.K.ガンディーと鋭く対立したことがインド国内外の注目をあびた。しかし，インド憲法制定議会においては，憲法成立のためにその優れた学識を存分に発揮し，憲法起草委員会委員長に任命されてからは，あえて従来の自らの主張とは異なった見解（あるいは対立する見解）をも述べて，憲法成立に重要な役割を果たしたのである。さらに憲法制定後は，憲法で重要な課題と明記された統一民法典の制定にむけて尽力した。この意味で，寿台順誠のいうようにアンベードカルを，「憲法形成過程への継続的参加者」とよぶことができよう（寿台[2000]）[2]。

この章では，「被抑圧階級の代表としてのアンベードカル」と「憲法起草委員長としてのアンベードカル」とを対比させつつ紹介・検討することによって，アンベードカルの憲法思想および憲法構想を明らかにすることを試みる。

II 被抑圧階級の代表としてのアンベードカル

アンベードカルは，1891年4月14日不可触民カーストの家に生まれた。苛酷な差別を受けながらも勉学を続け，奨学金を得ることによって1912年，ボンベイのエルフィンストーン・カレッジを卒業した。さらに，バローダ藩王の援助を受けてアメリカのコロンビア大学に留学し，1915年「古代インドの商業（Ancient Indian Commerce）」というタイトルの論文で修士の学位を取得した（なお，その後に書いた「インドの国益——歴史的・分析的研究（National Dividend for India: A Historic and Analytical Study）」は，後に補筆され『英領インドにおける地方財政の発達（The Evolution of Provincial Finance in British India）』としてロンドンで出版された。この著書により，1916年彼はコロンビア大学から博士号を授与される）。アメリカにおける研究生活の経験と研究関心の広がりは，当時学問の中心地であったロンドンでの研究継続を彼に決意させる。1916年10月，グレイズ・イン法曹学院に入学するとともに，ロンドン大学LSEで経済学を学びはじめた。しかし，1917年，奨学金の期間が切れたため，インドへの帰国を余儀なくされる。被抑圧階級の代表としてのアンベードカルの活動がはじまるのはこのころからである。困難な中で，再度イギリスに渡ったアンベードカルは，1921年6月「英領インドにおける帝国財政の地方分散化（Provincial Decentralization of Imperial Finance in British India）」というタイトルの論文で修士号を得，「ルピーの問題（The Problem of Rupee）」を1922年10月に博士論文として提出した。同年，弁護士資格を取得している。この「ルピーの問題」は，イギリスのインド植民地支配に対する鋭い批判とあらたな分析手法，論理を含んでおり，論文審査における大学の保守的対応もみられたが，最終的には1923年，博士号が授与された。

被抑圧階級の代表としてのアンベードカルは，寺院立入り闘争（ヒンドゥー教徒でありながら，不可触民はヒンドゥー寺院への立入りを禁じられていた。）や貯水池開放運動（不可触民は，カースト・ヒンドゥーの使用する貯水池から水を汲むことを禁じられていた。）などに取り組み，被抑圧階級運動のリーダーとして活躍し

ていたが，同時に，被抑圧階級の代表としてインド政治の重要な舞台に登場し，その地位の向上と権利の主張をおこなってきた[3]（アンベードカルの生涯について詳しくは，山崎［1983］，キール（山際訳）［1983］など参照）。

1 サイモン委員会

アンベードカルは，マイノリティの要求（とりわけ，インドの歴史上，その声が公のものとなることがなかった不可触民の要求）を議会に十分反映することができる代表制度を実現することを主張していた。その代表制度の核心は，被抑圧階級のみで，彼らに留保された議席の選挙をおこなうというものである。すなわち，指定された選挙区での立候補資格（被選挙権）と選挙権を被抑圧階級のみに認めるという留保議席・分離選挙の主張であり，被選挙権は被抑圧階級のみにあるが，選挙は当該選挙区のカースト・ヒンドゥーと被抑圧階級が合同しておこなうという，留保議席・合同選挙には反対の立場をとっていた。このアンベードカルの基本的立場は，1918年，サウスバラ（Southborough）委員会での意見陳述ですでに表明されている[4]。

被抑圧階級協会の代表者であったV.R.シンデ（V.R.Shinde）は，不可触民代表は国会議員が選ぶべきであり，不可触民の属する組織などが選出すべきではない，と主張していた。シンデは，1920年5月30日から6月1日にかけて開かれた第1回全インド不可触民会議でもこの主張を述べたが，アンベードカルの激しい反対にあった。この会議は，アンベードカルの意見を取り入れた特別決議を採択する。

イギリス政府は，1919年のインド統治法改正を検討するため，1927年にインド法制調査委員会（サイモン委員会）を任命した。このサイモン委員会は，1928年2月からインドでの調査を開始した。この委員会は，スワラージ（自治）を求めるインド人の運動に対するイギリスの政策転換を示すものであったが，将来のインドの統治構造を検討するこの委員会にインド人は一人も入っていなかった。当時，コミュナル対立が深刻化しつつあったインドの政治状況ではあったが，このサイモン委員会構想に反対するという方向ではインドの世論はまとまりをみせた。そして，インド人自身の手によってインドの

将来構想を策定しようとの会議派の提唱で「全政党・政治会派の総意を得て」設置されたのが「全インド政党会議」である。ただし，アンベードカルとその被抑圧階級組織はこの会議から排除されていたことが忘れられてはならない。この会議は，1928年8月，将来のインド憲法改革計画に関する報告書を発表した。この報告書（P.M.ネルー報告書）には，伝統的な自由権についての規定とともに，コミュナル対立を回避し，とりわけムスリムとヒンドゥーとの融和をはかるための規定が含まれている。しかし，被抑圧階級を含む後進階級に対する特別の配慮規定はみられない（Ambedkar [1946] p.334; Kuber [1973] p.100.)[5]。

アンベードカルは，「インド人」としての民族意識をつくり出すことの重要性を主張するとともに，不可触民の置かれた地位を内外に明らかにする努力を続け，その政治的要求をサイモン委員会に対して積極的におこなった。サイモン委員会では，18の被抑圧階級団体が証言し，覚書を提出したが，そのうちの16団体が被抑圧階級のための分離選挙を要求していた。ただ，このとき，アンベードカルは留保議席・合同選挙を要求する覚書を提出している。彼は，カースト・ヒンドゥーと被抑圧階級との間には何の絆もないことを強調し，被抑圧階級が一つの独立したコミュニティとみなされるべきことを主張した。この理由から，ムスリムと同様の留保議席を要求し，成人選挙権が認められるならば合同選挙も認める余地があるとしたのである。彼は，サイモン委員会に協力するために任命されたボンベイ州委員会の報告書には署名せず，問題となった各論点について一連の批判的見解を公にした（Ambedkar [1982] pp.315-500.)。

2　円卓会議

サイモン委員会の活動をふまえ，インド人代表を含めてインドの統治法を検討する会議が開催された。1930年11月に開催された，この第1回英印円卓会議にアンベードカルは，R.B.シュリニーヴァサン（R.B.Srinivasan）とともに不可触民代表として参加した。インドの将来にかかわる重要な会議に不可触民が出席したのは，これが最初であるといわれている。アンベードカルは，

R.マクドナルド首相を委員長とするマイノリティ小委員会で積極的な発言をおこなった。彼は，被抑圧階級を選挙では一般的なヒンドゥーとは切り離された分離コミュニティとみなすべきであり，将来のインド憲法には被抑圧階級の基本的人権を明記しなければならないと述べ，「それらの要求が正当な方法でとり入れられなければ，いかなる憲法にも同意できない」ことを明言した。しかし，この第1回英印円卓会議は，会議派の不参加のため，何一つ重要な決定をおこなうことができなかった[6]。

　第2回英印円卓会議は，1931年9月7日から開催された[7]。ガンディーは，被抑圧階級を政治的にヒンドゥーから分離することに徹底して反対した。ガンディーは，分離選挙制度は，ヒンドゥーを「生体解剖」するものであり，インドの分裂につながると主張し，「死に至る断食」をおこなって反対した。彼の考えは，次のようにまとめることができる[8]。

　「インドという多元的な国家においては，ムスリムであるとかシクとかいった，宗教が違うグループに一定の議席を割り振ることは認められるかもしれない。しかし，不可触民（被抑圧階級）の問題は，ヒンドゥーという同じ宗教グループの最下層に対する一定の配慮を必要とする問題である。したがって，不可触民の代表は，ヒンドゥーという一つの宗教グループ全体で投票し，配慮すべき問題であって，例えばムスリムといった宗教の違うグループに配分された一定の議席をムスリムが自分たちだけで選挙するのとは全く違う問題である。被抑圧階級だけで選挙するシステムをつくることは，ヒンドゥーの解体，ひいてはインドの分裂につながる。」

　ガンディーの登場によって，第1回英印円卓会議の中で積み重ねられてきた，マイノリティの特別代表，分離選挙権の付与という流れは，大きな変更を余儀なくされた。このガンディーの主張に対して，五つのマイノリティ・コミュニティは，マイノリティの特別要求を盛り込んだ覚書を提出した。この覚書は，「マイノリティ協定（Minority Pact）」として知られている[9]。このマイノリティ協定は，次のことを明記する。

　① 各マイノリティ・コミュニティは，その人口割合を下回らない代表を，すべての議会で保障されなければならない。

② 分離選挙をおこなうべきであるが，10年経過後は当該コミュニティの同意があれば，留保議席付き合同選挙または留保議席なしの合同選挙をおこなうことも可能となる。

③ 被抑圧階級に対しては，分離選挙施行後20年を経過し，かつ成人直接選挙権が確立されるまでは，留保議席付き合同選挙へのいかなる変更もおこなうことはできない。

1931年11月4日，アンベードカルはシュリニーヴァサンとともに，被抑圧階級の主張についての補足意見書を提出した[10]。この中で，マイノリティ協定中の被抑圧階級の特別代表の細目が明確にされている。また，すべての州議会および中央議会で被抑圧階級が人口割合に応じた特別代表を分離選挙によって選ぶ権利を持つべきことも主張されている。さらに，留保議席付き合同選挙への移行は，分離選挙実施後20年を経過し，成人普通選挙権が確立した後，当該議会の被抑圧階級が要求したレファレンダムの結果に基づいてのみ可能となることを明記すべきだとも述べられている。分離選挙の要求がマイノリティとしての被抑圧階級の当面の主張であることについて一致は得られていたようであるが，10年にしろ20年にしろ，将来的な合同選挙の可能性をアンベードカルがたえず視野に入れていたことは，被抑圧階級の特質の理解にかかわる問題を含んでいる。

1932年8月14日，イギリス首相マクドナルドは，コミュナル問題についての裁定を下した[11]。この裁定によれば，被抑圧階級は，特別選挙区における分離選挙と，合同選挙区における合同選挙という二重の選挙権を与えられることになっていた。すなわち，被抑圧階級は，一面ではヒンドゥーの一部でありながら，同時にヒンドゥーの枠外のマイノリティでもあるという二重の位置づけを与えられたのである。なお，ムスリム，シクなどのマイノリティには分離選挙が認められていた。この裁定に対して，インド人の間の分裂を固定し永久化させるもの，あるいは，インドのバルカン化をはかるものであるという強い反対の声が挙がる。ただ，一方では，アンベードカルの考えが認められ，「インドの歴史上はじめて不可触民が独立の政治的存在と認知され，母国の将来を形成する法的権利を与えられた。」という評価もあった[12]。

ガンディーは，カースト・ヒンドゥーから不可触民を政治的に分離するこの裁定に激しく反対し，それが撤回されるまで『死に至る断食』をおこなうと宣言した。これに対し，アンベードカルは，この断食を『政治的妙技』であるとして次のように批判した[13]。

　「ガンディー氏の思考様式を借りるなら，コミュナル問題は，インド憲法文書のたんなる一付属物にすぎないはずである。ガンディー氏が円卓会議で主張していた，インド独立獲得のためにこの手段をとったとしたら正当とされたに違いない。……彼が自己犠牲の言い訳として，コミュナル裁定中の不可触民特別代表だけを選んだということは何とも痛ましい驚きである。……マハトマは不滅の人ではないし，会議派もそうである。マハトマは現れ，去っていく。しかし，不可触民は不可触民として生き続ける。」

　アンベードカルは，ガンディーの主張するような不可触民への政治的慈善は，不可触民の自立と自律を損なうことになると考えたのである。アンベードカルは，マイノリティの概念の中心に『差別』というものをおいて考えていた。したがって，日常生活で排除・阻害されているグループが選挙のときにだけ「共に」行動し，代表を選ぶ制度を非常に欺瞞的なものだとみなすのである。アンベードカルの政治的命題は，分離主義の精神は政治的場面でも承認されるべきであるというものだった。彼は，ブラーミニズムと民主主義との間の前代未聞の闘争と，カースト・ヒンドゥーと不可触民との間の対立とを同一視していたとの指摘もある。結局，アンベードカルは，「マハトマを死なせてはならない」というインド全土を覆いつくした抗いがたい未曾有の圧力の中で留保議席付き合同選挙を受け入れることを余儀なくされ，「プーナ協定」が締結された[14]。この協定は，コミュナル裁定で与えられた留保議席を若干増加させるものではあったが，不可触民が自らの代表を自分たちだけで選出するという分離選挙権を失わせるものであった。

　プーナ協定によって決められた代表割当数は，アンベードカルによれば，「大きな不公平」であった。また，合同選挙は，「6000万不可触民から公民権を剥奪する結果となった」[15]。その後，彼は一貫して，プーナ協定を破棄することと分離選挙の回復を要求し続けている。例えば，1946年にインドを

訪れた内閣使節団に対して、分離選挙の回復と被抑圧階級への保護を確約するよう迫っているし、『国家とマイノリティ』(1946年)の中でも同様の主張を繰り返している。

3 『国家とマイノリティ (States and Minorities)』

この『国家とマイノリティ』[16]は、全インド指定カースト連合運営委員会が憲法制定議会に提出した覚書である。アンベードカルが書いたこの覚書は憲法条文案とその解説という形式で作成されている。アンベードカルによれば、憲法制定議会が直面していた大きな二つの問題、すなわちマイノリティの問題と藩王国の問題についての見解を明らかにしようとしたものである（したがって、この覚書のタイトルを直訳すれば『藩王国とマイノリティ』ということになるが、その内容がインドという国家のあり方とマイノリティの権利および保護の問題を扱ったものであるので、筆者は従来から『国家とマイノリティ』という訳語で紹介してきた）。ここでは、この『国家とマイノリティ』の内容を中心として、この時期に著された彼の「国家と自由」そしてマイノリティにかかわる見解を紹介・検討してみたい。

(1) 国家と法

アンベードカルは、国家をつくるのは人であり、人がいなければいかなる国家も存在しないから、国家を絶対的な存在とは考えなかった。つまり、国家とは、「国内の無秩序および外からの侵略に備える」ためのものであり、その究極目的は、人が地上でその最善のものを実現することを可能ならしめるものであり、一つの手段にすぎないと考え、ホッブズやヘーゲルの見解には同調しなかった。彼にとって国家の安定性は、国家に対する人民の信頼、服従と共感に依拠していた。彼は、人々が幸福に生活できる社会制度を創出し、維持することが国家構成員に課せられた義務であると考えるので、市民的不服従の考え方には批判的であり、「市民的不服従を信奉することは、アナーキーを信ずることだ」とする[17]。

アンベードカルは、国家の目的を次のように述べている[18]。

「①すべての国民の生命、自由、および幸福追求の権利、ならびに言論の

自由，および宗教活動の自由を擁護すること。②貧困階層に十分な機会を提供し，社会的・政治的・教育的不平等を除去すること。③すべての国民が恐怖と欠乏からの自由を享受できるようにすること。④国内の無秩序，および外国からの侵略に備えること。」

アンベードカルは，民主主義を実現しようとするならば，憲法に「政治構造のみならず，社会構造をも規定すること」が不可欠であると考えた。基幹産業を国有とし，農業を国家事業としなければ，インドの近代化を迅速におこなうことはできないとし，国家社会主義（State Socialism）を憲法に明記することを求めたのである[19]。憲法には国の政治構造とその作用を定めることで足りるとするのがこれまでの憲法学の考え方であったが，彼は個人の尊厳という原理を遵守しようとするならば，社会の経済構造を明記することも憲法の本質的内容の一つであるべきだと述べている。

(2) インド独立にともなう諸問題について

パキスタン問題についてのアンベードカルの基本的立場は，パキスタン問題を含むマイノリティ問題を国際委員会による調停を求めることによって解決の方策を見出していくべきだとするものであった。その前提には，コミュナル問題の正しい解決なくしては，インドの政治的自由は確立しないとの彼の想いがあったのである。この国際委員会に，ムスリムをはじめとするマイノリティが代表を出し，そこでそれぞれの立場の主張を展開すべきであり，その主張の正当性を信ずるならば，委員会の裁定をおそれる必要はないはずであるとした。かかる委員会の裁定によってマイノリティ問題を解決すべきなのは，「周知の法原則，すなわち，何人も自己の裁判官たりえない。」からである[20]。このような手段によってのみ，マイノリティ問題の解決が可能であるし，また，会議派の懸念するイギリスの干渉を排除することができ，さらには，マジョリティの専横を防ぐこともできると考えたのである。

しかし，ムスリム連盟はラホールで開催された年次大会（1940年）において，ムスリムが住民の多数を占める北西インドおよび東部インドを独立国とすべきだとする決議を採択した。アンベードカルは，この問題を左右する二つの支配要因は，インドの防衛とムスリムの感情であるとし，最終的には

第2章　B.R.アンベードカルの憲法構想

「統一インドに固執することは危険である。強制による統合は無意味である。分割によって両者は互いに破滅の道から救われる。」との結論を導き出さるをえなかった。

（3）　インド藩王国問題

インド総面積の5分の2，総人口の4分の1を占め，その数562にものぼるとされた，インド藩王国の問題は，パキスタン問題とともにインド独立に際して解決しなければならない大きな課題であった[21]。多くの藩王国は，それぞれが一つの主権国家たることを主張し，固有の権利を保持したままで連邦へ編入されることを求めた。しかし，アンベードカルは，藩王国が一つの州としてインド連邦に編入されるためには，その藩王国が一定の規模，人口，収入および資源を有し，その域内の治安を維持する責任を果たし，経済発展をなしうる人的・物的資源の活用能力をもたなければならないと考えた。

アンベードカルは，『国家とマイノリティ』の中で，藩王国を次のように，「資格藩王国」と「未資格藩王国」とに分類している[22]。

「資格藩王国は，連邦議会の定める標準的規模を有し，域内の人民の生活水準を維持し得る資源を持っており，……外部からの侵略に自治州として抵抗でき，内部的撹乱に対しては法と秩序を維持し，近代国家としての行政水準，福祉の最低限をその人民に保障できるものでなければならない。……そうでなければ，インド連邦は，中央政府に過大な負担をかける弱小州によって構成されることとなり，その存在を危うくされるにいたる。」

未資格藩王国は，適正な行政単位に再編・統合された後に，連邦領に編入されるべきものとする。旧藩王の取扱いについては，編入までの間，連邦の監督の下にその地域の行政をおこなうことができるものとした。

1947年8月15日，インド独立を契機にトラヴァンコール藩王国およびハイデラバード藩王国が独立宣言をするという声明を出し，他のいくつかの藩王国もこれに追随しようとする動きを示した。アンベードカルは，これらの動きはインドのバルカン化を促進するものであるとして厳しく批判した。ここには二つの問題があると彼は考えた[23]。一つは，藩王国は独立を宣言することができるか，という問題であり，もう一つは，藩王国は独立を宣言すべき

か，という問題である。

　第一の問題について，トラヴァンコール藩王国などの主張の根拠は，1946年5月11日の内閣使節団声明に求められていた。この声明では，イギリス政府がインド政府に主権を移譲することはできないし，するつもりもないと述べられている。したがって，イギリス領インドの独立により，藩王国はイギリス本国からもイギリス領インドからも「独立した」存在になると主張されたのである。しかし，アンベードカルは，主権がインドに移譲されないという考え方自体が法的に誤りであるとし，ここでの主権は「国王大権としての主権」であるとした。コモン・ロー上の大権とは区別される，この主権の行使について国王は裁量を持たず，大臣の助言に基づいてのみそれを行使することができるし，「大臣の助言」を「当該自治領の内閣の助言」と解するのが今日の理解であることを詳説した。したがって，結論としては，独立インド政府の助言によってしか，国王はこの大権を行使できないことになる。藩王国は，イギリスの宗主権が継続している間は独立国家たりえないし，宗主権がなくなった場合には，インドがその独立を承認することは決してありえないので，藩王国は独立の幻想を捨てることが賢明である，と述べる。また，第二の問題については，藩王国がたとえ今独立したとしても「自らの存在は5年も持たないことを自覚すべきである。」とも警告している。

　藩王国問題についてのアンベードカルのこのような見解は，「民族主義者としての正しい態度であり，民主主義についての彼の誠実さと国際法についての深い学識を示すものである。」と評価されている (Kuber [1973] p.299.)。

（4）　権力分立

　アンベードカルは，議会主義的な統治には，次の三つの特徴があるとする。第一は，世襲原則の否定である。この世襲原則は議会主義的統治には認められない。第二は，国民代表議会による法律の制定である。そして，第三は，国民の代表者，すなわち議員は国民の信任を受けていなければならないことである。彼によれば，「良き統治」とは国民の社会的，経済的，文化的，および精神的な水準を引き上げ，正義と公正にかなった政治と行政をおこなうことである。そして，良き統治の本質的要素の一つとしてすべての階級への

第2章　B.R.アンベードカルの憲法構想

公正な配慮と，その対立に超然とすべきことを挙げている[24]。

アンベードカルは，インドに適合する統治形態はイギリス型の議院内閣制ではなく，アメリカ型の権力分立に近いものであるべきだと考えていた。というのは，彼の主たる関心は，立法機関と執行機関とが互いに独立し，並立的に作用し，責任を持って相互の協力を形成するための両者の関係をいかにしてインドに確立していくかということであったからである。

もちろん，彼は，イギリス的な自由主義および議会制民主主義を承認していたし，それを個人と社会にとって有益なものとみなしていた。このことは，彼の好んだ政治家がエドムンド・バークであったといわれていることからも明らかであろう[25]。しかし，彼は，イギリス型の執行府（議院内閣制）をインドに導入することには反対であった。その最も大きな理由は，イギリス的議院内閣制の導入が「マイノリティへの，とりわけ不可触民の生命，自由，および幸福追求への大きな威嚇」となると考えたからである[26]。彼は，次のように述べる。

「第一に，多数党が内閣を形成するというイギリスの統治制度は，マジョリティが政治的マジョリティであるという前提に基づいている。しかし，インドでは，マジョリティはコミュナルなマジョリティとしての性格を持っているし，将来もそうであろう。したがって，……イギリスの制度の模倣は，コミュナルなマジョリティに永続的に執行権を付与するという結果になってしまう。第二に，イギリスの統治制度は，少数党の代表を内閣に参加させる義務を多数党に負わせてはいない。したがって，この制度がインドに適用された場合には……，マジョリティ・コミュニティを支配階級にし，マイノリティを固定的な被支配階級にしてしまう。……独立によって，このような執行府が実現したならば，マイノリティ，とりわけ不可触民の状況は一層悪化することになろう。」

アンベードカルの主要な関心は，個人をマジョリティの専制から保護することであった。多数決原則は，必ずしも対立を止揚する合意をもたらすものでも，全コミュニティの利益につながるものでもないという事実も自覚していた。代表民主政を機能せしめるためには，多数派（マジョリティ）は，「選

挙によってつくられるもの」でなければならず，それが予め「存在するもの」だとすればマジョリティの永続的支配を正当化し，権威づけるための手段にすぎなくなる。したがって，「抑制と均衡」をその本質とする民主主義的統治の理論から，彼は次のような執行府の形態を提案した[27]。

「第一に，マジョリティが，マイノリティに十分な発言の機会を与えることなくして政府を組織できないようにすること。第二に，マイノリティのみが行政に対する統制をおこない，そうすることによってマイノリティへの暴虐を不可能にすること。第三に，少数党の信任を得ていないマイノリティ代表を，多数党が執行府に参加させることができないようにすること。そして，第四に，効率的な行政に必要かつ十分で，しかも安定した執行府を組織すること。」

アンベードカルは，イギリス型の議院内閣制が，民主主義的でかつ責任ある政府形態の唯一のものではないことを強調し，アメリカ型の執行府をモデルとすべきことを訴えた。もちろん，彼は，アメリカ合衆国の大統領制をそのまま導入しようとしたのではない。彼の主張は，「アメリカ型政府の改善型」，すなわち，政府構成員も議会に議席を持つことができ，議員でないときにも議会に出席して発言・答弁する権利を持つ制度を考えたものであった。アメリカとイギリスに留学し，それぞれの制度とその運用の長所と短所をみてきたアンベードカルならではの提案といえよう。

裁判所の作用については，次のように述べている[28]。

「憲法が明記する権利を立法府と執行府が踏みにじらないよう，憲法に規定を設けることが必要である。この権利保障の作用は通常裁判所に与えるべきであり，このことによって裁判所は憲法上，権利の特別保護者と位置づけられる。」

彼は，個人の権利を保護するためには「独立した」司法府が必要であり，司法府は執行府その他の機関を畏怖することなく，独立してその職権を行使することが重要であると考えた。

（5） マイノリティの代表

アンベードカルは，プーナ協定による選挙制度は廃止すべきであり，成人

選挙権を実現したうえで分離選挙制度に変更すべきだと主張している。そして，指定カースト（SC）に分離選挙権を与えることに反対して挙げられてきた論拠に一つひとつ反論を加えている。

まず第一に，SCはマイノリティではない，という主張に反論し，ある社会集団がマイノリティか否かを判断・決定する基準は，宗教上の分離ではなく社会的差別であるとする。第二に，SCがヒンドゥーであり，それゆえ分離選挙をおこなうべきではないとする主張に対しては，宗教上の帰属関係を憲法上の保護の決定的要素とすることは，宗教上の帰属関係が社会的分離と差別の緊張程度によって左右されるということを見落としている，と批判する。選挙制度は，宗教との関連によって決定されるのではなく，社会的考慮のうえ決定されるべきだと考えるのである。第三に，分離選挙が不可触民制を固定・永続化するという主張に対しては，「投票日以外の5年間，ヒンドゥーと不可触民が別々に分離して生活しているのに，共に一日だけ投票することによって両者の結びつきがどのように促進されるのか理解しがたい。」と反論する。第四に，分離選挙が反民族的感情をつくりだすということは，経験に反すると述べる。そして，第五に，分離選挙がイギリス帝国主義の介入・干渉を容易にするという主張は非現実的であり，独立インドでは問題にならないはずだと反論する。

そして，アンベードカルは，選挙制度が次の二つの原理に基づくべきだとする。まず第一に，選挙制度はマイノリティ保護のための一手段なので，合同選挙か分離選挙かという問題の決定は，マイノリティの判断に委ねられなければならない，ということ。第二に，支配者たるマジョリティは，選挙制度の決定に関しては，決定的な発言権を持つべきではない，ということである[29]。

(6) 基本的人権

「天才としてのアンベードカルは，秀でた博識の人であるばかりではなく，世界の貧しい民の中の最も貧しき民である人々の尊厳と向上のためにその生涯を捧げた知性の人であった。無知ならしめられた人々の代表として，彼は万人のための人権を創出し，社会的な平等をすべての人々に保障しようと試

みた。彼のその努力はコミュナル的なものではなかったし、彼個人の利害関心から出たものでもなかった。[30]」

『国家とマイノリティ』の中で、彼は、基本的人権の問題を、①市民の基本権、②基本権の侵害に対する救済措置、③マイノリティ保護、および④SCの保護、に分けて論じている[31]。以下、その内容を簡単に紹介してみたい。

　(a)　市民の基本権　　アンベードカルは、市民の基本権として21項目の権利を列挙する。

　1号から6号は、法の下の平等、社会生活における差別的慣行の廃止・禁止を定める。7号は、居住・移転の自由を規定する。12号は、言論、出版、結社および集会の自由を保障し、14号は、良心の自由、信仰の自由を含む宗教活動の自由を保障している。また、18号は、結社の自由、9、10号は人身の自由を保障している。すなわち、9号は強制労働、不本意な労役の強要を犯罪であると明記し、10号は不合理な捜索、押収から身体、住居などを保護される権利、正当な根拠に基づいて発する令状によってのみ逮捕または押収がおこなわれることを定めている。その他、成人選挙権の保障（11号）、国教の禁止（17号）などが定められている。これらの基本的人権を保障すべきことについて、アンベードカルは、次のように述べる[32]。

「基本的人権を保障することの必要性は、新旧を問わず全ての憲法典の中で承認されてきている。この条が明記する基本的人権は、各国の憲法の中から、とりわけその置かれた状況がインドと似通った諸国の憲法から継受したものである。」

ここでアンベードカルが挙げたものに、普遍的とされる基本的人権が含まれていることは当然であろう。しかし、特徴的なのは、法の下の平等、社会生活における差別の禁止などの規定が具体的で項目もかなり多いことである。また、基本的人権が制限される例外事由も列挙されている。これらの基本権のかなりのものは、インド憲法の特色として後にインド憲法に盛り込まれることになり、インド社会の現状と「特質」を反映したものでもあった。

　(b)　基本権の侵害に対する救済措置　　アンベードカルは、次のように考

えた[33]。

　「権利は，救済措置が伴なっている場合にのみ現実的なものとなる。権利が侵害されたとき，訴えることのできる法的救済手段を持たなければ，権利は何の役にも立たないだろう。」

　彼は，まず最高裁判所を頂点とする司法裁判所が，執行府の権限濫用に対する一定の審査権を持ち，執行府の圧政から市民を保護する機関となることを企図した。次に，連邦議会，連邦執行府およびインドのすべての州の権限を，すべての人の平等取扱いの原則に服せしめようとした。というのは，インドでは大多数の人々がコミュナル的に思考，行動するがゆえに，権限を有する機関が自らとは異なったコミュニティに属する人に平等取扱いをすると期待することは困難であり，それゆえすべての人の平等取扱い（法律，命令，規則の等しい便宜，享受をすべての人に保障するための規定）を明記することが必要であると考えた。第三に，公権力によるもののみならず，私人によっておこなわれる差別も犯罪とすべきだと考えた。第四に，経済的搾取からの保護を挙げている。ここでは，基幹産業の国有化，生涯保険政策の採用，および農業の国家産業化，集団化などが明記されている。この目的は，「私企業へのすべての手段を閉ざすのではなく，最高度の生産性を導出し，かつ富の公正な配分を定めるために国民経済の計画化を国に義務づけること」にあった。彼は，かかる国家社会主義がインドの急速な工業化には必要不可欠であり，この手段によらなければ，富の一層の偏在化，不平等が生みだされるに違いないと考えていたのである。

　(c)　マイノリティの保護　　アンベードカルは，まず第一に，内閣にマイノリティの代表が加わっていなければならない，とする。この代表は，各マイノリティ・コミュニティが選出したものでなければならない。第二に，社会的・公的な抑圧からの保護のため，マイノリティ問題監督官を任命しなければならない，とする。この監督官は年次報告書を作成し，それを議会に提出しなければならない。議会はこの年次報告書を審議するものとする。アンベードカルの説明によれば，「マジョリティの暴虐と抑圧に対する最善の救済措置は，調査，公開および討論である。これらをこの保護規定は定めてい

る」。第三に，社会的ボイコット，社会的ボイコットの助長，煽動または威嚇を犯罪とすべきだとする。彼は，「社会的ボイコットは，デモクレスの剣としてカースト・ヒンドゥーが不可触民の頭上にたえず置くものであ」り，「このボイコットを犯罪とすることによってのみ，不可触民はカースト・ヒンドゥーの奴隷であることから解放されるだろう」と述べる。そして，第四に，マイノリティ保護のために公金を支出する政府の権限と責務を定めるものとする[34]。

(d) 指定カースト（SC）の保護　『国家とマイノリティ』は，SCの保護のために，まず，SCのための特別保障を明記する。この規定は，議会における代表の議席優遇割当，分離選挙の保障，執行府および公務における代表の権利を保障しようとするものである。第二に，国がSCの向上のために負う特別責任を規定する。連邦政府と州政府は，SCの高等教育についての財政負担の義務を負い，予算措置をとることを求められている。また，SCの分離定住のための土地と資金を政府が保障することも定められている。この分離定住構想については，それが「現実逃避」だと批判されることを予想しつつもアンベードカルは，これに対する「唯一の対案は，永続的奴隷状態である。」として，この新しい要求を盛り込んだ。第三は，SCのための特別保障の変更（改正）についての規定である。SCについての規定の改正には，①施行後25年を経過し，改正について6月前に予告したうえでなければ議会で審議することができないこと，②改正の成立には，総議員の3分の2の賛成とともに，SC議員の3分の2以上の賛成が必要であること，を明記する。アンベードカルは，「コミュナル・マジョリティとコミュナル・マイノリティの問題をかかえた国は，マイノリティが政治権力の分担に同意する何らかの制度を必ず持っている。」とし，とくにカナダの例を挙げてこの規定の趣旨を説明している。第四は，インド藩王国におけるSCの保護を定めたものである。連邦編入を希望する藩王国は，その基本法中にSC保護規定を持っていなければならないとされる[35]。

マイノリティ保護について，この『国家とマイノリティ』で述べられた多くの主張は，いくつかのものを除いて，憲法制定議会でも主張され，現行イ

ンド憲法の一大特色となっている。

III 憲法起草委員長としてのアンベードカル

1 インド憲法制定議会とアンベードカル

　インド独立および憲法制定議会構想に対して，アンベードカルは一貫して批判的な立場をとり，その見解を明らかにしていた。例えば，クリップス提案（Banerjee [1965] p.152.）に対しては，その本質が「他者を犠牲にすることによって自己を救おうとする屈辱的妥協の精神に満ちたものである。」と批判していたのである[36]。数多く出されていた憲法制定議会構想に対しては，次のように述べていた。

　「まず第一に，被抑圧階級の代表は，望みのないマイノリティの地位にある。第二に，憲法制定議会の決定には全員一致が必要とされていない。第三に，憲法制定議会議員を比例代表制によって選出することは，カースト・ヒンドゥーの支配をもたらすことになる。したがって，第四に，憲法制定議会は会議派メンバーが圧倒的多数を占め，自らのプログラムを実現していくための機関となるだろう。」

　彼は，制定されるべきインド憲法は，すべてのマイノリティの平等取扱いの原則と調和するものでなければならないとし，「憲法で，マジョリティの圧政から身を守るために特別の政治的権利を与えられるべき階級があるとすれば，それは被抑圧階級であることに多くの人々は賛成するだろう。」とも述べていた[37]。

　1946年12月9日，憲法制定議会は第1回の会議を開催した。この憲法制定議会は，翌47年8月15日，独立インドの最高決定権を持つ機関となった。同年8月29日，憲法起草委員会が任命され，アンベードカルはその委員長に指名された。彼が中心となって起草した憲法案は，1948年11月4日，憲法制定議会に提出され，翌49年11月26日に採択された（インド憲法制定過程，とりわけマイノリティをめぐる論議について，詳しくは本書第1章参照）。この間，アンベードカルは，3年近くの長きにわたり起草委員会の責任者としてインド憲法策

定・制定に中心的な役割を果たしたのである。すでにみたように「不可触民のリーダー」として憲法構想を提示し，マイノリティの権利保護のために行動してきた彼が，インド憲法起草にあたって何を考え，何を主張し，何を憲法に盛り込んでいったのかは，彼の憲法思想のみならず，そのカースト観などを考察するうえできわめて興味深いテーマでもある。

アンベードカルの提出した憲法案に対しては，1935年インド統治法の『焼き直し』にすぎないとの批判も出された。これに対してアンベードカルは，次のように反論した[38]。

「今日では多くの国が憲法を成文化している。憲法の及ぶ範囲も自ずと定まってきたし，憲法の基本的内容が何であるべきかも世界中で認識されるようになっている。それゆえ，憲法の内容が国によってとく異なったものになるわけではない。……借り物であることを恥じる必要は全くない。それはいかなる盗作を含むものでもない。」

1935年に大きな問題となっていたのは，完全な自治を求めるインド人の要求に応えるため，インドにおけるイギリス本国政府の権限を再配分することであり，このときに決定されたのは，インドをイギリスの支配下に置き続けようとするためのものであった。また，この統治法の内容は，1937年に改正されていた。アンベードカルの当初の考えは，憲法制定議会をあらたに任命して憲法制定作業をおこなうことは必ずしも必要ではなく，1935年統治法から，自治領としてのインドの地位と矛盾する部分を削除，改正すれば良いというものであった。暫定権力の問題にしても，1935年統治法の当該部分が最善の妥協として援用しうると述べていた[39]。また，憲法制定議会が成人普通選挙によって選ばれた機関ではないので，全インド人民の代表機関ではないとする批判に対しては，この批判が，憲法制定議会がすべてのインド人成年男女の代表を含んでいないという意味では正しいが，問題はそのことにあるのではないと述べている。つまり，問題は，制定されるべき「憲法が人民に由来することを承認し，宣言するか否か」であるとしたのである。彼は，アメリカ合衆国の例を挙げ，インド憲法制定議会の憲法制定権を次のように説明した。

「アメリカ合衆国憲法は、確かに非常にわずかの『小さな』機関によって起草された。……フィラデルフィアの会議に集った13州の代表が憲法を制定しうるとしたならば、そして、彼らがおこなったことを人民の名において、その権威に基づいて、そしてその主権に基づいているということができるなら、インドというこの大きな大陸を代表する292名の集まりがその国の人民の名において行為できないということを私は理解できない。」

2 憲法案とアンベードカル

(1) インド憲法前文

憲法前文は、基本的には1947年7月22日に採択された『目標決議』に基づくものとみなされた (Banerjee [1965] p.275.)。この憲法前文は、インド憲法の拠ってたつ根拠を示し、憲法が実現・促進していこうとする諸目的を宣言していた。アンベードカルは、ネルーが提出したこの『目標決議』に反対した数少ない議員の一人だったが、起草委員会委員長としての彼は、この『決議』にそった前文案を起草する。憲法前文の中に、インド共和国がとるべき社会形態を明記しておくべきだとする反対意見に対して、アンベードカルは、「憲法の中に国家の社会機構の特定の形態を定めてしまうと、自らの国家の社会機構を決定する人民の自由を奪ってしまうことになる。……社会主義原則は、インド憲法中にすでに具体化されている。」と反論した[40]。彼の以前の国家社会主義の主張をこの答弁から読みとることはできない。

(2) 統治の機構

(a) 連邦制　アンベードカルは、インド連邦は、州の連盟 (league) ではないし、州は連邦政府の行政単位や機関でもないと説明した。インド共和国は平時には一つの連邦であるが、緊急事態では単一国家となることを想定されていた。従来の一般的な考え方 (A.V. ダイシーなど) によれば、連邦主義とは、本質的に契約であり、各当事者が独立していることが前提であった。しかし、アンベードカルは、連邦は連合 (confederation) とは異なると考えた。インドの連邦制は、インド政治生活の極端を回避し、その精神的統合と国民統合への道を拓くものとされていた。このことを、彼は次のように述べ

ている (C.A.D.vol.Ⅶp.34.)。

　「アメリカ合衆国を含めて，すべての連邦制度は確固たる連邦主義の上に立てられている。状況がどのように変化しようとも，その形態を変えることができないし，決して単一国家になることはできないのである。これに対して，この憲法案で示すインドは，時と状況に応じて連邦的であるとともに単一国家的にもなりうるものとされている。つまり，通常の場合にはインドは連邦制として機能するが，戦時においてはあたかも単一国家であるかのように作用しうるのである。……」

　アンベードカルは，連邦制の弱点として，硬直性（rigidity）と形式的法律至上主義（legalism）の二つを挙げる。この弱点を克服するためにインド憲法は，「柔軟な連邦（flexible federation）」を採用したのであり，司法についても連邦と州との二元的司法をとらなかったのだと述べている。また，この連邦制では，いかなる州も連邦から脱退する権利を有しないと明言した。彼は，憲法案の示す連邦権限をいっそう拡大しようとする発言には反対したけれども，1935年統治法の定める中央政府よりは，より強力な中央政府を構想していた。この強力な中央政府の構想にも過度の中央集権主義だとして反対の声があったが，彼は，憲法に明記された連邦の基本原則，および中央と州との権限配分をみれば，州を地方自治体に降格するものだとの批判はあたらないことが理解されるだろうと説明した。

　連邦制の説明にあたって，アンベードカルは，アメリカ合衆国憲法に論及した。この憲法上，連邦に与えられた権限は非常に限定的であるのにもかかわらず，最近では連邦政府が非常に大きくなり，州に優越してきていると述べた。このアメリカ合衆国憲法のみならず，前世紀と比較すれば多くの国は，「より強力な中央政府」を必要としてきており，今日ではある程度の権力集中を避けることは困難だと彼は考えていた[41]。ダイシー論者は，この連邦制案に反対したが，アンベードカルは，ダイシーのいう連邦制のみが連邦制なのではないと再反論している。

　州知事は，州の住民全体の代表であり，特定のコミュニティや党派の代表ではない。知事は州民の名において行政をおこなうものとされている。アン

ベードカルによれば，知事は人格に基づいて選任されるべきだとし，この「選任」の法的性質は「指名」だと説明している。そして，州知事の権限は名目的なものと解釈すべきだと考えていた[42]。

(b) 議　会　　国会は，上院（参議院）と下院（衆議院）との二院によって構成される。上院にも指定カースト（SC）のための特別代表を設けるべきだという提案に対しては，SCの特別代表は，中央および州議会の下院のみで保障されるべきだと応えている。州議会に上院を設けるかどうかについては，憲法制定議会が決定するのではなく，各州議会選出メンバーにこの決定を委ねようとの意見が大勢を占めた。アンベードカルは，「フランス憲法制定議会以後，今日まで，第二院に反対する意見は後を絶たない。私自身としては第二院を設けることに賛成である。」と述べていた。ただ，彼は，第二院が憲法の本質的構成要素ではないとも考えていた。上院にもSCの特別代表を設けるべきだというM.ピレイ（M.Pillay）の提案に対しては，SCの特別代表は，中央および州の下院でのみ保障されるべきだと応えている[43]。

(c) パンチャーヤト　　憲法案は，村落ではなく，個人を基礎とする民主主義を想定していた。アンベードカルは，村パンチャーヤトがあらたな民主主義の基盤とは決してなりえないとして，次のように述べていた[44]。

「…たんなる生存は何の価値もない。問題は，どのような水準で彼らが生活しているかである。その水準は低く，しかも間違いなく不平等な水準であった。私は，村落共同体がインド破滅の元凶だったと考えている。それゆえ，地域主義（provincialism）およびコミュナリズム（宗教・宗派至上主義）を非難する人々が村のリーダーとして登場してくることはありえない。地方主義（localism）の巣窟ならびに無知，偏狭およびコミュナリズムの隠れ家でない村落というものを想定することは不可能である。」

このアンベードカルの見解に対しては多くの議員が反発，批判し，インド憲法は村落自治と各級パンチャーヤトの基礎の上に制定されるべきだと発言した。結局，アンベードカルは，K. サンターナム（K.Santhanam）議員が提案した第31A条案「国は，村パンチャーヤトを組織するための措置をとらなければならず，この村パンチャーヤトが統治の単位として作用しうるような

権限を与えなければならない。」を受け入れざるをえなかった（憲法第40条）（詳しくは，浅野［1997］参照）。

　(d)　大統領および内閣　　インド連邦を代表する大統領は，憲法案では執行府の長としての地位を与えられてはいなかった。つまり，国を代表するが，国を統治するものとはされていなかったのである。この点について，アンベードカルは次のように説明している[45]。

　「アメリカとスイスの制度は，十分な安定性と議会に対する僅かの責任を与えている。他方，イギリスの制度は，議会への十分な責任を定めているが安定性に欠けるところがある。……執行府の議会主義的制度を提言するこの憲法案は，安定性と責任の両者を目指すものである。」

　アメリカの大統領制よりもイギリスの議院内閣制のほうが好ましい理由として，アンベードカルは連帯責任の原則と首相の指導性を挙げた。首相の地位を制定法上のものではなく，慣行上のものとすべきだとの修正提案もあったが，アンベードカルは，そうすることは連帯責任原則に致命的な欠陥となるとし，次のように反対した[46]。

　「私の考えによれば，連帯責任は次の二つによって実現されるものである。すなわち，一つは，何人も首相の助言なくしては内閣に指名されないこと，もう一つは，首相が罷免すると決定したときには何人も閣内にとどまることはできないということである。……この二つの原則によってはじめて連帯責任を実効あらしめることができる。」

　(e)　裁判所　　憲法案は，第一に最高裁判所を頂点として全インドの裁判所機構を統一し，第二に司法権の独立を保障し，第三に違憲審査権を付与し，そして第四に基本権の侵害に対する法的救済を明記する。

　最高裁判所は，憲法の最終解釈権者であると同時に，連邦とその構成単位との間の紛争の最終的審判権者としての地位をも与えられた。アンベードカルは，次のように述べる[47]。

　「インド連邦は，二元的機構ではあるが，二元的司法ではない。高等裁判所および最高裁判所は，……すべての法律にかかわる一切の事項に対する管轄権を有し，救済措置をとることのできる単一の統一的司法を構成してい

る。」

　最高裁判所裁判官の任命手続を簡潔に要約し，①最高裁判所裁判官の任命には，最高裁判所長官の同意が必要であること，②大統領による任命は，国会でその3分の2の特別多数による承認を得なければならないこと，③上院の諮問を経て任命すべきこと，の三つが必要であると説明した[48]。インド憲法下における最高裁判所裁判官の任命手続とその政治的運用については，稲正樹が紹介・検討している（稲［1993］173頁以下）。

　執行府と司法府との分離は，国家政策の指導原則の中に明記された。また，デュープロセスは，立法府と司法府との関係の問題だとして，アンベードカルは次のように述べた[49]。

　「私の考えでは，デュープロセス条項は立法府が制定した法律を審査する権限を司法府に与えるものである。立法府は，基本的人権を侵害する立法をおこなう権限を委ねられてはいないし，委ねることは不可能である……」。ただ，裁判所の違憲審査権の濫用を避けるためにデュープロセスという語ではなく，「法の定める手続に従って（according to procedure established by law）」（憲法第21条）と定められた。この経緯は，アメリカ憲法のデュープロセス条項をめぐる最高裁判例とその憲法論を敏感に反映したものであり，日本国憲法制定過程においても同様の論議がなされたことが知られている。

　(f)　公務委員会　　大統領および州知事のもとにある一般の官吏の任命に関する事項について，インド憲法はその第十四編「連邦および州の公務」を設けている。連邦と州では別々の公務が存在するので，それぞれに有効な公務員行政を定めなければ，政府が政策の継続性を維持し，それを実現していくことは不可能となる。アンベードカルは，公務員の権利擁護のためにも州が独自の公務委員会を持つべきことを主張していた。公務委員会（人事委員会）が関与して雇用された公務員と，最高裁・高裁が関与して雇用された公務員との間にどうして区別が存在するのか，という質問に対して，彼は次のように答えている[50]。

　「司法部門で高い地位を占める者および高裁スタッフは，一定の司法裁量を行使することを要請されている。したがって，彼らの俸給・手当は，最高

裁長官が決定すべきであるし，その勤務条件も大統領の承認を得て長官が決定すべきである。公務委員会の場合には，……何の権限も裁量も残されてはいない。このことが区別をおこなった理由である。」

　公務委員会委員の任命に関して，その委員にSCメンバーを加えるべきだとの意見も出たが，アンベードカルは，次のように応えて反対した[51]。

　「いわゆるSC，STまたは後進階級とよばれる人々を任命することを大統領に義務づける規定を設けることが，本来の目的に役立つとは思われない。公務委員会の職務は一般的なものである。この委員は，ある特定の階級の利益保護のために活動することはできない。」しかし，ここでは，アンベードカルが以前，「政治的，教育的，その他の不平等」が存在する原因の一つとして，公務および連邦公務委員会における代表の欠如を挙げていたことを忘れてはならないだろう[52]。

（3）　基本権の保障

　憲法制定議会は，憲法に基本的人権に関する詳細な規定を設けることに賛成した。アンベードカルによれば，このことは，インドとインド人民が置かれている社会的・経済的状況からすれば当然のことであった。ただ，従来の基本的人権の論議では，それらはある意味で「絶対的な」ものでなければならなかった。この性格を持たないものは「基本的なものとはいえないのではないか。」という批判的見解に対して，彼は次のように応えている[53]。

　「（憲法案の定める）基本権に関する批判が誤解に基づいていることは残念である。……基本的な権利が絶対的なものであり，基本的でない権利は絶対的なものではない，ということはできない。二つのものの真の区別は，非基本権が当事者間の合意によってつくられるのに対して，基本権が法の付与するものであるということである。」

　アンベードカルは，基本権侵害に対する救済措置を明記することが，まさに憲法の核心であることを強調していた。しかし，憲法案は，これらの救済措置が停止される場合をも定めていた。このことが厳しい批判にさらされた。これに対して，彼は，次のように弁明している[54]。

　「個人が自己の人格を発展させていくための保証と自由を有するのと同じ

ように，国家が個人に保障すべき基本権は，ある特定の場合，例えば国家そのものの存在が危険にさらされたときには，制限に服さなければならない。」

なお，国家政策の指導原則については，本書第3章で詳しくみていきたい。また，このマイノリティ「保護」については，本書第1章で論じたところである。

3 インド憲法とアンベードカル

インド憲法を成立に導いたアンベードカルの熱意と労苦に対して，憲法制定議会の多くの議員から感謝の意が表された。S.サハヤ（S.Sahaya）議員は，「独立の達成は，マハトマ氏［M.K.ガンディーのこと］の影響力に帰せしめられる。そして，その法典化は，マハトマ氏の最強の批判者にして，わが憲法の偉大な作成者アンベードカル博士の功績である。[55]」と述べ，P.V.デューレカル（P.V.Dhulekar）議員は，「彼の仕事は，ヘラクレスがおこなったことよりもはるかに大きなことである。彼は，偉大なるその名のとおりパンダヴァ・ビム（Pandava Bhim）にふさわしい任務をなし遂げた。彼は透徹力の明確さ，思惟の明晰性および言葉のわかりやすさをもってその仕事を完遂した。」と述べた[56]。これらの発言からもうかがわれるように，アンベードカルは，インド憲法の起草者として，被抑圧階級のリーダーにとどまらず，国民的英雄の一人になったといわれている。

しかし，憲法制定議会の中で彼が力説し，多くの議員を説得した内容のいくつかが，以前の彼の主張と異なっていたので，彼を「憲法の父」とよぶことには異議が唱えられてきた[57]。例えば，第一に，SCの留保議席を合同選挙で選出することである。彼は，以前には分離選挙を主張していた。第二に，議院内閣制の採用である。彼は，以前には大統領執行府を主張していた。そして，第三に，国家社会主義の否定である。彼は，社会的・経済的・政治的正義実現のために国家社会主義を不可欠としていた。このように，彼の以前の核心ともいえる主張の多くの否定を自身で公言しなければならなかったし，表決で敗れてしまったりしている。このことから，K.V.ラオ（K.V.Rao）議員は，アンベードカルを「憲法の母」とよぶのが適当であろうと述べている。

というのは，彼は起草委員会委員長として，他者の思想に耐えねばならず，これらを育て，そしてこれを彼自身で産みださなければならなかったからである。この「父」と「母」という表現には，今日では看過しがたい性役割分担論が前提に含まれているようにも思われるが（寿台 [2000]），アンベードカルの果たした役割の評価とその問題の本質の一端を示す表現ということもできよう。

Ⅳ　むすびにかえて

　アンベードカルは，憲法案の中に基本的人権の保障，マイノリティ「保護」規定を盛り込むとともに，不可触民制の廃止，議会におけるSCの議席留保，官職の一定割合の留保，SC/STの生活改善，教育向上のために国が積極的措置をとることなどを憲法に明記していった。しかし，インド憲法の明文規定となったこれらの「保障」が，その真価を発揮するための前提条件となるはずの重要な主張のいくつかを憲法制定議会では引っ込めてしまった。とりわけ，次の二点は，重要であろう。

　第一に，分離選挙の問題がある。自らの代表を自分たちの選挙で選出し，その政治的要求を実現していくための不可欠の制度であるとされていた分離選挙制度が姿を消し，アンベードカルが非難してやまなかったプーナ協定の線にそった留保議席・合同選挙制が提案され，実現した。現在にまで続く，留保代表制・合同選挙制がマイノリティの真の代表制として機能しているかについては，第4章で詳しく検討してみたい。自由で平等な関係性に基づく「マイノリティの代表」ではなく，マイノリティの利益をマジョリティの利益に投影（表象）するにすぎない制度が実施されてきたという評価もできるからである。

　第二に，国家社会主義（私有財産制度を認めたうえで，基幹産業の国有化を目指すもの）の構想を明文化しようとしなかった。アンベードカルは，「基幹産業の国有化および土地の国有化が社会的・経済的正義を実現するためには不可欠である。」と述べていたし，この国家社会主義なくしては，不可触民をカ

ースト社会の軛から解放することはできないとも強調していたのである。

　しかし，圧倒的な政治力を有する会議派支配の憲法制定議会の中にあって，憲法のグランドデザインとその憲法体系の中にマイノリティの権利保障と「保護」の充実を実現させていく役割を与えられたアンベードカルがおこなったことは，今日的にみても貴重な示唆に富む画期的な内容を多く含んでいる。

　まず第一に，インドにおけるマイノリティの問題である。アンベードカルは，不可触民こそが典型的な「マイノリティ」であり，しかも「それ以上のもの」でもあると主張していた。当時のイギリス植民地支配からインド独立にかけてなされたこの主張は，イギリスの分割統治政策との関連でみていくことも必要であるが，マイノリティ論としても注目に値しよう。

　第二に，基本権の宣言──人間の尊厳を宣言・保障すること──のみでマイノリティが歴史的に背負ってきた不公平，不正が是正・除去されるのかどうか，という問題である。アンベードカルは，明確に「否」と応え，マイノリティに対する積極的な「保護」，優遇措置を憲法上明記することが必要であるとした。ただ，これらの規定は，指導原則の編で定められており，基本権の編にある場合でも，「例外」規定だと解釈されてきた。これらの規定を統一的に解釈していくべきだとしていたアンベードカルの憲法思想を十分に検討していくことが今後の課題となろう。

　なお，憲法制定後，アンベードカルは初代法務大臣としてヒンドゥー法の改正のために尽力した。しかし，その一部が成立したのみで，改革の核心にかかわる「婚姻および離婚」に関する法案は審議未了のまま廃案となった。法務大臣を辞職したアンベードカルは，再び会議派政権の鋭い批判者として活躍した。しかし，「留保議席・合同選挙」という選挙制度の壁はマイノリティとしての彼に国会議員としての活躍の場を与えなかった。彼は，仏教がカースト・ヒンドゥー，不可触民制からの解放思想を含むものであると考え，1956年10月14日，ナーグプルでマハール・カーストを中心とする約30万の人々とともに仏教に改宗した（同年12月6日帰らぬ人となった）（詳しくは，山崎［1983］など参照）。

1) Political Safeguard for Depressed Classes, in;Ambedkar [1946] p.317.
2) 佐藤宏「インド憲法制定過程における不可触民問題」アジア経済第26巻12号 2 頁（1985年），吉田幹子「アンベードカルとプーナ協定——被抑圧階級の留保議席制度の形成過程」マハーラーシュトラ第 7 号15頁（2001年）など参照。
3) W.N.Kuber [1973] p.294; Rajeev Dhavan,"Ambedkar's Prophecy: Poverty of Human Rights in India", 36-1 J.I.L.Inst.8, 1994.; B.K.Ahluwalia/S.Ahluwalia (ed.), *B.R.Ambedkar and Human Rights,* Vivek, Delhi, 1981.
4) Montagu-Chelmsford Report, in; Ambedkar [1946] p.343. 堀本武功「保留議席（指定カースト）の成立経緯とその後の展開」（大内 [1977] 75頁）。
5) アンベードカルは，ネルー報告書が定める選挙区を「社会における上流階級のヘゲモニーとブラーミンの支配を維持」しようとするものだと批判した。
6) Keith [1969] p.274.
7) Banerjee [1965] p.226.
8) Kuber [1973] p.308.
9) Ambedkar [1946] p.318.
10) *Ibid.,*p.315.
11) Banerjee [1965] p.237.
12) Kuber [1973] p.106.
13) Statement on Mr.Gandhi's Threat to Fast unto Death against the Prime Minister's Award granting Separate Electorates to the Untouchables, in; Ambedkar [1946] p.322.
14) Disadvantages of the Poona Pact, in;Ambedkar [1979] p.431.
15) Resolutions passed by the Working Committee of the All-India Scheduled Castes Federation at its Meeting held in Madras on 23rd September 1944, in; Ambedkar [1946] p.357., Minorities and Weightages, in; Ambedkar [1946] p.343.
16) Ambedkar [1979];孝忠 [1985ab].
17) Kuber [1973] p.294.
18) 孝忠 [1985a] 114頁。
19) 孝忠 [1985b] 205頁。
20) Dr.B.R.Ambedkar's Proposals to end Congress-League Deadlock over the Issue of Pakistan,in; Gwyer/Appadorai [1957] p.465.
21) ウィリアム・バートン（国土計画研究所訳）『印度藩王国』（中川書店，1943年）。
22) 孝忠 [1985a] 115頁。
23) Banerjee [1965] p.341.
24) Kuber [1973] p.300.
25) *Ibid.,*p.299.

26) *Ibid.*,p.305．孝忠［1985b］206頁。アンベードカルは,「行政のインド化は，専制となりうる」と考えていたので，行政の緩やかなインド化を提唱していた（Kuber［1973］p.305.）。
27) 孝忠［1985b］208頁。Political Demands of Scheduled Castes, Framework of Executive Government, in; Ambedkar［1946］p.361．
28) 孝忠［1985b］198頁。
29) 同上219頁。分離選挙，一般選挙，合同選挙の説明については，堀本武功・前掲75頁など参照。
30) Kuber［1973］p.292．
31) 孝忠［1985a］117頁，同［1985b］197頁。
32) 同［1985b］197頁。
33) 同198頁。
34) 詳しくは，本書第Ⅰ章参照。
35) 孝忠［1985b］212頁，同［1985a］126頁。
36) Objection to Cripps Proposals, in; Ambedkar［1946］p.347．
37) *Ibid.*,p.360．
38) C.A.D., vol.Ⅶ,p.38．アンベードカルの憲法案をも含め，多くの憲法案へのアメリカ合衆国憲法の影響について，T.K.Tripathi, "Perspective on the American Constitutional Influence on the Constitution of India", in; L.W.Beer (ed.), *Constitutional Law in Asia: Asian Views of the American Influence*, p.1, UCP,Berkeley,1979．（邦訳として，P.K.トゥリーパティ「インド憲法に対するアメリカ憲法の影響」（ローレンス・W・ビーア編，佐藤功監訳『アジアの憲法制度』70頁（学陽書房，1981年）も参照）。
39) アンベードカルは，コミュナル問題の解決は，多数者の支配でもある憲法制定議会ではできないと考えていた。この問題の解決は，各コミュニティ代表者会議に委ねるべきであると述べていた（Kuber［1973］p.110, 117.）。
40) C.A.D.vol.Ⅶ,p.401．アンベードカルは，第1条についてシャー（K.T.Shah）が提出した修正案「インドは，政教分離主義的社会主義連邦である」に反対している。
41) Rodrigues［2002］p.474-．;P.K.トゥリーパティ・前掲書77頁。
42) Kuber［1973］p.142．
43) この提案のほかに，上院に農業労働者代表のための規定を設けるべきだとの提案もあったが，アンベードカルはその必要を認めなかった（Kuber［1973］p.143.）。
44) *Ibid.*,p.134．自給自足的・自治的村落を自由インドの行政単位の基礎としようとするガンディー主義の影響が大きかった。多田博一「ガンジー主義憲法案」（大内穂［1977］199頁）など参照。
45) C.A.D.vol.Ⅶ, p.32．

46) *Ibid.*,p.1159.
47) *Ibid.*,p.36.
48) *Ibid.*,p.259.連邦公務委員会に適用される規定には，司法府に関する規定は適用の余地がない（Kuber［1973］p.141.）。また，山崎利男「インドの裁判所制度」（大内穂［1978］207頁）など参照。
49) C.A.D.vol.Ⅶ, p.1000; vol.Ⅸ, p.1496.
50) C.A.D.vol.Ⅸ,p.555.
51) *Ibid.*,p.630.
52) Ambedkar［1946］p.362; Kuber［1973］p.110.
53) C.A.D.vol.Ⅶ, p.40.
54) *Ibid.*,p.950.
55) C.A.D.vol.XI, p.788.
56) *Ibid.*,p.828.
57) Kuber［1973］p.150.

第3章
インド憲法における「基本権」の保障と「国家政策の指導原則」

I　はじめに

　近年，国家と自由をめぐる世界の状況は大きく変わりつつある。本章では，国家の果たすべき重要な機能の一つを，国民の自由と生存を保障することであるとし，その保障のありようを，インド憲法における「基本権」と「国家政策の指導原則」の保障，その目的・性格の比較・検討を通じて考察してみたい。また，この指導原則のあらたな位置づけ・とらえなおしの中でおこなわれてきた「社会活動訴訟（Social Action Litigation）」の内容も取り上げる。1980年代以降，最高裁が積極的に展開してきたこの社会活動訴訟は，インドにおける人権保障を制度として具体的に保障するうえで，裁判所が果たすべき今日的（かつ，将来的）役割を示すものだと思われるからである。

　インド憲法における基本的人権の保障は，きわめて具体的であるとともに，裁判上の救済まで明記していることに特徴がある。それは，その内容に反する法律の存在を認めず，「裁判上訴えて実現することのできるもの（enforciable）」——司法的なもの，である（憲法第13条，32条）。しかし，たんなる基本権の宣言・保障だけで，多数の人々を貧困から脱却せしめ，インド国民の社会的・経済的生存を確保，向上させること，さらにはインドの社会・経済構造の変革などを実現することができないことは明白であった。そこで，インド憲法は，第三編「基本権」とは別に，第四編に「国家政策の指導原則」を定めている。この指導原則は，「その実現のために裁判に訴えて実現するこ

とはできない (not be enforciable)」——非司法的，なものではあるが，国の統治において基本的なものであり，立法にあたって，それら原則を適用することが国の義務とされているのである（第37条）[1]。本章では，この指導原則の憲法的性格を明らかにするために，「基本権」と対比しつつ，その制定史，判例および学説を紹介・検討する。

　この指導原則は，1937年アイルランド憲法の規定形式を参考にしたものである。このアイルランド憲法の当該規定は，1931年スペイン憲法の例にならったものだといわれている[2]。また，この指導原則に類似した規定は，かなりの国の憲法にみられる。例えば，1949年タイ王国憲法第5章は，「国家政策」を明記しており，同1991年憲法第5章は，そのタイトルを「国家政策の指導原則」と変え，その内容を充実させている（1997年憲法も同様である）。また，パキスタン，バングラデシュ，スリランカ，およびネパール，さらにはビルマ（現ミャンマー）においても採用された。1987年フィリピン憲法は，その第2条に「原則と国家政策の宣言」を定め，文化的基本権，NGO，情報公開などに関する規定を設けている。また，同第13条は，「社会正義と人権」というタイトルで同第2条を具体化する規定を設けた。

　この指導原則は，従来，自由権的基本権と対比されるところの社会権的基本権，プログラム規定などに類似のものとして理解する傾向が強かったようである。しかし，判例および学説においても，このような単純な解釈は過去のものとなっており，指導原則は基本的人権とその保障のあり方を示す重要な内容を含むものと理解されるようになっている。すなわち，指導原則は，生存権などのいわゆる「社会権」のインド的保障形式としての側面を持つことは否定しえないが，その内容において従来の社会権にとどまらない，「新しい人権」保障としての側面を持っている。つまり，裁判所自身が自由権と社会権との区別の相対化を承認してきているということもできる。指導原則のこの側面をいっそう展開させたものが，「発展への権利」とか「第三世代の人権」とかいわれているものにつながっていると思われる。インドが1950年に指導原則を憲法中に盛りこんだということは，たんにインドにおける人民の自由と生存の現実的保障に資することを意味するばかりではなく，非西

欧世界における基本的人権保障のあり方に一つの枠組みを提示したということができる（安田［1987］168頁）[3]。さらに，最近の論議にそくしていえば，社会および他者との開かれた関係性の中に人権の本質をみようとすることにもつながる考え方の萌芽を読みとることもできようか。現代人権論に一つの示唆を与えるものとして，指導原則の考察を試みる所以である。

II　インド憲法成立過程における「基本権」と「国家政策の指導原則」

1　イギリスからの独立と「基本権」

イギリス植民地としてのインドが，その統治にインド人の参加を要求し，「自治」を求め，さらには独立闘争を展開していく中で，統治のあり方をインド人自身が考え，その構想を示し，具体化していくことが不可欠のものとなる。この節では，インド人自身による将来（インド独立後）の憲法構想のいくつかを取り上げ，その中における基本権の位置づけ，性格などを「指導原則」とのかかわりにおいて考察する。

（1）　ネルー報告書

スワラージ（自治）を求める運動に対するイギリスの政策の一つの転機を示すものがサイモン委員会の任命である。このサイモン委員会に対抗してつくられた「全インド政党会議」は，1928年8月，将来のインド憲法改革計画に関する報告書を発表した。この報告書は，その委員長P.M.ネルーの名をとって『ネルー報告書』とよばれている。このネルー報告書中，基本権にかかわるものとして，要旨次のようなものが含まれていた[4]。

①　インド共和国において，すべての統治権，すなわち立法権，執行権および司法権は，人民に由来する。また，これらすべての権限は，この憲法に基づき設置する機関が，この憲法と調和的に行使しなければならない。

②　何人も，法律によらずしてその自由を奪われ，その住居または財産を侵害，差押えまたは没収されることはない。

③　良心の自由，信仰告白および宗教活動の自由は，公の秩序または道義

に従い，すべての人に保障される。

④　意見の自由な表明の権利，ならびに平穏にかつ武器を携帯せずに集会し，結社および組合を結成する権利は，公の秩序または道義に反しないかぎり保障される。

⑤　インド共和国のすべての市民は，国が維持しまたは国から援助を受けた教育施設への入学に際して，カーストまたは信条による差別なく，無償初等教育を受ける権利を有する。この権利は，権限ある機関が適切な施設を整えたときには，裁判所に訴えて実現できるものとなる。

⑥　すべての市民は，法律の前に平等であり，私権を均しく享有する。

⑦　実体的たると手続的たるとを問わず，差別的な性質を持つ刑事法は認められない。

⑧　何人も，行為のときに適法であった行為について，処罰されることはない。

⑨　いかなる身体刑，または拷問の性質を持ついかなる刑罰も適法とは認められない。

⑩　あらゆる市民は，人身保護令状を求める権利を有する。かかる権利は，戦争または反乱が生じたときに，連邦議会の制定する法律により，連邦議会が休会中には総督により停止することができる。総督が適切と考えてとったこの停止措置は，すみやかに議会に報告しなければならない。

⑪　インド共和国および共和国の州には，いかなる国教も存在しない。また，国は，直接的にせよ間接的にせよ宗教上の信念または宗教上の地位を理由として，優遇したり不利益を与えたりしてはならない。

⑫　国の援助またはその他の公金の交付を受けた学校に通う者は，その学校でおこなわれる宗教教育に出席することを強制されてはならない。

⑬　何人も，その宗教，カーストまたは信条を理由として，公雇用，公職または名誉職および職業活動に関して，いかなる方法によろうと不利益を受けてはならない。

⑭　すべての市民は，公道，公の井戸，その他のすべての公の場所へ立ち入り，使用する権利を有する。

⑮　労働および経済条件の維持・改善のための団結および結社の自由は，何人およびいかなる職業に対しても保障される。かかる自由を制限または破壊するすべての協定および処分は，違法である。

⑯　議会は，すべての市民の健康的で適切な労働を維持し，すべての労働者に生活賃金を保障し，母性の保護，子どもの福祉ならびに老人，病弱者および失業者の経済的援助のために，適切な立法をおこなわなければならない。

⑰　男女は，市民として平等の権利を有する。

このネルー報告書には，伝統的な自由権が含まれているとともに，コミュナル対立を回避する（とりわけムスリムとの融和をはかる）ための規定が含まれている。将来，「国家政策の指導原則」としてインド憲法に明記されるいくつかの規定もみられる。ただ，後進階級（被抑圧階級など）に対する特別の配慮は盛り込まれてはいない。

（2）　サプルー委員会の憲法案

サプルー委員会は，マハトマ・ガンディーの賛成をも得て，1944年結成された。委員会設置の目的は，各政党の主張の要点を理解しあうことにあり，全政党の指導者の対話を成立させる一つの調停委員会として活動し，委員会の責任においてインドの政治問題の解決策を勧告することにあった。インドの公の活動分野で著名であり，かつ既成の政党に所属していない人々がこの委員会の委員とされた。委員長は，T.B.サプルー（T.B.Sapru）である。

このサプルー委員会は，1945年12月に憲法案を公表した。その中で基本権を「裁判に訴えることのできるもの（justiciable）」と「裁判に訴えることのできないもの（non-justiciable）」との二つの種類に区分することを勧告していた。インドにおいて，この二つの区分を明示したのはサプルー委員会の憲法案がはじめてであるといわれている[5]。しかし，サプルー委員会自身は，この二つの区分の困難性から，この作業を憲法制定議会に委ねることにした[6]。

（3）　B.N.ラウの新憲法構想

B.N.ラウ（B.N.Rau）は，コミュナル対立が激化する中で，会議派にもムスリム連盟にも受け入れられるような憲法構想を作成することを試みた。そして，1946年1月，新憲法構想を公表した。この新憲法構想計画は，あらゆ

るコミュニティが他のコミュニティに対する優越的地位を占めることを防ぎ，すべてのコミュニティに均しく利益をもたらそうとするものであった。インドの統一は，コミュニティの均衡によってのみ保たれると考えられたからである。その構想計画の中に要旨次のものが含まれている[7]。

「インド合州国は，次に掲げる事項が優先的かつ緊急の責務であることを認める。

① インド内外での平和の促進
② インド人民の栄養水準および生活水準の向上
③ 教育の機会均等を促進するための教育施設の整備
④ 公衆衛生の改善」

そして，これらの項目については，次のような註記がある。「これらは法律上の効力を有するものではないが，憲法にこれらの事項を列挙することは，統治の主要な目的がそもそも何であるかということを連邦および州の機関に気づかせることになるだろう。たんなるコミュナル的あるいは地方的利害を超えたこれら事項を列挙することが，他の憲法においても徐々に一般的になりつつある。それらの事項は，教育的効果を持っているのである。」

ラウのこの憲法構想は，その後の憲法制定議会においても大きな役割を果たした。彼の考えがすべて受け入れられたわけではないが，当時の彼の地位からしても無視できない影響力を持っていた。

（4） B.R.アンベードカルの憲法構想

1947年8月29日，憲法制定議会において憲法起草委員会の委員長に任命されたアンベードカルは，それまで被抑圧階級（不可触民）の卓抜した指導者として，自らの階級の解放のために主張，行動していた。憲法起草委員会委員長としての彼は，会議派と協力し，「インド国民の代表者」として行動，発言したが，ここでは起草委員会委員長に選ばれる前の彼の憲法構想（基本権などにかかわりのある部分のみ）を紹介しておきたい。

アンベードカルが主張し続けたのは，権利と自由をたんに宣言することではなく，社会生活における差別を撤廃し，国民が生命，自由および幸福追求の権利を『詐取』されるのを防ぐことである。したがって，彼は権利が侵害

されたときの救済措置を明記しておくことは不可欠であると考えた。新しいインド統治法を作成するために開催された円卓会議のメンバーとなったアンベードカルは，マイノリティ代表共同提出の覚書（1931年）をとりまとめた。この覚書には，マイノリティの共同要求（本書第❶章参照）を掲げるとともに，被抑圧階級の特別要求として，次のものが挙げられていた[8]。

① 不可触民制を理由として課されるいかなる不利益，無能力，および差別的慣行も，憲法によって無効と宣言されなければならない。

② 公務における偏見のない待遇。

③ 執行機関の差別的行為に対して，その救済のために知事または総督に訴える権利が与えられること。

アンベードカルは，イギリス当局がこれらの要求を承認し，インド統治法で具体化し，実現するよう求めた。

1947年3月，アンベードカルは，来たるべき独立インドの憲法中に保障すべき「基本権」についての彼の主張を『国家とマイノリティ』の中で詳細に論じている（なお，アンベードカルの1931年の主張とこの『国家とマイノリティ』でおこなった主張との対比，さらには憲法制定議会における彼の主張と行動との対比の重要性については，これまでに何度か論じてきたところである。詳しくは，本書第❷章参照）。

アンベードカルは，国家の目的を次のように述べている。

「①すべての国民の生命，自由および幸福追求の権利ならびに言論の自由および宗教活動の自由を擁護すること。②貧困階層に十分な機会を提供し，社会的・政治的・教育的不平等を除去すること。③すべての国民が恐怖と欠乏からの自由を享受できるようにすること。④国内の無秩序および外国からの侵略に対する備えをすること。」

『国家とマイノリティ』は，憲法条文と，その解説という形式をとっている。基本権にかかわる問題は，次の4点に分けて定められている。①市民の基本権，②基本権の侵害に対する救済措置，③マイノリティの保護，④指定カースト（SC）の保護。

市民の基本権としては，21の項目が列挙される。1号から6号は，法の下の平等，社会生活における差別的慣行の廃止・禁止などを定める。7号は，

居住・移転の自由を規定し，12号は，言論，出版，結社および集会の自由を保障し，さらに14号は，良心の自由，信仰告白の自由などを含む宗教活動の自由を保障する。そして，最後の21号は，基本権侵害に対して裁判所の審理を求めることができることを明記している。

基本権の侵害に対する救済措置について，アンベードカルは，「権利というものは，救済措置が伴っているときにのみ現実的なものとなる。権利侵害に対して訴えることのできる法的救済手段がなければ，与えられた権利は何の役にも立たない。」と述べ，次の四つの方法を提示する。

第一は，司法的救済である。最高裁判所を頂点とする司法裁判所が，執行府の権限濫用に対する審査権を持ち，圧政から市民を保護する機関として機能することを裁判所に求めた。第二は，立法および行政の公平性の保障である。すべての国家行為（州の行為も含まれることはいうまでもない。）は，国民を不平等に取り扱うことはできないという制限を受けるものとし，すべての市民が法令の均しい便宜を受けるための規定を整備することが必要だと主張した。第三は，差別の禁止，犯罪化である。公権力のみならず，私人によっておこなわれる差別も禁止した。第四は，経済的搾取からの保護である。これは，①基幹産業の国有化，②生涯保険政策の採用，③農業の国家産業化および集団化，という内容からなっていた。

その他，マイノリティの保護，さらには指定カーストの保護についての規定がこの『国家とマイノリティ』では述べられている。また，基本権に関する提案とは別に，「国家社会主義（State Socialism）」を憲法に明記することが主張されている。彼は，基本的人権を保障し，民主主義的価値を実現するためには，憲法が「政治構造のみならず，社会の経済構造をも規定すること」が不可欠であると考えた。この「国家社会主義」構想は，憲法制定議会では，「国家政策の指導原則」を審議する際に論議されたが，アンベードカル自身は反対の立場にまわっている。

2 憲法制定議会における提案と論議

1947年7月15日，インド独立法がイギリス議会を通過し，同月18日に国王

第3章 インド憲法における「基本権」の保障と「国家政策の指導原則」

の裁可を得た。このことにより前年から活動を続けていたインド憲法制定議会は，インドの最高府となった。この憲法制定議会は，1946年12月9日に開催され，同月11日，R.プラサド（R.Prasad）を議長に選出した。そして，1947年1月22日，『目標決議』を採択した[9]。この目標決議は，ネルーの提案によるものであり，制定すべき憲法の目標と性格を明らかにしていた。憲法前文の原案ともなったこの目標決議は八つの項目から成り立っている。その第5項は，「社会的・経済的・政治的正義，地位・機会および法律の前の平等，ならびに法と公共道徳に従う思想，表現，信条，信仰，礼拝，職業，結社および行動の自由は保障される。」とし，その第6項は，「後進および部族地域におけるマイノリティ，被抑圧階級その他の後進階級に対する適切な保護を定めること。」を謳っていた。

(1) 基本権小委員会における論議

憲法顧問となったB.N.ラウ（B.N.Rau）が明らかにした基本権についての構想は，基本権小委員会において，1947年2月27日以降活発に論議された[10]。

インド憲法起草者たちにとっては，基本権をたんなる「権利宣言」とすることも理論的には可能であった。しかし，独立を目指す運動の経験は，権利宣言を裁判所に訴えて実現することのできる権利についての定めとしなければならない，ということを教えていた。したがって，基本権は，立法権と執行権とを制約する，厳密な意味での法規範（裁判規範性を有するもの）とされている。一方で，裁判所に訴えることができず，効果的とも思われない条項を憲法に定めることは意味がないという批判が，第1回目の会議からなされた。論議をリードしたメンバーの一人は，K.M.ムンシー（K.M.Munshi）であった。彼は，小委員会に提出した覚書の中で，憲法中の一般的宣言の大部分が，増大しつつある国家権力を抑制する効果を失ってきていることを説いた[11]。小委員会に提出された基本権案では，あらゆる政治的・経済的・社会的権利のみならず，政策規定も「基本権」のタイトルの下に挙げられていたけれども，「たんなる格言（mere precept）」を憲法上定めることに反対する一般的雰囲気がみられた。ムンシーは，生活賃金，相応な生活を確保するのに必要な勤労の権利，および勤労条件についての規定，すべての市民に無償初等教育を

受ける権利を保障する規定を盛り込むことを主張した。アンベードカルは，国家社会主義計画の実行を立法府の意思だけに委ねることのないよう，憲法自身において経済の重要部門に国家社会主義を目指す詳細な規定を明記するよう主張した。また，A.K.アヤール（A.K.Ayyar）は，1947年3月14日に提出した覚書の中で，司法的権利と「たんなる国家政策の指針と目指すべき目的を示した」権利との間の区別を強調している[12]。

小委員会の多くの委員たちは，司法上の権利に社会的・経済的政策の宣言を含めることは実際的でないことを理解しはじめた。その結果，小委員会は，勤労の権利，生活賃金への権利などに関する条項は非司法的なものであり，司法的な権利を定めた基本権の章に盛りこむことはできないという結論に到達した。その後，小委員会は，国家政策の指導原則を明文化する方向に向かい，多くの条項を採択した。そして，その冒頭にこれら指導原則に与えられた役割を明記するための前文が付け加えられた。

小委員会は，3月30日から31日にかけて，報告案をとりまとめた[13]。そして，この報告案の性質を次のように述べる。「法律上の行為によって実現できるそれらの権利は，『司法上の権利』として定められ，法律上の行為によって実現できず，またはそのことに適していないその他の権利は，『非司法的権利』と名づけられる」。後者の権利の例として，小委員会は，すべての労働者が国に対して一定の生活水準を保障するよう努めることを求める条項を挙げた。裁判所が特定の事件において，この種の一般的権利の侵害を認定することは不可能であった。それゆえ，小委員会は，かかる権利を「非司法的権利」の章におき，これらの権利が「国の一般的指針のための原則を意図するものであり，裁判所が審理できるものではない」ことを明らかにした。

これに対して，何人かの委員が反対意見を述べている。M.R.マサーニ（M.R.Masani），R.A.カウル（R.A.Kaur）やH.メータ（Mrs.H.Mehta）は，これらの権利は確かに訴訟によって実現しうるものではないが，その性質上，やはり基本的なものであると主張した[14]。彼ら彼女らは，適切な条項を加えることによって，それら原則実行のため可能なかぎり必要な措置をとることを国に命じることを主張したのである[15]。また，K.T.シャー（K.T.Shah）は，

「非司法的権利」があまりにも多くの希望的意思を扱っているものだと考えた。彼は，勤労および雇用に対する権利を例に挙げ，この権利がたとえ非司法的なものとされたとしても，能力と資質のあるすべての市民に対して国が労働を提供する一応の義務を負うならば，それは現実的かつ効果的なものとなりうると述べる。また，国はコミュニティのすべての構成員に相応の生活水準を維持するために国内資源の活用・発展のための熟考された具体的計画を準備することが必要であり，このことからも非司法的権利に含まれた原則が一般的指針のためのたんなる政策原則と扱われるべきでないことを説いた[16]。

これらの意見および批判を考慮に入れ，小委員会は，1947年4月15日の会議でこれらの原則の基本的性格を特別に強調することを決定した。この結果，冒頭の条項は，次のように変更された[17]。

「第35条 この編が明記する指導原則は，国の指針のためのものである。これらの原則は，裁判所によって審理されるものではないが，国の統治において基本的なものであり，立法にあたってそれを適用することは，国の義務である。」

4月16日，小委員会が採択した報告書の中には，国家的に重要性を有する史跡や物件を保存・維持する国の義務など，審議の中で提案された新しい条項が含まれていた[18]。小委員会は，二つの異なった「権利」と「原則」，すなわち適切な法手続によって実現される権利と，社会政策の基本原則の性質を持つ原則条項との間の区別は，アイルランドのモデルをふまえ，アメリカ合衆国で採用された方法と当時ヨーロッパ諸国の憲法でとられつつあった方法（二つの権利を一つにまとめあげたもの）との折衷的手法であると説明している。

何人かの委員は，この報告書に異議を唱えた。K.T.シャーは，指導原則の全計画が「必要のない詐欺的手段」，「そのドレッシングの背後に何の貯えもない見かけだけの粉飾」になってしまうかもしれない，という懸念を再度表明した[19]。また，M.R.マサーニ，H.メータ，およびR.A.カウルは，インドが独立国家への道を歩むことを阻害している要因の一つは，宗教に基づく

身分法の存在だと主張し，統一民法典に関する規定を司法的権利を扱う章へ移すことを提案した[20]。

基本権小委員会の報告書は，マイノリティ問題小委員会で検討された。統一民法典の問題については，その制定に前向きの姿勢が示されたが，最終的にはマイノリティの自発的な意思を尊重するという形でなされるべきだとされた。

（2） 諮問委員会における論議

4月21日と22日，諮問委員会でこの報告書の審議がおこなわれ，同月23日，基本権についての中間報告がとりまとめられた[21]。指導原則の基本的性質を強調する一般原則については，それを認めつつ文言上の修正がなされた。また，二つの条項——婚姻の自由，国内平和およびコミュナル不一致のすべての原因を除去することによる安全の促進に関する条項——が削除された。さらに，憲法施行後10年以内に無償初等教育をおこなうことを国の義務とする条項は，当初，司法的権利の中に含まれていたが，指導原則に移された。これらの変更にともない，8月25日，諮問委員会が憲法制定議会に提出した追加報告書の中には，統治の基本原則」（「前文」1箇条と「原則」11箇条から成り立っている。）のリストが含まれていた[22]。

一連の論議では，指導原則を憲法の一部とすることに対する疑念，および指導原則の有益性と有効性に関して疑義が提出された。そこに共通していたのは，指導原則を実現していくため，連邦や各政府を義務づける規定が存在しないので，憲法に指導原則を明記することは何の目的にも役立たないし，人民に何の満足をも与えないという批判であった。批判のもう一つの論点は，これらの原則の考え方は，他の国から借用してきたものであり，それらの有益性を充分考慮したうえで採用したのではなく，アイルランドその他の憲法規定をそのまま借用したものにすぎないというものであった。

（3） 1947年10月憲法草案

1947年10月，憲法草案が憲法制定議会に提出された[23]。B.N.ラウの助言に基づいて作成されたこの憲法草案の中では，草案第三編は「国家政策の指導原則を含む基本権」と名づけられている。この第三編第1章「総則」中，

第3章 インド憲法における「基本権」の保障と「国家政策の指導原則」

第10条は，「この編の第3章が明記する政策原則は，国の指針を示している。これらの原則は，裁判所に訴えて実現しうるものではないが，国の統治にとって基本的なものであり，国は立法にあたってこれらの原則を適用する義務を有している。」とされていた。そして，第2章（第11条〜30条）に基本権を定め，同第3章（第31条〜41条）に国家政策の指導原則が定められている。

当初の草案に対してはB.N.ラウ自身が，次の2点からなる修正提案をおこなった[24]。①草案第9条2項（現第13条2項）のはじめに「第10条の規定に従って」という文言を挿入する（第10条は，指導原則の基本的性質を強調していた）。②草案第10条に「……本編第3章が明記する指導原則を実現するために制定されたいかなる法律も，第9条の規定に違反するという理由または本編第2章の規定に抵触するという理由のみで無効とされてはならない。」という文言を加える。この提案は，基本権に対する指導原則の優位を明記しようとするものであり，ラウ自身その提案理由の中で，「……その大部分が個人の権利を定める第2章（基本権）が保障する権利と，総体として国の福祉を目的とする第3章が定める政策原則との間の衝突に際しては，一般的福祉が優位することを明らかにしようとするものである。この提案のように修正しなければ，第10条が，これらの原則は基本的なものであり，国は立法にあたってそれらを実現していく義務を有すると定めたことが無意味になってしまう。……」と述べている。この考え方は，インド社会における社会的・経済的・政治的正義の実現を重視する考え方ということもできるが，他方で人権に対して，いわゆる「公共の福祉」を優先しようとする見方とみることもできよう。ラウのこの提案は，その後の論議の中でも多数の支持を得ることはなかった[25]。

1947年8月29日，憲法制定議会は，憲法起草委員会の設置を決定し，その委員長にアンベードカルを任命した。この憲法起草委員会は，1947年10月30日および11月1日の会議において，すべての指導原則を別の編に置き，指導原則の基本的性質を述べた第10条をこの新しい編に移すことを決めた[26]。この委員会は，指導原則を規定した条項のいくつかに修正をおこなったが，これらの修正は，実質を変更するものではなく字句上，表現上のものであった。

123

（4） 1948年2月憲法案——インド憲法の成立

1948年2月憲法案が公表された後，指導原則の非司法的性格に対する批判，さらには外国の憲法例を援用して国家政策の宣言という形式をとったことに対する批判などが再燃した。憲法は，道徳的命題や教訓を規定するものではないという批判に対して，B.N.ラウなどが反論した。指導原則が他の憲法からの借り物であるという批判に対しては，古代インドの法(シャーストラ)[27]のいくつかのものが指導原則に類似しているという反論もなされた。

新条項の提案としては，①農業・牧畜の振興，牛解体処理禁止に関する条項の新設（T.バールガヴァ（T.Bhargava），G.ダスーによる提案），②憲法施行後3年以内に執行府からの司法府の独立を保障すべきであるとする条項の新設（起草委員会による提案），が挙げられよう[28]。

指導原則を裁判上訴えることのできるものにしようとする考えは少数であり，基本権と明確な表現で区別された規定として成立した（憲法第37条）。「裁判上訴えて実現することのできないもの」という表現は，指導原則の性格からやむをえないものであり，基本権と分けられたのは便宜的なものにすぎないともいわれている。しかし，両者がはっきりと分けられたことは，その憲法上の性質と効力が本質的に異なっていることを示したものと考えるほうが妥当であろう。

1948年10月4日，憲法制定議会に憲法案が提案されたとき，アンベードカルは，次のように述べている[29]。

「指導原則は何の法的効力も持っていない，といわれるならば……私はそのことを承認せざるをえない。しかし，指導原則が全くそしていかなる種類の拘束力をも持たないから無益だ，ということを承認するつもりはない。……憲法案は，国の統治機構を定めるものである。かつて，ある国々でそうであったように，特定の政党が権力を掌握するための装置ではない。……誰が権力を握るかは人民によって決定される。権力を握った者は，権力を恣意的に行使する自由は持たない。その行使にあたって，彼は指導原則とよばれる指令書（Instruments of Instructions）を尊重しなければならない。……裁判所でその責任を問われないとしても，選挙民の前で必ずや問われることにな

第3章 インド憲法における「基本権」の保障と「国家政策の指導原則」

るだろう。……」

　また，彼は，憲法案審議の中で次のようにも述べている[30]。

　「固定せず，大きく変化し，時と状況に応じて変化し続けるものに対して，確定的・固定的な形を与えることは無意味である。それゆえ，指導原則が何の価値も有しないということはできない。私見によれば，指導原則は大きな価値を有している。なぜならば，それはインド憲法の理念が経済民主主義であることを明記しているからである。インド憲法は，議会主義的統治形態のみをとろうとしているわけではなく，インドの経済理念が何であるのかに関して，あるいはインドの社会秩序がいかにあるべきかに関して多様な仕組みをその中に規定することによって憲法に指導原則を計画的に盛り込んできた。この問題について論議するときには，このインド憲法起草にあたっての目的が次の二点にあることを念頭に置いてほしい。①政治的民主主義の形式を定めること，②インド憲法の理念が経済的民主主義にあり，同時に誰が政権を担当しようとも政府は民主主義を実現するよう努めなければならないと定めること……。」

　憲法案の逐条審議は，1948年11月19日にはじまり，5日間続いた。

　第四編「国家政策の指導原則」のタイトルと指導原則の性質について定めた第29条案についての論議の中で，指導原則は非司法的なものではあるが，基本的なものでもあるという理由から，タイトル中の「指導」という言葉を「基本的」という言葉に置き換えるという提案がなされた。この審議の中で，諸問委員会委員長V.パテール（V.Patel）が，「統治の基本原則」というタイトルを与え，それらが「国家統治において基本的なものとみなされなければならない。」と述べていたことが指摘された。「指導」を「基本的」という言葉に置き換えるという提案に対して，アンベードカルは，これらの原則が基本的なものとして扱われるということは第29条案の文言中におり込み済みであり，将来の立法府および執行府にこの憲法制定議会が一定の指導原則を与えていることを強調するためにもこの「指導」という表現を維持する必要があると述べた[31]。すなわち，「指導」という言葉を削除してしまうと，この編の規定を明記しようとする意図は失われてしまい，将来，立法府および執

行府が国家統治上とるであろうすべての行為の重要な根拠がなくなってしまうと考えられたのである。憲法制定議会は，修正案をしりぞけ，「国家政策の指導原則」というタイトルを採択した。

審議の中であらたに加えられることになった指導原則は，次の五つである。

第一に，「国は，村パンチャーヤトを組織するための措置をとり，それに……。」という条項の追加である。肯定的な発言が相次ぎ，本来は，反対の見解を表明するかと思われたアンベードカルも何のコメントもなく，この提案を受け入れた[32]。

第二に，「国は，農村地域での共同作業による家内工業の振興に努めなければならない。」と定める条項を追加することが提案された。アンベードカルは，指導原則中に家内工業の振興にかかわる条項が必要であることは一般的に認められるので，若干の修正を加えたうえで，この提案を指導原則に盛り込むことに賛成である旨述べた。そして，すべての労働者に生活賃金，良好な労働条件，相応の生活水準を確保することを国に義務づけることを定めた条項に，家内工業の振興についての規定も加えることを提案した。家内工業のあり方については，それが共同的手段によって促進されるべきであるとする見解と，その手段に制約があってはならないとする見解が存在していた。そこで，アンベードカルは，「個人的または共同的手段によって」という文言を提案し，その修正が認められた[33]。

第三に，アルコール飲料，有害薬物の使用禁止に関する規定が追加された。医療目的のための使用を認める修正がおこなわれ，承認された[34]。

第四に，農業・牧畜の振興，牛の解体処理禁止などにかかわる条項が追加された。この提案も，さしたる論議もなく承認された[35]。

第五に，執行府からの司法府の独立を確実なものとするための措置をとることを国に命ずる条項が追加された。この追加条項案は，起草委員会からの提案であり，審議の中で「3年」という期限が削除された[36]。

その他いくつかの新条項の追加提案がなされたが，アンベードカルは，「憲法に指導原則を盛り込む主要な目的は，将来の政府が経済民主主義の理念の達成に努めるべきことを定めることにあり，それを達成するための個人

主義的，社会主義的あるいは共産主義的なある特定の確固とした手段・方法を定めることではない」と述べて，それらの提案をしりぞけた。

インドの全領域にわたって市民のための統一民法典を定めることを国に命ずる条項については，活発な論議が交わされた。ムスリムの委員たちは，その条項が，固有の身分法に従うという団体あるいはコミュニティの権利を侵害することになるという理由から，その提案に反対した。彼らは，コミュニティの身分法は，その宗教および生活様式の一部であると主張し，統一民法典の制定は，第19条案（憲法第25条）によって保障された宗教活動の自由に抵触するのみならず，自らの身分法に従おうとする人々に対する圧政につながると考えたのである。

これらの批判に応えて，ムンシーは，「宗教上の慣行を侵害しない手段によって，いまや国民を統一・統合すべきときにきている」ことを強調し，社会関係あるいは相続に関する当事者の権利を宗教から切り離そうと試みた。アンベードカルは，数々の批判や意見に対して詳細に説明，反論した。統一民法典に賛成しないマイノリティや集団に，強制的にでも適用されうるという懸念に対しては，市民がたんに市民であるという理由で国が統一民法典を強制しうることになるという考えは条文の中からは出てこないと説明した。また，一方で将来の議会が手始めに，その法典に従うことを明らかにした人々に対してのみ適用されるという法文をつくることは可能であると述べた[37]。

このような論議をへて，国家政策の指導原則は，憲法第36条から第51条に規定することが認められた。

III 「基本権」と「国家政策の指導原則」との関係

1 国会と裁判所

インド憲法第368条は，国会の憲法改正権とその手続について定めている。この憲法改正権の限界と裁判所の違憲審査権に関する争いが，基本権と指導原則との関係をめぐる見解の相違の重要な一因をなしてきた。すなわち，基本権と指導原則との関係を扱った最高裁判決が出たことに対応して，国会が

内閣のイニシアティブの下に憲法改正権を発動するというように，基本権と指導原則との関係をめぐる論議は，最高裁と国会という国家機関相互での見解の相違，緊張関係をも生みだしてきた。一般的にいえば，裁判所は，当初指導原則の重要性を述べることにきわめて慎重な態度をとっていた。また，指導原則の重要性を認め「それに対する忠誠を宣言する」にあたっても，憲法解釈論を十分に展開せず，国会と内閣に譲歩してきただけだという評価もなされているのである[38]。

H.M.シールヴァイ（H.M.Seervai）は，最高裁の判決を次の三つの時期に分けて考察している（Seervai [1984] p.1778）。①1951年のチャンパカム・ドライラージャン事件判決にはじまり，1970年のチャーンドラ・バーヴァン事件判決に終わる時期，②チャーンドラ・バーヴァン事件判決にはじまり，1980年のミネルヴァ工場事件判決に終わる時期，③ミネルヴァ工場事件判決後の時期。また，J.R.シーバッハ（J.R.Siwach）は，国会の憲法改正の動きと最高裁の判決との相互関係に配慮しつつ，基本権と指導原則との関係の変化を次の五つの時期に区分している[39]。①第一期（1950年から1967年），②第二期（1967年から1971年），③第三期（1972年から1976年），④第四期（1977年から1980年），⑤第五期（1980年以後）。本節では，シールヴァイの時期区分をふまえつつ，シーバッハの示した五つの時期区分に従って，基本権と指導原則との関係をめぐる裁判所の見解とそれに対応する憲法改正動向を検討する。

(1) 第一期（1950年から1967年）

この時期における最高裁判決の特徴は，指導原則に対する基本権の優位，すなわち基本権と指導原則が対立したときには，基本権が優位することを明言していることにある。しかし，この時期の最高裁判決は，基本権と指導原則の概念を分析・検討したり，憲法第37条の文言を考察したものではないと評価されている[40]。

チャンパカム・ドライラージャン事件判決（1951年）[41]は，医工科大学の入学定員をコミュナル別に留保する政令を違憲と判断している（憲法第29条2項違反）。この政令が憲法第46条の指導原則を実現しようとするものだとの主張に対して，S.R.ダスー判事は次のように述べた。

第3章　インド憲法における「基本権」の保障と「国家政策の指導原則」

「指導原則は，……憲法第37条によれば裁判所に訴えて実現することのできないものであり，第32条に基づき……裁判所に訴えて実現することが明確に保障されている第三編の規定に違反することはできない。基本権の規定は不可侵であり，第三編に明示されている場合を除き，いかなる立法府，執行府の処分，命令によっても侵害されてはならない。指導原則は，……基本権の規定（第三編）と調和し，その補充として適用されなければならない。」

後になると，「基本権との調和」ということも強調されるようになるが，この判決ではあくまでも「基本権の補充」としての指導原則に重点が置かれている。なお，この問題を解決するために，1951年憲法第1次改正がおこなわれた。その改正目的・理由は，次のように述べている[42]。

「憲法第46条は，国が特別の配慮をもって国民の弱者層の教育上および経済上の利益を促進し，それらの者を社会的不正義から保護すべきであるという指導原則を明記する。国が市民の後進階級の教育的・経済的・社会的利益のための措置をとらなければならないとする特別規定が，差別であるという理由で異議を申し立てられないよう，憲法第15条3項を適切に拡充しなければならない。したがって，第15条に新しい項が付加される必要がある。……」

憲法第48条（農業および牧畜の組織化）の指導原則を具体化するための法律（Bihar Preservation and Improvement of Animals Act）が憲法第19条1項(g)号（職業の自由）に違反するとして争われた，1958年のハニフ・クレシ事件判決は，次のように述べる[43]。

「憲法第13条2項は，第三編が保障した諸権利を奪ったり，侵害するいかなる法律も国は制定できないと明記している。……指導原則は，国の立法権に課せられたかかる内容的制約・制限を踏みにじることはできない。（憲法条文の）調和的な解釈が必要であり，国が指導原則を着実に実現すべきことは当然であるが，その方法は，基本権を奪ったり侵害したりするようなものであってはならない。」

指導原則を実現するための法律は，基本権の行使に対する「公益からする合理的な制限」（例えば，憲法第19条6項）である場合にのみ合憲と認められる。

憲法第31C条（一定の指導原則を実施する法律の適用除外——改正前のもの）から生ずる問題を別にすれば，この判決は，両者が直接衝突したときには，基本権は指導原則を実施する法律に優位するというものであった。

ただ，この事件では，特定の家畜の解体処理全面禁止は指導原則の他の条項（第48条前段，41条，45条および第47条）の違反だとも述べられており，基本権との関連でのみ論ずることはできない。

1958年のケーララ教育法案事件判決は，憲法第30条（マイノリティの権利）と第45条の関係について判断を下している[44]。問題とされた法案は，マイノリティ・コミュニティの設立する学校の初級課程では授業料を徴収してはならないと定めていた。判決は，憲法第45条で14歳未満の子どもへの無償義務教育が保障されてはいるが，この法案はマイノリティの犠牲を強いるものであり，「実際上，マイノリティ・コミュニティが設立した教育施設の運営継続を不可能にするもの」であると判示した。この法案が授業料徴収禁止を定めるのみで，学校に対する財政的援助について何ら定めていなかったからである。クレシ事件判決が，基本権と指導原則との関係を制限の合理性のレヴェルで論及したのに対して，この判決は，第30条と第40条の衝突の問題を扱ったものであるといわれている。ただ，判決が直接に第30条と第40条の衝突の問題に論及しているのかどうかについては論議のあるところである[45]。

この第一期には，憲法上の他の根拠によって認められるなら，たとえ指導原則に違反していたとしても法律は有効であるとする判決もみられる[46]。このデープ・チャンド事件判決は，指導原則は立法権の行使に指針を与えるものではあるが，それをコントロールするものではないと述べる。

（2）　第二期（1967年から1971年）

ゴーラク・ナート事件判決で，最高裁は，憲法改正法は「法律」であり，国はいかなる基本権を剥奪または侵害する法律をも制定することはできない（憲法第13条2項）と判示した[47]。この判決は，1951年のプラサド事件判決および1965年のS.シン事件判決での最高裁の判断を変更するものであった[48]。このゴーラク・ナート事件判決後，基本権を優位におく，最高裁の立場は確固たるものとなり，「基本権は指導原則を実現するためであっても改正でき

ないとされた。かくして，基本権は，なお一層不可侵のものとなり，指導原則は，より一層その地位を低下させた。」（シーバッハ）ともいわれるが[49]，一方でその関係の理解について変化の兆しもみられる。

1948年最低賃金法第5条1項の合憲性が争われたのがチャーンドラ・バーヴァン事件である[50]。マイソール高裁は，同条が，①政府に広範な裁量権を与えており，憲法第14条に違反している，②憲法第19条1項(g)号に違反している，と判示した[51]。最高裁は，最低賃金法第5条が，指針を持たない恣意的な権限を政府に与えるものではないと判断したが，ヘグデ裁判官は，憲法第14条，19条と第43条との関係について次のように述べた。

「インド憲法の諸条項は，進歩に対する障害として設けられたものではない。それらの条項は，憲法前文によって謳われた社会秩序に向かう進歩のための計画を定めたものである。……インド憲法下では権利のみが存在し，義務が存在していないと考えるのは誤っている。第三編で保障された権利が基本的なものであるとともに，第四編で定められた指導原則は国家統治において基本的なものである。われわれは，第三編と第四編の規定相互間には全体として何の抵触もないと考えている。それらは互いに解釈的であり，補充的なものである。第四編の規定は，議会と政府とが市民に各種の義務を課することを可能ならしめている。それらの規定は，十分に弾力的なものとされている。というのは，市民に課される義務は，指導原則がどの程度まで実現されるのかに依拠しているからである。インド憲法は，社会的・経済的・政治的正義がインド国民生活のすべての分野に徹底された福祉国家を建設することを目的としている。インド憲法によって謳いあげられた希望と大志は，インド市民の最低限の必要がみたされないなら，裏切られてしまうことになるだろう。」

この見解は，第一期における最高裁の見解とは明らかに違っている。しかし，この見解は，当該判決の中で付随的に述べられたものにすぎない。というのは，すでに最高裁はこの判決以前に，最低賃金法第5条は憲法第14条と第19条に違反するという訴えをしりぞけていたからである。また，ヘグデ裁判官の意見に対しては，二つの批判があり，一つは，基本権と指導原則とが

現実に抵触しているときには何の解決策も述べたことにはならないという批判であり，二つには，第三編と第四編との関係を「権利」と「義務」との関係で説明することはできないという批判である[52]。

（3） 第三期（1972年から1976年）

国会は，第二期における状況に満足せず，1971年総選挙でインディラ・ガンディーが圧倒的勝利をおさめたことを背景に，1972年，憲法第25次改正法を成立させた。

第25次憲法改正案の改正目的・理由は，次のように述べている[53]。

「財産の強制収用もしくは接収についての補償額を定め，または補償を決定・実施する原則および方法を定める法律は，その法律に定める補償が不十分であるという理由で，裁判所により審査されることはない，ということを明記したのが憲法第31条である。〔ところが〕最高裁判所は，銀行国有化事件判決（1970年）において，憲法は補償についての権利すなわち強制収用された財産に相当する金銭を補償していると判示した。この結果，補償額を決定するにあたって議会が定めた，補償の十分性と補償原則の適切性とは，財産所有者に支払われた額が財産の損失に対する合理的な補償とみなすことができるかどうかという問題に裁判所が立ち入ることができるかぎりにおいて，実際上は司法審査の対象となってきている。また，同様の事件において，裁判所は，公共目的のために財産を収用または接収しようとする法律が憲法第19条1項(f)号の要件をみたさなければならない，とも判示している。

改正法案は，前述の解釈に基づいて，国家政策の指導原則を実行する過程で生ずる困難を克服することを意図している。『補償』という言葉は，第31条2項から削除されるべきであり，『額』という言葉に置き換えられる。この額は，現金以外で与えることができることが明示される。また，第19条1項(f)号は，公共目的のための財産収用または接収に関する法律には適用されないことを定めることも提案された。

さらに，改正法案は，第31C条を新設することをも提案する。この第31C条は，ある法律が第39条(b)号および(c)号の定める国家政策の指導原則を実現するために制定され，そのための制限を含んでいる場合には，第14条，19条

第3章 インド憲法における「基本権」の保障と「国家政策の指導原則」

もしくは第31条が定める権利を剝奪しまたは制限するという理由で無効とみなされることはない，また，当該法律は，指導原則を実現するものとはいえないという理由で審査を受けたりすることはないと定めている。州議会によって制定された法律の場合には，当該法律案は，大統領の判断を経て，その認証を得ることが必要である。」

　この第25次改正（1972年4月20日施行）で新設された第31C条は，次のような内容・特徴を持っていた。①第39条(b)号，(c)号が規定する指導原則を実現するために制定された法律は，第14条，19条および第31条違反を理由として訴えられることはないことを明らかにした。このことは，結果として，農業改革に関する法律以外の法律にも第31A条の適用範囲を広げるという意味を持った。②議会が，ある法律を第39条(b)号，(c)号の規定する指導原則を実現するためのものだと宣言したときには，第31条に基づく免責があるか否かを裁判所の審査対象から排除するという点で，非常に徹底した性質を持っている。③第31条に基づいて州議会が制定する法律は，大統領の認証を必要とする。

　この②の内容は，後に紹介する1973年のケーサヴァナンダ事件判決において無効とされた。この箇所は，法案段階からすでに論議をよび，各方面から疑義が出ていた。例えば，法律委員会の第46次報告書は，この第25次改正案に対して，要旨次の二点の内容を含む勧告をおこなっていた。①現在起草されている第31C条の中で「第19条」とあるところは，「第19条1項(f)号および(g)号」と明示すべきである。②第31C条の本文後段は，削除すべきである。

　この憲法第25次改正で成立した第31C条の「また，これらの国家政策を実行するためのもの…」以下の箇所を無効と判示したのがケーサヴァナンダ事件判決である[54]。『基本権事件判決』ともよばれるこの判決は，基本権と指導原則との関係についての「大胆な命題を明らかにしたもの」と評価されている。この判決の要点は，次の五つに要約できよう[55]。

　① 指導原則と基本権との間に不調和は存在しない。なぜなら，この二つは憲法で謳われた社会革命の実現と福祉国家の確立という同一の目標を目指しているという点で，互いに補いあうものだからである。

　② 個人による基本権行使の条件でさえ，指導原則が実現されなければ，

また，実現されるまでは保障されたということはできない。

③　国が指導原則を実現していくことができるよう，国会はいずれかの基本権を制限する憲法改正をおこなう権限を与えられている。

④　裁判所は，憲法第36条で定義された「国」の一部であり，裁判手続は「国の行為」である。したがって，裁判所は指導原則の実現を保障し，指導原則に含まれた社会的目的を個人の権利と調和させるよう憲法を解釈する責任を有している。

⑤　憲法第37条は，第一次的には国会に向けられたものである。しかし，憲法または法令の隙間を解釈するために裁判官が立法に携わることができるというかぎりにおいて，裁判所もこの第37条に拘束される。

この判決の中で，マシュー裁判官は，次のように述べている[56]。

「…人間であるがゆえに，人間に本来固有のものとしての権利が存在すると考えられる。その権利を自然権とよぼうと他の名称でよぼうとそのことは重要ではない。憲法前文が示すように，自由と平等についての基本的人権を保障するために人民が憲法に盛り込んだのであり，これらの基本的人権はインド憲法の本質的な特質となっている。憲法は，政治的・社会的・経済的正義が人民に確保されるべきことをも定めている。それゆえ，憲法第四編が明記する道徳的権利も，インド憲法の本質的特質の一つである。その唯一の違いは，第四編が明記する道徳的権利は，国がその義務を履行しなかったときに市民が裁判所に訴えて個別的に実現させていくことができないことにある。しかしながら，その道徳的権利は，国内統治において基本的なものであり，裁判所を含むすべての国家機関がそれら指導原則を実行することを義務づけられている。基本権それ自体は，確固とした内容を持ってはいない。その大部分は，各世代が経験的観点から内容を吹きこんでいかなければならない『空の容器』である。憲法作成者によって明確化されていない状況の下では，これらの権利が制限，侵害，削減さらには廃棄されることすら必要となるかもしれない。その優越性，先順位性の主張は，第四編の定める道徳的主張によって歴史上のある段階で押しつぶされる可能性を有している。」

また，ベーグ裁判官は，次のように述べている[57]。

「……それぞれの基本権に対応する義務を国に課する市民個人の基本権と，指導原則との関係を明らかにしていく最善の方法は，流れる川がいきつく貯水池のように，その道の限界として基本権をとらえつつ，前文に謳われた同種の目的に向けて進んでいく過程で国が出会うものとして指導原則をとらえていくことであろう。それは，その道を使用しなければならない人の必要性に応じて，いずれかの部分を置き換え，交替させ，削減または拡大していくことによって改善・修正することのできるものである。」

(4) 第四期 (1977年から1980年)

1975年から1976年にかけておこなわれた憲法改正は，歴史的にも憲法的にも重要性を持っている。憲法第38次改正の特徴を端的にいえば，大統領権限の強化と裁判所の権限の制限であろう。新設された第356条1A項は，非常事態の布告中に，第三編が保障する基本権を制約することを可能ならしめるものであった。

また，1976年12月18日に施行された憲法第42次改正は，インド憲法制定以降なされてきたすべての改正の中で最も徹底したものだといわれており，憲法改正権の限界についても論議された。その改正の内容，特徴といわれるものの中で，基本権と指導原則との関係を論ずるのに必要と思われるもののみを以下に列挙する[58]。

① 国家政策の指導原則の充実——第39条(b)号および(c)号が明記する目的を実現するための立法と第14条，19条および第31条が保障する基本権との関係を明らかにし，基本権に対する指導原則の優位を強調しようとしている。

② 第31D条の新設——反国家的活動を制限，禁止するための法律について基本権の適用除外を定めたこの条項は，政府与党が反国家的活動とみなした活動をおこなう政治組織，文化団体あるいは労働組合などを非合法化する広範な権限を国に与えている。

③ 第32A条の新設——第32条に基づく請求において，州法の合憲性を審査する最高裁判所の権限を制約する条項である。

④ 第四編中の条項の新設——第39A条（平等な裁判と無料法律扶助），第43A条（工場の運営への労働者の参加）および第48A条（環境の保護，改善ならびに森林

および野生動物の保護）が新設された。

⑤　裁判所の管轄権の制限——第77条および第166条の改正などによって，州および連邦の行政に対する裁判所の管轄権が制限された。

⑥　第368条の改正——この条に4項および5項を追加することによって，第42次改正の前後を問わず，いかなる憲法改正も裁判所の審査をうけず，国会の憲法改正権に限界のないことが明記された。

憲法第14条，19条および第31条の保障する基本権が第四編の明記するすべての指導原則に従うものであるとする憲法改正は，インド憲法の性格を大きく変えた。すなわち，基本権と指導原則との関係を逆転させることを意味し，また基本権の性格を根本的に変えてしまいかねないものであった。

（5）　第五期（1980年以降）

ある織物会社が国有化法（Sick Textile Understanding (Nationalization) Act, 1974）の成立によって政府に接収されたことを契機に，関連法令の合憲性と1976年憲法改正の有効性について争ったのがミネルヴァ工場事件である[59]。この最高裁判決は，「第三編と第四編との相互関係について基本的な意義を持つ重要判決の一つ」と評価されており[60]，1976年憲法改正法第4条および同第55条の有効性につき判断が下された。この改正法第4条は，憲法第31C条中の「第39条(b)号または(c)号で明らかにされた原則」という部分を「第四編が定める原則のすべてまたはあるもの」という表現に置き換えようとするものであった。また，同第55条は，憲法第368条に4項（基本権を含めたいかなる憲法改正も裁判所の審査に服さないとする）および5項（国会の憲法改正権に限界がないとする）を追加しようとするものであった。最高裁は，それまでの判決をふまえ，次のように述べた[61]。

「憲法第42次改正法第4条（改正第31C条）は，国会の憲法改正権を超えている。同条は，インド憲法第四編の定めるいずれか，またはすべての指導原則の実現・確保に向けて国家政策を実効あらしめるためのものであるが，憲法第14条，19条の保障する権利に矛盾したり，そのいずれかを除去，侵害したという異議申立てを排除することによってインド憲法の基本的特徴を損ない，基本構造を破壊しようとするものであり，無効である。」

すなわち，憲法第31C条は，第14条および第19条の基本権を指導原則に服せしめようとするものであり認められない，と判示したのである。基本権と指導原則との関係については，次のように述べている[62]。

「インド憲法は，第三編と第四編とのバランスの上に築かれている。一方に対して他方に絶対的優位を与えることは，インド憲法の調和を破壊することにつながる。基本権と指導原則との間の，この調和とバランスは，インド憲法の基本構造の本質的特徴の一つである。」

また，バグワティ（Bhagwati）裁判官も，「社会革命への関与の核心は，基本権と指導原則の中にある。このことは，インド憲法の良心であり，G.オースチンによれば，両者が社会的・経済的革命のための大改革を実現し，社会的・経済的・政治的正義の実現という憲法の目的を現実のものとしていくにあたっての主要な手段とされている。」と述べている[63]。

最高裁は，この判決の中で，将来すべての法律が基本権と指導原則との間の調和をもたらすように制定，解釈されるべきことを明らかにしている。指導原則は，より一層重要な役割を演じることを裁判所からも要請されるにいたったのである。しかし，この判決は，第14条および第19条以外の条文に含まれた基本権については言及していない。他の条文に含まれた基本権と，指導原則を履行するための法律との間に衝突が生じ，調和的な解釈が不可能な場合には，基本権が指導原則に優位するとされる余地も残っているともいわれている。

この期では，憲法第42次改正により新設された第39A条（平等な裁判と無料法律扶助）に関する判例や，第38条（国民の福祉増進のための国による社会秩序の確保）および第39条（国の遵守すべき一定の政策原則）に関する判例のいくつかが注目される[64]。

2　「基本権」と「国家政策の指導原則」

（1）　基本権との区別

D.D.バスは，次の六つの点で，指導原則は基本権と区別されると述べる[65]。

①　指導原則は，裁判所に訴えて実現することのできないものであり，個

人のためにいかなる司法的権利をも創設するものではない。

②　指導原則は，立法により実現することが予定されており，指導原則が定める「政策」を実行する法律が存在しないかぎり，指導原則をふまえた実定法や法的権利が侵害されることは起こりえない。

③　指導原則それ自体は，権限を有する議会に立法権を付与したり，立法権を奪ったりするものではない。立法権は，憲法第7附則に挙げられた立法管轄事項表にその根拠を求めなければならない。

④　裁判所は，指導原則に違反しているということを理由として，法律を無効であると宣言することはできない。

⑤　裁判所は，政府に対して指導原則を実行するよう求める権限を有しないし，その目的のために立法をおこなうよう求める権限をも有しない。

⑥　指導原則を実現していくことは国の義務ではあるが，国による立法権および執行権の行使に対して憲法上課された制限に従うことが必要である。

この六点のそれぞれについて，判例および学説が必ずしも一致しているわけではない。シールヴァイは，これらの問題を明らかにしていくためには，次の五つの問題を考察する必要があるとする[66]。

①　基本権と指導原則とを考察していくとき，「基本的な」という表現と「義務である」という表現は，同じような意味を有していると考えてよいのか？

②　「義務」という表現のかわりに，「拘束力を有する」憲法上の「命令」と考えるならば，その地位は違ったものになるのか？

③　「基本権と指導原則とは互いに補足的なものであり，補いあうものである。」といわれるとき，それは何を意味しているのか？

④　国が指導原則を実行せず，または実行するための真摯な努力を怠ったとき，基本権は，その内容と意味を失うことになるのか？　かかる不作為の現実的結果は何なのか？

⑤　基本権は，国が指導原則を実施するための立法を妨げるのか？

シールヴァイは，この一つひとつに考察を加え，要旨次のような結論を導きだす[67]。

第3章 インド憲法における「基本権」の保障と「国家政策の指導原則」

① インド憲法は，最高法すなわち基本法である。したがって，この憲法に違反するすべての法律および処分は，無効となる。基本権は，この憲法の一部である。指導原則は，憲法の条文中に明記されてはいるが，基本法の一部ではない。なぜなら，指導原則は法とはいえないからである。指導原則に違反する処分は，無効とはならない。

② 指導原則は，道徳的性質にその効力を依拠している教育的価値を有しており，それが対象とする人の義務となるという意味を持つところの道徳的指針である。

③ 基本権を明文で保障しなかったとしたらその結果は悲惨なものとなるだろう。インドの自由民主主義は，1975年6月25日から1977年3月21日までの非常事態施行中に生じたような国家に変容してしまうにちがいない。この非常事態時の経験は，基本権がたんなる個人の権利であり，指導原則が公益に仕えるものであるといいきってしまうことができないことを示した。憲法第14条，19条，21条および第22条が定める基本権の停止は，公益に多大の影響を与えたからである。

④ 指導原則を明文で規定しなかったとしても，問題は何も生じないだろう。政府は，被治者の社会的・政治的・経済的福祉のために存在しているのであり，立法権と執行権がそれを可能にするからである。福祉国家は，イギリス，アメリカ合衆国およびカナダの例からも明らかなように，指導原則をその憲法中に明記しなくとも多くの国で実現している。

⑤ 基本権と指導原則とが車の両輪であり，一方が他方を無視するならばその効力は失われてしまう，という命題は誤りである。

⑥ 基本権は，個人の利己的な権利ではなく，社会的・政治的・経済的内容を有している。個人は，他人や国を傷つけずに基本権を行使する責任を有している。換言すれば，基本権は，その権利に課された法上の制限の範囲内で侵害されないということになる。

⑦ 基本権は，基本的人権およびその価値を保護するため，立法府および執行府の専制を基本権秩序に置き換えることによって，社会的・政治的・経済的革命を現実のものとしてきた。

⑧ 指導原則の明文化，その存在は社会的革命を実現することはできない。というのは，その効力は政府による実行に依存しているからである。指導原則相互間で衝突・対立するものもあり，衝突・対立したときの解決指針を，第四編は明記していない。さらに，指導原則の実現は，財政的・人的資源と技術に依存している。

⑨ 基本権と指導原則の法的地位は異なっているが，同じ憲法の一部とされているので，指導原則を実現するための法律を基本権に調和させようとする試みがなされてきた。指導原則を実現しようとする法律が，基本権を直接侵害するときにのみ争いが生じる。和解しがたい対立が生じたとき，基本権は指導原則を実現するための法律に優位しなければならない。なぜなら，かかる法律は憲法第13条2項により無効とされるからである。

これらの学説をふまえ，以下いくつかの論点にしぼって考察を加えてみたい。

（2）「基本的」という言葉の意味

憲法第三編が「基本」権を定め，第37条が指導原則を国家統治において「基本的」なものとして定めるとき，この二つの同じ言葉の意味が問題とされてきた。

ある見解によれば，「第三編における『基本』権とは，インド憲法の理念たる自由民主主義にとって根本的または基本的であることを意味する。……それゆえ，その本質的性格は，立法権を制限することによって，また，その制限に違反する法律を違反の限度において無効にし，……救済を最高裁にまで求めうるよう定めることによって保障されている」[68]。これに対して「第37条における『基本的』という言葉も，根本的あるいは本質的ということを意味している。しかし，それは達成のために努力すべきであるという国家目標にとってのものである。基本権は，法的制裁に支えられているのに対して，指導原則は政府に課された義務に委ねられている。このことは，基本権が国に課する義務が法的に実現しうる義務であるのに対して指導原則の課する義務が道徳的な義務であるという事実から理解される。」（下線引用者）

もちろん，インドは伝統的な「自由民主主義」ではなく「社会主義的」国

第3章　インド憲法における「基本権」の保障と「国家政策の指導原則」

家を目指すものとされているし，指導原則もたんなる努力目標とはいえない。しかし，前者が，それ自身，最高性・不可侵性を持つという意味で基本的であるといわれるのに比して，後者は，国家目標の中で「基本的」地位を占めるものといわれてきた。両者をこのようにとらえるとき，指導原則には，国家統治に責任を負うものの「義務」という側面が残らざるをえない（この「義務」の性質が問題となるのだが）。そして，この「義務」の不履行を国民が裁判上争いうる途は，一般的には与えられていない。第四編の中では，第47条のみが国の義務を明記している。国民に健康で文化的な最低限度の生活を保障し，それを向上させていくことが国の第一次的義務だとされているのである。しかし，第47条のみならず，指導原則を実行すべき国の義務は，とりわけ議会による立法に際して「基本的」重要性を持つものと考えられ，積極的な立法行為がおこなわれてきた。

　基本権は個人的な権利であり，指導原則は公共の福祉を意図するものであるという考えについては，この両者は対立するものではなく，基本権の保障こそが公共の福祉実現の最も有効な方法だと（インド憲法上）考えられている，という批判も成り立つ[69]。例えば，インド憲法の目的として憲法前文に謳われた，個人の尊厳と社会的平等を実現していくものとして不可触民制廃止（憲法第17条）が存在している。

　また，基本権から導き出された権利が，その性質からして本質的に「受動的」なものであるのに比して，指導原則は「能動的」な命題であるともいわれる。例えば，M.V.ピリー（M.V.Pylee）は，次のように述べる[70]。

　「国家政策の指導原則の真の重要性は，それが市民に対する国の積極的責務を含んでいることにある。何人もこれらの責務が重要でないということはできないし，その責務が履行されたとしてもインドの社会状況はあまり変化しないかもしれない。（しかし）指導原則は，その性質上革命的なものであり，しかも憲法上定めた方法で実現すべきものとされている。ここに，指導原則がインド憲法の不可欠の構成要素として定められた真の価値がある。指導原則によって，個人の自由をそこなうプロレタリア独裁および国民の経済的安定を阻害する資本家的寡占支配という両極端を免れることができる。」

この考えをおし進めると，基本権の内容を確定するうえで指導原則が制約原理として働くというのではなく，逆に，指導原則を実現するための法律を国は積極的に制定しなければならないが，その際に基本権を侵害しないような方法をとらなければならない，ということもできる[71]。この点については，次の判例が参考となる[72]。

　「(……指導原則が裁判に訴えることのできないものであるということは，)指導原則が基本権よりも重要でない，ということを意味するものではない。というのは，指導原則は，国の各機関を拘束しているからである。つまり，憲法および法律を解釈するにあたって，指導原則を適用することが国の義務となっていることを明らかにしている。基本権は，指導原則の視点で解釈されなければならない。また，指導原則は，可能なときには常に基本権を読みこまなければならない。」

　(3)　「互いに補足的なものである」ということの意味

　指導原則についての初期の見解を，V.S.デシュパンデ（V.S.Deshpande）は，次の三つに大別している[73]。

　①　指導原則は，本来成文憲法上に占めるべき位置のないものであり，たんなる政治的宣言にすぎないとする見解

　②　指導原則が憲法上の地位を持つべきことを了承するが，何ら実効的な保障がなされないものであるとする見解

　③　前二者の折衷説とでもいうべきものであり，指導原則は勧告的性格を持っており，裁判に訴えて実現することのできないものではあるが，国家統治上重要な目的に仕えるものだとする見解

　そもそも，指導原則が伝統的なイギリス法の考え方からして「法」とよべるものかどうかについて論議されてきたが，「法」というものをどう概念規定するのかという問題が前提となるので，そこにとどまっていては論議は不毛なものになってしまう。問題は，あくまで指導原則がどのような性格を有するものなのか，ということなのであり，かかる視点からの両者の比較・考察が意味と意義を持ってくるといえるであろう。

　前述した第一期にほぼ対応する初期の学説をみると，憲法制定議会での論

議をうけ，指導原則の法的性格を論ずるにあたっては，憲法第37条の存在が非常にウエイトを持っている[74]。指導原則と基本権とが衝突した場合に，基本権が裁判所で優位することは明らかであるとされ，基本権の範囲を決定するに際して，指導原則との調和的解決をはかるべきだと考えられるようになっていく。しかし，後になって明らかにされていくように，「両者の衝突」ということをもう少し厳格に考えてみる必要がある。すなわち，裁判所で問題となるのは，指導原則を実現しようとする法律と基本権との衝突である。したがって，その法律が基本権に対する合理的制限を課するものとして認められるかどうかを判断するにあたって，その法律の前提となっている指導原則の目的が検討されるという形をとる。すなわち，国家政策の指導原則には，ある一定の目的・指針が見出される。したがって，裁判所は，審理の対象が主観的なものであり，問題となっている「制約」が合理的で相当なものか否か，またはその目的が正当で公の性質を有するものか否かを判断しなければならないとき，指導原則の実効性に基づいて，当該法律の合憲性を判断してきた[75]。

それゆえ，裁判所のアプローチの仕方をそのまま採用して，指導原則それ自体と基本権との間の問題が解決されたとしてしまうわけにはいかない。問題は，指導原則と基本権とが憲法上どのような地位を与えられ，どのような性格を持つものとされているのかということである。この意味で，憲法第13条の存在は大きい。のちに，第31C条の改正問題が激しく論ぜられた所以でもあろう。

憲法が最高法規であるということは，それに反する法令を無効にすることを意味する。基本権について第13条1項，2項は，このことを明示する。さらに第32条は，その実効性をも保障している。これに対して，指導原則は，この最高法規たる要件を欠いており，最高法規としての性格を持たないとすらいわれる場合もある。この立場からすれば，あくまでも指導原則が基本権にとって補足的なものであり，その逆をいうためには別の明確な根拠が必要になってくる。このように考えれば，基本権と指導原則との可能なかぎりの調和的解釈を試みなければならないが，直接的対立があると判断されれば，

基本権が優位するという結論が導き出されるのは、当然のこととされるだろう。

　法的に、より厳密にいえば、対立というのは、基本権と指導原則との対立ではなく、指導原則実現のために制定された法律と基本権との間にのみ存在しうるとも考えられる。いかなる法律も、第13条に基づく判断に服し、制定法上の権利は憲法上の基本権に優位することはない。あくまでも、基本権を制限する合理性の判断などが求められるとき、または当該法律の公共目的（公益性）を検討するにあたって、指導原則が参照されるにすぎない。この例外として、すなわち、第14条、19条および第31条が保障する基本権に優位する地位を第39条(b)号、(c)号の指導原則に与えるものとして第31C条が成立した。この第31C条の効力については、先に紹介した「基本権事件」などで争われたところである。第31C条を、第39条の指導原則のみならず、第四編が定める指導原則の全部に優位を与えるための根拠条文にするための改正も試みられた。基本権のすべてではなく、第14条と第19条に限定されているとはいえ、基本権に対する指導原則の優位を明記することは、積極的に評価される一面があることは否定できないが、憲法成立時の一般的考え方を大きく変えていくものであり、憲法の「基本構造」を変えようとするものだとの根強い批判があるところである。

（4）　社会的・政治的・経済的意義

　基本権の保障がインド憲法中になかったとしたら、インドは常時的「緊急」国家になっていただろう、とはよくいわれるところである。これに対して、「そもそも憲法上、指導原則が明記されていなかった場合はどうか……。憲法前文に政治的・経済的・社会的正義の実現が謳われているがゆえに、この理念実現のために法律が制定されていけばよく、第四編の明記する指導原則は幾分か具体的であるとはいえ、それがなければ、理念が実現されないわけではない。」[76]とする見解が出されてきた。つまり、指導原則を持たない多くの国々においても、インド憲法が目的としている「社会的福祉国家」は実現されてきているし、実現しうるのではないか、という見解である。

　憲法制定にあたって、指導原則の厳密な法的側面よりも、その社会的・政

治的意義——福祉国家の理念，が主たる関心となっていたことは確かであろう。憲法が目指したこの社会秩序の建設を重視すれば，解釈論としても，「正義の社会秩序を建設するにあたっては，基本権が指導原則に従属すべきだということは，時として命令的（imperative）ですらある。」[77]という見解も導き出される。指導原則は，理念を明らかにしている。「これらの目標は，その性質において主として社会的・経済的なものであり，社会的弱者，不利益を受けている人々のために特別の配慮を払い，共通善のためにインドの資源を使うことの必要性を強調している」のである[78]。

指導原則が動的なものであり，基本権が静的なものであるとする考えも，指導原則の積極的側面を強調するものである[79]。もちろん，基本権とて憲法前文の目的実現に向けた継続的作用を営むものであり，厳密な意味において指導原則を基本権と対比して「動的な」ものだといいきってしまうことはできない（Seervai [1984] p.1587.）。が，指導原則の特徴を端的に表現していることも事実である。指導原則をこのように，目的実現に向けての能動的・積極的動きととらえる見解は，すでに1950年代にネルーが強調している（Kuber [1973] p.132.）[80]。彼は，次のように述べていた。

「国家政策の指導原則は，ある特定の目的に向かってのダイナミックな動きを明らかにしている。基本権は，現に在る特定の権利を維持するためのスタティックなものを示している。しかし，いずれにしても，ダイナミックな動きとスタティックな状態とは互いに全く一致するわけではない。」

このような対比に力点を置くのは，ヘグデである。彼は，次のように述べる[81]。

「基本権の目的は，社会による威圧又は拘束からすべての市民を解き放ち，万人が自由を享受しうる人類平等の社会をつくりだすことである。（一方）指導原則の目的は，非暴力的な社会革命を実現することによって，一定の社会的・経済的目的の達成を現実のものとしていくことである。かかる社会革命によって，インド憲法は，人間の基本的要求をみたし，インド社会の構造を変えていくことを意図している。」

そして，彼は，憲法第三編を主として「不作為」，第四編を「作為」規定

とみる[82]。

　「一般的に，第三編によれば，国は一定の行為をおこなわないことを求められる。第四編によれば，一定の行為をおこなうことを求められる。これらの作為および不作為は，一つの有機的まとまりを構成している。例えば，憲法第14条から第18条は，市民に法律の前の平等と法律の平等な保護を保障している。そして，第38条と第39条は，現実に平等たりうる条件をつくりだすことを国に命じているのである。……」

　指導原則の社会的・経済的意味がそれぞれの国において，具体化され充実されていくとき，その「権利」性（権利の内容，その主体，対象）が問題とされつつも，国民の自由と生存を確保し，その向上に資する憲法規範として意味を増していくだろう。

IV　人権の裁判的保障——社会活動訴訟の展開

　1980年のミネルヴァ工場事件判決で，バグワティ裁判官は，「社会改革への関与の核心は，基本権と指導原則の中にある。これは，インド憲法の良心ともいえる。」[83]と述べている。1980年代以降は，最高裁による「社会活動訴訟」の開始・展開の時期でもある。最高裁は，国会の立法に対する消極的・受動的対応——つまり，争いとなった法令の合憲・違憲性の判断にとどまるのではなく，憲法前文，基本権，そして指導原則が示す憲法理念をインド社会においてどのように実現していくべきなのかについて，最高裁が果たすべき役割を自覚してきた。最高裁のこのような態度変更，判例変更の背景としては，日常的な人権侵害・抑圧状況を調査・告発する各種の社会活動グループの活動，マス・メディアの関心の高まり，司法の民衆主義の必要性に深い関わりを持ち続けてきたクリシュナ・アイヤール（V.R.Krishna Iyer）裁判官やバグワティ裁判官の最高裁入りの影響も大きかったことはもちろんであるが，憲法制定直後からの国会・内閣と最高裁との論争（憲法改正権の限界と違憲審査権の範囲をめぐる争いなど）の歴史が大きな意味を持っていたことも忘れてはならないであろう。

第3章　インド憲法における「基本権」の保障と「国家政策の指導原則」

1　社会活動訴訟とは何か

　インド最高裁は，指導原則に基づく国会の積極的な立法に対して，基本権を援用してその立法の違憲性を判断するのではなく，具体的にどのような形でインド国民に基本的人権を保障し，救済措置を命じていくのかを模索しはじめた。最高裁の出した一つの解答が，ここで紹介する社会活動訴訟（Social Action Litigation——SAL）である。最高裁は，この訴訟に積極的に取り組むことによって，はじめてインド人のための最高裁になった（Baxi [2000]）。この社会活動訴訟の展開には，憲法前文と指導原則の基本的な位置づけの再解釈が大きな意味を持ち，基本権の個別条項がその根拠となった。

　公式用語としては，この訴訟について公益訴訟（Public Interest Litigation ——PIL）という名称を用いる場合が多い。しかし，アメリカ合衆国における公益訴訟が，多くは政府の政策形成にかかわる国民の参加に関するものであるのに対して，インドでは国家の不法行為からの救済や基本的人権の重大な侵害行為を問題とするものであることから，いわゆるクラス・アクションや公共訴訟と区別するために，U.バクシなどの提唱によってSALとよばれることが多い。なお，SALは，形式的には，ほとんどの場合，最高裁および高裁の令状管轄権（writ jurisdiction）の範囲内で扱われる訴訟をいう[84]。

　したがって，裁判所が令状発給権を有しているところでは，このようなSAL展開の憲法上の前提が存在すると，一応はいうことができる。南アジア以外でも，例えばシンガポールの高等法院は，各種の令状（writ）を発する権限を有しており，この権限によって人権とくに基本的自由を保障する役割を果たしているとの評価もある。また，フィリピン最高裁は，令状訴訟の第一審管轄権を持つとされているし，マレーシア上位裁判所は，人身保護令状の発給権を持っている。しかし，今のところいずれもインドのSALのような積極的役割を果たしているとはいえないようである。

2　社会活動訴訟の開始およびその展開

（1）　社会活動訴訟のはじまり

　SALの考え方は，1976年の最高裁判決の中で，クリシュナ・アイヤール

裁判官によってはじめて述べられた[85]。その後，同裁判官は，一連の最高裁判決の中で，この考え方を述べ続けてきた。1981年の判決では，Y.V.チャーンドラチャド（Y.V.Chandrachud）長官もこの立場を支持し，賛同する裁判官も広がりをみせた[86]。しかし，最高裁がSALを全面的に展開するようになったのは，バグワティ裁判官がこのSALに前向きになってからである。バグワティ裁判官の書いた1982年のグプタ事件判決は[87]，SALの射程と原告適格の問題についての先例となった。なお，バグワティは，チャーンドラチャドの後を受けて最高裁長官となった（1980年代の社会活動訴訟については，稲［1993］を参照）。

（2）　社会活動訴訟の展開

1985年8月，バグワティ最高裁長官は，最高裁にPIL審査室を設けた。この審査室では，SALを扱うためとくに選任されたスタッフが書簡による申立てをSALの申請とみなすべきか否かを体系的に選別し，SALの申請とみなすべきだと判断したすべての書簡を最高裁裁判官に送付することになった。PIL審査室からまわされた書簡を受理するこの最高裁裁判官は，SALを審査するために最高裁長官によって指名された裁判官であり，この裁判官が，SALを受理して，審理すべきか否かを最終的に判断する権限を持っている[88]。

（3）　社会活動訴訟の範囲と手続の整備

バグワティ最高裁長官は，1986年12月21日に退官した。しかし，1987年には，最高裁に9000件以上もの請求が係属していたといわれており，迅速な処理と一定の取扱い指針（ガイドライン）を制定することが急務となってきた。そこで，約10年間の，主として1980年代の経験をふまえ，最高裁は，1988年12月1日，SALについてのガイドラインをまとめた。このガイドラインは，要旨次のようなものである。

まず，SALとして扱うことができる10のテーマを挙げている。すなわち，①隷属的労働（bonded Labour），②子ども虐待，③労働者への最低賃金未払い，季節労働者への搾取および労働法令違反の申立てなど（個別的な事件を除く），④刑務所内での虐待を理由とする早期釈放の申立て，基本権としての迅速な裁判の申立てなど，⑤警察官による暴行，虐待などの申立て，⑥女性，

花嫁などに対する暴行，誘拐などの申立て，⑦SC/STおよび経済的後進階級に対する隣人，警察官などからの嫌がらせについての申立て，⑧環境汚染，生態系破壊などに対する申立て，⑨暴動の犠牲者からの申立て，そして⑩家族年金，である。

　次に，PIL審査室が受け付けた書簡による申立ては，まずPIL審査室が審査するものとし，10のテーマのいずれかの範疇に入ると判断したものを裁判官（最高裁長官によって指名された裁判官）に送付する。この裁判官によって，法廷で審理するか否かが決定される。最高裁での審理は，1名の裁判官によってなされるが，審理内容・日程によっては，2名ないし3名に増員されることもある，とした。さらに，このガイドラインは，SALとして扱うことのできないテーマを五つ例示する（例えば，土地貸借をめぐる争い，学校への入学など）。

　1991年1月1日，全インド裁判長会議で，貧困者，被抑圧者および経済的または身体的なハンディを持っている人々が裁判的救済を求めることができるよう，各高裁にもPIL審査室を設置する旨の決議がおこなわれた。この決議は，公式になされたものではなかったが，その後いくつかの高裁（マハーラーシュトラなどの八つの州高裁）がこの決議に基づいてPIL審査室を設置した。

　SALは，社会活動グループなどが，被害を受けている個人，グループに代わって最高裁へ書簡を出し，最高裁が「虐げられた人々，途方にくれている人々の最後の頼みの綱」として，それを令状請求訴訟とみなして審理するものである。したがって，裁判所に伝統的な裁量の余地が広く認められる令状訴訟だとしても，従来の訴訟法構造からすればクリアーしなければならない多くの問題をかかえ込むことになる。

　まず，当事者適格（原告適格）と裁判を受ける権利の問題がある。当事者適格を狭く解すれば，当然の結果として裁判を受ける権利が制約されよう。当事者適格を広く解すれば，裁判を受ける権利は広い根拠を持つことになる（Chander,S.［1995］p.227.）。原告適格の問題について，最高裁は，憲法第32条は，本人が基本権侵害を争うことのできない場合，例えば貧困または社会的に著しく不利益な立場にいるために，自らは裁判所に訴える手段を持たな

い場合には，善意を持って行動する社会の一員，換言すれば，社会正義の実現を求めて善意のうちに行動する者（クリシュナ・アイヤール裁判官の言葉を借りれば，「真の公共心を持つ人によって提起されたときにのみ，裁判権は発動する」ことになる。）が，自らは裁判所に訴えることができない人々の主張を支持し，それらの人々に代わって裁判所に権利の実現・救済を求めて訴えることを認める規定であると解釈した。もちろん，この種の原告適格緩和論に対しては，濫訴の弊害，訴訟の洪水を懸念する論議もある。

　また，裁判では，対審手続をとらないかぎり正義は達成されない，という考え方に対しては，とりわけ当事者間に著しい不均衡が存在しているところでは，逆に不正義を正当化する論理になりかねない，と最高裁は考えた。そして，基本権実現のために新しい裁判権が要請されているところでは，独自の新しい手続を採用し，基本権をたんなる幻想に終わらせないようにする工夫が必要であるとしたのである。つまり，最高裁は，客観的な第三者として審理を進めるのではなく，調査特別委員をその都度任命したり，その報告書を証拠として採用することなどによる事実認定，さらには，法律扶助組織の援助をとりつけたり，弁護士のついていない事件では，法廷助言者として弁護士を任命したりしてきた。また，請求人が十分な資料を提出できないときには，新聞記事などが申立ての証拠として認められ，争いのある事実を確定するための措置を裁判所の側でとることなどをおこなってきた。

　この訴訟の結論，とりわけ政府機関に対して一定の措置をとることを求める「指令（direction）」という形の判決の実効性についても，困難な問題がある。政府機関などに必要な措置をとることを求める判決，あるいは民間業者などが具体的措置をとったかどうかを政府が確認することを求める判決の実効性は，最終的には政府の姿勢にかかっており，その実効性は，政府の協力の程度にかかっている。つまり，施策の実行を強制する権限は最高裁にはない。したがって，虐げられた人々を持続的にフォローする立場にない，あるいはそうできない裁判所が，履行できない重荷を負うことになってしまうとする批判もある（パーマナンド・シンなどによるもの）。しかし，バグワティ裁判官は，「われわれの民主主義が参加型の民主主義であることを望むなら，法

は正義を語るだけではなく，正義を与えることが必要である。」と述べ，「裁判所に対して申し立てられた不正義につき，……法的というよりは，むしろ道義的・説得的にその是正を要請するプロセス」としてSALがあるという立場を明らかにしている。

(4) 社会活動訴訟の実例

それでは，どのような事例でSALが展開してきたのだろうか[89]。1990年代のはじめ頃には，SALの意味と意義についての疑問もかなり出されていたようであるが，1990年代半ばの1994年から1996年にかけては，SALを通じての司法積極主義が復活し，管轄権の柔軟なとらえ方によって，当事者が裁判に容易にアクセスできること，裁判所が処理する事件の範囲が広がり，SALが裁判所の基本的な作用の一つとなり，このことによって，最高裁は執行部門への効果的な統制をおこないうる代表的な機関へと変貌したといわれている。同時に，SALの重点も環境訴訟など，「虐げられた人々」の救済を超えた，いわゆる客観訴訟化の傾向を強く帯びるようになっている。ここでは，この環境問題にかかわるものを三つ紹介しておきたい。

(a) タージ・マハール汚染事件　周辺環境の悪化，大気汚染によってタージ・マハールが汚染，腐食しつつあることが，かなり以前から問題となっており，すでに1984年，マトゥーラ精油所の操業による汚染の危険性について，M.C.メータ（M.C.Mehta）が令状請求訴訟（13381号）を提起していた。1996年，裁判所は，汚染監視委員会およびウッタル・プラデーシュ州政府に対して，有害で危険な工場および工場地域の改善のための措置をとることを求める一連の命令を出した[90]。

(b) イドガー食肉処理場事件　首都デリーの重大な環境汚染をイドガー食肉処理場がおこなっているとして，マネカ・ガンディー（Muneka Gandhi）は，同処理場の作業内容の調査を求めるSALをデリー高裁に提起した。デリー高裁は，法律家からなる委員会を任命し，その調査と報告書を求めた。委員会の調査によって，この処理場は処理能力をはるかに超える処理作業をおこない，処理場内には異臭を放つ残留物があふれていることも判明した。また，適切な検査，飲料水の基準もなかった。1994年，デリー高裁は，この

処理場の閉鎖を命じ，操業再開の条件を示した。上告審において，最高裁は，デリー高裁は問題を一面的に扱ったにすぎず，この処理場の閉鎖が数千人の労働者の生活と首都デリー市民の食生活などを考慮に入れていないと判示した。そして，前高裁裁判官を委員長とする委員会に，市民の需要に応じた大量の処理作業ができる機能的な施設建設を検討するように求めた。差戻審で，デリー高裁は以前と同様の判断を示したが，最高裁は，処理場閉鎖の時期に6月の猶予を与えた[91]。

　(c)　森林保全事件　　一定地域のすべての森林を保全し，環境および生態系を守るべきだとするSALに対し，最高裁は，その問題を判断するにあたっては，①それがいくつかの州にまたがる問題であること，②森林労働者の生活賃金を保障しなければならないこと，そして，③トライブ（部族民）を含む地域住民の生活形態・生活保障の問題を同時に解決するものでなければならないこと，を挙げた。国立公園などに指定して環境を保全することも重要ではあるが，同時にトライブなどの生活の糧を奪うことにならないよう配慮すべきだとしたのである[92]。

3　「裁判を受ける権利」の現実的行使の可能性

　「人権保障の砦としての司法府」という表現がつかわれることがある。人権保障において司法府が果たす役割とその機能を絶対化することは避けなければならないが，文化，政治そして経済状況を異にする国々で司法府がどのような条件と手続によって人権保障に積極的な役割を果たしうるのかを考える必要があろう（大沼［1998］200頁）。裁判所がかくあるべきだというこの規範命題が，現実に機能する理論と条件を考察することは，たんにアジア（インド）の問題ではなく，きわめて日本的な課題でもあると思われる。民主主義が選挙（投票）に参加するものだけの民主主義ではなく，また，基本的人権の主体が「裁判を受ける権利」を現実に行使しうるものだけではないことも当然だからである。

　インドにおけるSALは，「法曹革命」ともよばれるように，一定の社会層のリーダーシップによって展開されてきた。このこと自体の積極的意味を否

第3章　インド憲法における「基本権」の保障と「国家政策の指導原則」

定することはできないし，インドにおいてこの訴訟の果たしている役割は大きい。とりわけ，「他の統治機関が正統性の危機に直面している時代にあって，最高裁は国民の中における支持基盤と道徳的権威を増大させて」[93]きたということもできよう。しかし，それがたんなるパターナリスティックなものに終わらないための条件も考察しておく必要があるだろう。例えば，隷属的労働者の場合，「自由よりもパン」という切実な要求から，SALでたとえ「勝訴」したとしても以前と同じような労働環境に戻らざるをえないことも多い。これに対して，SALは対応できていない。また，SALのきっかけとなる書簡は，憲法の規定からすれば英語またはヒンディー語で書かれていなければならない。ところが，識字率の高いケーララ州などはヒンディー語圏ではない。いわゆるヒンディー・ベルトの識字率は非常に低い。ヒンディー語人口は，インド全人口の半数にもみたないのである。SALの限界を示す一つの事例であるが，このことは法曹の果たすべき役割を示す例でもある。

「上からの」制度構築ではなく，国民が自らの生活に根ざしたところから権利を実現していくシステムとして，例えばインドではパンチャーヤト，フィリピンではバランガイというものがあったといわれており，これらの名をとった制度が近年制度化されつつある（浅野［1997］）。身近な紛争処理にかかわる広い意味での裁判機構が，SALにみられるような「上からの」裁判所の役割変化と相まって機能していくときに，はじめて「裁判所」が人権保障の砦としての役割を果たすシステムが働いていると評価しうるのではないだろうか。すなわち，そこでの国民（市民・住民）を，主体としてのたんなる個人ととらえるのではなく，立場や権利において不平等であるがゆえに「能力」において格差を持ちながらも，それぞれが国家や社会に働きかけ，変革の主体ともなりうる存在（＝エージェンシー）と構成していくことなどが手がかりになると思われる。

V　むすびにかえて

最近の憲法改革論議の中でも，「国家政策の指導原則」を充実させようと

の姿勢が明確である。そこで充実されようとしている指導原則の内容は，憲法制定当時のものの量的拡大ではなく，憲法的位置づけ，その憲法的性格を一新したものといってもよい。憲法制定当時のインド憲法における「国家政策の指導原則」は，イギリス法的伝統からすれば，「権利」――裁判所に訴えて実現していくことのできるもの，とよぶことができないものとされていたが，「基本権」を保障しつつ，国に積極的な義務を課するものとされた。国の不作為が，たんなる政治責任の問題でなく，憲法上どのような「法的」意味を有しているのかを明らかにしていくことが求められている。本文中にも述べたように，最近の憲法典には，基本権，指導原則にとどまらず，「発展への権利」なども保障されはじめている。このような中で，従来の「人権」と「発展への権利」の橋渡し役としての「指導原則」の役割が明らかになり，その位置づけも可能になってくるのではないだろうか。このことは，「人権」の普遍性を再確認することでもあり，例えば，「人間であることの権利（Right to be Human）」として構成しようとする試みは，「人権概念を近代西欧法の枠組みから解放することにより，第三世界の抱える貧困，差別の暴力という不正に対する対抗原理にまで拡大しようとする努力とみることができる」（安田［1994］124頁）。そのような考察をふまえることによって，同時に，個人の自由，尊厳を再確認する「自由」の不可侵性，不可譲渡性の視点もより明確に浮かび上がってくるのではないかと思われる。

　インド憲法は，「マイノリティの権利」を保障していることでも知られている。本章で提示した「基本権」と「指導原則」との対比・検討というアプローチに加え，この両者のそれぞれの中で明記されている「マイノリティの権利」を考察することによって（本書第Ⅰ章は，その試みの一つである），現代人権論への一つの視座が与えられるのではないだろうか。

1) イギリス法の伝統的理解からすれば，「権利」とは，「enforceable」あるいは「justiciable」なものでなければならない。本文では，この言葉を「裁判に訴えて実現することのできるもの」，「司法的なもの」というように表現する。また，「not be enforceable」とか「non-justiciable」については，「裁判に訴えて実現することので

第3章 インド憲法における「基本権」の保障と「国家政策の指導原則」

きないもの」、「非司法的なもの」というように表現する。
2) 安田信之「1937年エール（アイルランド）憲法『社会政策の指導原則』に関する覚書」名古屋大学大学院国際開発研究科『開発・文化叢書5』1頁（1994年）、下條芳明「アジア諸国憲法における『国家政策の指導原則』」九州産業大学産業経営研究所報第33号33頁（2001年）。
3) フィリピン憲法については，阿部照哉・畑博行編『世界の憲法集〔第二版〕』（有信堂，1998年）285頁以下参照。また，「発展への権利」については，田畑茂二郎『国際化時代の人権問題』287頁以下（岩波書店，1988年），斉藤惠彦『世界人権宣言と現代』194頁以下（有信堂，1984年）など参照。
4) The Nehru Report, August 1928, in: Rao [1966] vol. I ,p.58.
5) Constitutional Proposals of the Sapru Committee, December 1945, in: *Ibid.*,p. 151.
6) K.S.Hegde, "Directive Principles of State Policy in the Constitution of India", in: Grover [1989] p.99.
7) Outlines of a New Constitution by B.N.Rau, January 1946, in: Rao [1966] p.157.
8) Gwyer/Appadorai [1957] p.252.
9) The Objectives Resolution, January 1947, in: Rao [1966] vol. II,p.3; Banerjee [1965] vol. IV,p.275.
10) Notes on Fundamental Rights by B.N.Rau, September 2, 1946, in:Rao [1966] vol II,p.21.
11) Munshi's Note and Draft Articles on Fundamental Rights, March 17, 1947, in: *Ibid.*, p.69.
12) A Note on Fundamental Rights by Alladi Krishnaswami Ayyar, March 14, 1947, in: *Ibid.*,p.67.
13) Draft Report of the Sub-Committee, April 3, 1947, in: *Ibid.*,p.137.
14) Rajkumari Amrit Kaur's Letter to B.N.Rau, March 31, 1947, in: *Ibid.*,p.146.
15) Minutes of Dissent to the Draft Report, in: *Ibid.*,p.161.
16) K.T.Shah's Comments on the Draft Report, April 10, 1947, in: *Ibid.*,p.153.
17) *Ibid.*,p.168.
18) Report of the Sub-Committee on Fundamental Rights, in: *Ibid.*,p.169.
19) 現在の時点から、このときのシャーの見解を振りかえり、ピリーは、次のように述べている。「K.T.シャーが今日生きていたら、『これらの指導原則は、銀行の資金が許すかぎりでのみ銀行が支払う手形のようなものだ』という憲法制定議会での意見を変えるにちがいない。」（Pylee [1984] p.248.)
20) Minutes of Dissent to the Report, April 17-20, 1947, in: Rao [1966] vol. II,p. 176.

21) Advisory Committee Proceedings, April21-22, 1947, in: *Ibid.*,p.210.; Interim Report of the Advisory Committee on Fundamental Rights, April 23, 1947, in: *Ibid.*,p.294.
22) Supplementary Report of the Advisory Committee on the Subject of the Fundamental Rights, August 25, 1947, in: *Ibid.*,p.304.
23) Draft Constitution prepared by the Constitutional Advisor, October 1947, in: Rao [1968] vol.Ⅲ,p.4.
24) Report by the Constitutional Advisor on his visit to USA, Canada, Ireland and England, in: *Ibid.*,pp.217, 226.
25) Minutes of the Meetings of the Drafting Committee, August 1947- February 1948, in: *Ibid.*,p.215.
26) *Ibid.*,p.325.
27) シャーストラについては，山崎利男「イギリス支配とヒンドゥー法」(『世界史への問い (第7巻) 権威と権力』275頁以下 (岩波書店, 1990年)) 参照。
28) Comments and Suggestion on the Draft Constitution, in: Rao [1966] vol.Ⅳ,p.55.
29) C.A.D.vol.Ⅶ,p.41.;Rodrigues [2002] p.489-.
30) *Ibid.*,pp.494-5.
31) *Ibid.*,p.476.
32) *Ibid.*,pp.38-9.
33) *Ibid.*,pp.532, 535-6.
34) *Ibid.*,pp.498-9, 555-6, 567-8.
35) *Ibid.*,pp.568-81.
36) *Ibid.*,pp.582-93.
37) *Ibid.*,pp.540-52.
38) R.Dhavan, "Republic of India――The Constitution as the Situs of Struggle: India's Constitution Forty Years on――", in: Beer [1989] p.181.; C.Rajashekhar, *Social Revolution and the Indian Constitution*, 1993.
39) J.R.Siwach, *Dynamics of Indian Government and Politics*, 1990,p.88,Sterling, New Delhi,1990.
40) Seervai [1984] p.1578.
41) *Madras v. Champakam Dorairajan*, (1951) SCR 525.
42) Mehta [1990] p.709.
43) *Mohd. Hanif Quareshi v. State of Bihar*, (1959) SCR 629.
44) *In re Kerala Education Bill*, 1957, (1959) SCR 995.
45) Seervai [1984] p.1583; S.T.L.Venkatarama Aiyar, *The Evolution of the In-*

dian Constitution, 1970, p.112.
46) Deep Chand v. State of U.P., (1959) Supp. (2) SCR 8.
47) I.C.Golak Nath v. Punjab, AIR 1967 SC 1643.
48) Sankari Prasad Singh Doe v. Union, AIR 1951 SC 458; Sajjan Singh v. Rajasthan, AIR 1965 SC 845.
49) J.R.Siwach, op.cit.,p.92.
50) Chandra Bhavan v. Mysore, (1970) 2 SCR 600; AIR 1968 Mys. 156,161.
51) ただ，シールヴァイは，この高裁判決を注意深く読めば，憲法第19条1項(g)号の規定については，問題とされていないことが明らかになると述べている。というのは，すでにBijay Cotton Mills Ltd. v. Ajmer事件判決（1955年）において，1948年最低賃金法は，公益上の見地から合理的な制約を課するものであると判示されていたからである（Seervai [1984] p.1581.）。
52) Seervai [1984] p.1582.
53) Mehta [1990] p.777.
54) Kesavananda Bharati v. State of Kerala, (1973) Supp.SCR 1.
55) Basu [1977] p.139.
56) (1973) Supp.SCR 766, 880-1.
57) Ibid., at 862, 901-3.
58) Mehta [1990] p.825.
59) Minerva Mills Ltd. v. Union of India, (1981) 1 SCR 206.
60) Seervai [1984] p.1623.
61) (1981) 1 SCR 235,249.
62) Ibid., at 236-7.憲法改正権の限界について，およびインド憲法の基本構造とは何かについて，Hari Chand, The Amending Process in the Indian Constitution, 1972, p.104; H.M.Seervai, The Emergency,Future Safeguards and the Habeas Corpus Case: A Criticism, 1978, p.130; S.P.Sathe,'Limitations on Constituional Amendment: "Basic Structure" Principle Re-examined', in: Dhavan/Jacob [1978] p.179; K.M.Pillai, "Amendability of Fundamental Rights under the Constitution of India", in: Dhavan/Jacob [1978] p.192.
63) 「良心」という言葉は，通常の用法では「道徳的意味での正，不正」を意味するから，基本権および指導原則の憲法上の性質を明らかにするのには役に立たず，このような情緒的言葉は，法的考察には「有害」であるとも批判される（Seervai [1984] p.1643.）。
64) 第39A条に関する判例として，Rajan v. Union of India, AIR 1983 SC 624; Sheela Barse v. State of Maharashtra, AIR 1983 SC 378.第38条に関する判例として，M. Asgha v. Union of India, AIR 1987 SC 165; Jaipal v. State of Haryyana, AIR 1988

SC 1504.などがある。その他，1980年代以降の判例については，Mehta [1990] p. 219.
65) Basu [1988] p.268.その他，国家政策の指導原則については，S.Hasan, *Supreme Court: Fundamental Rights and Directive Principles,* Deep&Deep, New Delhi, 1984; M.P.Dubey, "Directive Principles and the Supreme Court under the Indian Constitution", in: Grober [1997] vol.9, p.361.など参照。
66) Seervai [1984] p.1601.
67) *Ibid.*,p.1621.
68) *Ibid.*,p.1601.
69) 「基本権は，『公益上』制限される。制限の目的が指導原則の実現にあるならば，そこに『公益』が存在すると考えられよう。」(G.W.Keeton (ed.), *The British Commonwealth, vol.*6, *The Republic of India,* 1964,p.206.)
70) Pylee [1984] p.249.
71) Tope [1982] p.250.
72) *Akhil Bharatiya Soshit K.Sangh v. Union of India,* (1981) 2 SCR 185.
73) V.S.Deshpande, "Constitutional Law (Political and Civil Rights)", in: J. Minattur (ed.), *The Indian Legal System,* 1978, p.18.
74) M.C.Setalvad, *The Indian Constitution 1950-1965,* 1967,p.31; Basu [1965] p. 310; AIR Commentaries, *The Constitution of India,* vol.II, 1970, p.717.
75) 例えば，次のような例が挙げられる。一部繰り返しになるが，まとめてみる。①第43条は，1948年最低賃金法に基づいて課された合理的な制限を定める根拠となる (*Biyay Cotton Mills Ltd. v. State of Ajmer,* AIR 1955 SC 33.)。②第48条は，牛解体処理禁止などに関する法律の合憲性を決定するために援用される (*Mohd. Hanif Quareshi v. State of Bihar,* (1959) SCR 629.)。③第39条(e)号は，The Madhya Bharat Abolition of Jagirs Act (28 of 1951) の合憲性を認める根拠となる (*Raj Rajendra Malojirao v. State of Madhya Bharat,* AIR 1953 MB 97.)。④最高裁は，二つの事件において，制限の合理性を判断するにあたって第47条を根拠とした (*State of Bombay v. F.N.Balsara,* AIR 1951 SC 318; *Cooverjee B. Bharucha v. Excise Commissioner and the Chief Commissioner, Ajmer,* AIR 1954 SC 220.)。
76) Seervai [1984] p.1619.
77) (1973) Supp.SCR 1.
78) R.Dhavan, *op.cit.*,p.413.
79) H.Chand, *The Amending Process in the Indian Constitution,* 1972, p.139.
80) 憲法制定議会におけるネルーの発言については，C.A.D.vol.II,p.316.
81) K.S.Hegde, "Directive Principles of State Policy in the Constitution of India", in: Grover [1989] p.86.

82) *Ibid.*,p.101.
83) 「良心」という言葉が適切かどうかについて，Seervai [1984] p.1643.
84) B.L.Hansaria, *Writ Jurisdiction under the Constitution,*2nd ed., Tripathi, Bombay, 1992; A.D.D.Basu, *Constitutional Remedies and Writs,* Kamal Law House, Calcutta,1994.
85) *Mumbai Kamgar Sabha v. Abullabhai,* AIR 1976 SC 1455.
86) *Fertilizer Corporation Kamgar Union v. Union of India,* AIR 1981 SC 344.
87) *S.P.Gupta v. Union of India,* AIR 1982 SC 802.以上述べた社会活動訴訟の歴史などについて，詳しくはP.Bhaskara Mohan, "Public Interest Litigation——A Study", AIR 1993 J 17. また，最近の動向については，Parmanand Sigh, "Public Interest Litigation," 39 Annual Wurvey of Indian Law 661 (2003), 2004. など参照。
88) Ahuja [1997] の第二巻775頁の表は，1985年8月5日から1994年4月30日までの間に最高裁宛に出された書簡 (letter), 受理され訴訟となった書簡の数などを示している。これによれば，この間に最高裁に宛てた書簡の総数は159666通。そのうち令状請求訴訟となったものは480である。また，最高裁法律扶助委員会 (SCLAC) が扱ったものは7289，州法律扶助・助言委員会 (LAAB) には，29947，中央もしくは州の関係省庁に送付されたものは22905，そして却下されたものが94832などとなっている。
89) 詳しくは，Ahuja [1997]；Rajeev Dhavan, "Law as Struggle: Public Interest Law in India", 36 JILI 302 (1994) .
90) *M.C.Mehta v. Union of India,* 1996 (8) SCALE SP 22.
91) *Muneka Gandhi v. Delhi 54 Slaughterhouse,* (1994) DLT 190, (1995) DLT 571.
92) *T.N.Godavarman Thirumlkpad v. Union of India,* 1996 (9) SCALE 269; *Pradip Krishen v. Union of India,* (1996) 8 SCC 599.
93) 稲 [1993] 217頁。

第4章

インド憲法における
アファーマティヴ・アクションと留保措置
——マンダル事件判決（1992年）後の判決と
最近の憲法改正を手がかりとして——

I　はじめに——問題の所在

　インド憲法前文冒頭に明記された「われら，インド人民（We, the People of India）」とは，イギリス植民地からの独立を達成し，インドの全ての人々による成人普通選挙に基づく統治システムをつくり上げていく決意を宣言し，独立した国家の民主的正当性と権力性の根拠を示す文言であると理解されている[1]。ただ，一方で国家の周縁的存在とされていた人々，社会的後進性からの脱却のために，権利主体というよりは保護の対象とされていた多数の人々も存在していた。したがって，「世界最大の民主主義」実現のためには，社会的，経済的，さらには教育的後進性を改善・克服していくための過渡的措置が必要不可欠とされたのである。インド憲法は，国民（市民；citizen）としての平等な権利の保障，社会的差別・不平等からの保護を定めるとともに，特定のグループに属する人々への特別保障，特別措置を明記する（Galanter [1984]；Sharma [1989]）。

　法の下の平等，機会均等，および差別の禁止にとどまらず，アファーマティヴ・アクション（優遇措置）と留保措置（reservation；quota-system）を憲法上明記したことは，インド憲法の大きな特徴である。多くの国では，これらの問題は，憲法規範というよりは，立法政策の問題とされ，その実施，推進は国内の政治的・経済的状況に依存しているのが一般的だからである。なお，

第4章 インド憲法におけるアファーマティヴ・アクションと留保措置

留保措置とは、「通常、特定の範疇に属する人々に別の定員枠を設けること（留保すること）を意味」し[2]、たんなる配慮・優遇をおこなうアファーマティヴ・アクションとは、憲法的・法的性質の異なるものと解される。もちろん、定義の仕方によっては、広い意味でのアファーマティヴ・アクションがクォータ・システム（割当制）を含むと解することも可能であり、両者の性質を截然と区別することは困難であるという見解もアメリカ合衆国などでは存在するようである。しかし、本章では、後で詳述するように、平等原則と平等権の憲法的保障の射程と規範内容を明らかにすることも目的としているので、割当制・留保措置をアファーマティヴ・アクション（優遇措置）とは区別して論ずることとする。

インド憲法において、指定カースト（SC）と指定部族（ST）に対する優遇措置および留保措置について従来国民的合意が形成されてきたのは、それらが過去の不正義の矯正（redressal of past injustice）を目指す補償的差別だと考えられたからである。すなわち、社会正義と公正の実現、そしてSC/STに対する苛酷な歴史的被差別への補償（本書では、これを「補償的差別」（Galanter ［1984］p.2-.）という。）についての国民的コンセンサスが憲法的前提とされてきた[3]。しかし、「その他の後進階級（OBC）」に対する優遇措置・留保措置については、補償的差別という論拠では十分に説明しきれない。すなわち、憲法制定時においては、生まれによって無条件に厳しい抑圧の構造に組み込まれてきたSCと下位カースト諸集団とは本質的に異なるので、歴史的補償（historical compensation）をOBCにまで及ぼすことはできないと考えられていた。このことは、押川文子が指摘するように、結果として、「下位から中間カーストの多くのカースト的結集を促す一因となり、さらにそれがこのカテゴリーにも含まれない上位カーストの反発を招くという、カーストが政治の焦点となりやすい構造」[4]と政治運営をもたらした。また、第16条4項を設けること自体に否定的な意見も強かったのである[5]。これらの問題に一応の決着をつけようとしたのが、第二次後進階級委員会報告書（1980年）（以下「マンダル報告書」という。）およびインドゥラ・ソーニィ事件判決（1992年）（いわゆる「マンダル事件判決」。以下「マンダル事件判決」という。）である[6]。本章では、

このマンダル報告書およびマンダル事件判決までの論議を整理しなおし，その後の判決，憲法改正などを紹介・検討することによって，あらためて，今日と将来のインドがかかえる国民統合[7]の課題に，アファーマティヴ・アクションと留保措置の問題がどのような意味を持っているのかを考察してみたい。

II インド憲法におけるアファーマティヴ・アクションと留保措置

1 チャンパカム・ドライラージャン (Champakam Dorairajan) 事件判決 (1951年)[8]と憲法第15条4項

マドラス州政府が出した政令（『コミュナル政令』とよばれている。）は，医科大学・工科大学のすべての定員を一定の割合で六つのコミュニティに配分するものであった。各コミュニティの志願者は，同一コミュニティ内の志願者におこなわれる入学試験を受け，他のコミュニティの志願者と競い合う制度はとられていなかった。このコミュニティごとの定員枠のために入学できなかった二人のブラーミン志願者が，このコミュナル政令は，憲法第29条2項の基本権を侵害しているとして訴えたのが，チャンパカム・ドライラージャン事件である。州政府は，このコミュナル分類は国民の弱者層の教育的・経済的利益を特別の配慮をもって増進することを命ずる第46条を実施するためのものであると主張した。しかし，最高裁は，「（基本権は）神聖であり，憲法第三編の関連条文が明記していないかぎり，立法府または執行府のいかなる行為によっても侵害されてはならない。このことが，憲法第三編と第四編の条文を解釈する正しい方法である。」と述べ，この政令のおこなった分類は宗教，人種およびカーストに基づくものであり，したがって第29条2項に違反し，無効であると判示した。

第29条2項は，第46条による支配を受けない，また，教育施設への入学に関して憲法は，後進階級への特別優遇を定めてはいない，とするこのチャンパカム・ドライラージャン事件判決は，政治的に大きな意味を持った。後進

階級への留保(定員枠)に憲法上の根拠を明記するため、1951年憲法(第1次改正)法は、第15条に4項をあらたに追加した。第16条4項が、「後進階級国民」を対象とする留保を認めていたのに対して、第15条4項が「社会的・教育的後進階級」という文言を用いたことについて、ネルーは、「社会的・教育的後進階級」国民のために後進階級委員会を設置することを定める第340条の文言にあわせたからだと説明した。ただ、後に問題となる「後進階級」と「カースト」との関係について当時法務大臣であったアンベードカルが「後進階級とは、……一定のカーストの集合以外の何ものでもない。」と述べていたことが注目されよう[9]。

また、この憲法第1次改正(第15条4項の新設)は、SC/STへの留保に加えて、OBCへの留保も有効なものとしようとしていたことは明らかであるが、それ自体後進的ではない階級間の差別に関してコミュナル毎の定員配分を支持するものではなかった。つまり、いかなる「コミュナル」政令も認知するものではなかったことを忘れてはならない[10]。したがって、カーストを分類基準とするOBC認定の適否の問題に論点が移行していくのである。

2 憲法第15条4項および第16条4項をめぐる主要な判例

(1) バラージ(Balaji)事件判決(1963年)などの判決

バラージ事件判決は[11]、その後の最高裁判決によって大きな変更を受けてきたが、本章のテーマとの関連では、それを否定的に援用するにせよ、肯定的に用いるにせよ、たえず論議の対象とされてきた判決である。カーストを後進性判断の唯一の基準とすることに消極的なこのバラージ事件判決を受け継ぐ判決としては、チトラレーカ(R. Chitralekha)事件判決(1964年)[12]、ジャンキ・プラサド(Janki Prasad)事件判決(1973年)[13]、プラディプ・タンドン(Pradip Tandon)事件判決(1975年)[14]などがある。

(a) バラージ事件判決(1963年)　この最高裁判決は、後進階級への留保に関する最も代表的な司法判断として、その後の判決に大きな影響を与えてきた。

カルナータカ政府は、OBCのために医科大学・工科大学の定員の50%を

留保する政令を出した。SC/STへの留保を加えると定員の68%が社会の弱者層のために留保されることとなり，定員の32%が一般学力試験志願者のために残るだけとなった。また，この政令は，OBCを「後進的」なものと「著しく後進的」なものとに再区分し，50%の留保定員枠を28対22の割合に配分した。

　最高裁は，まず第15条4項が明記する「後進性」は，社会的かつ教育的なものであり，社会的または教育的なものではないとした。また，「後進性」を有する「階級」について定めているのであって，「カースト」について定めているのではないとした。「ヒンドゥーにとってカーストは，国民の階級の社会的後進性を決定するにあたって一つの適切な要件ではあるが，そのための唯一の支配的なリストとはなりえない。」と判示したのである。適切な要件としては，カースト，貧困，職業，居住地などが挙げられた。そして，「後進的」と「著しく後進的」という再区分は，第15条4項からは正当となしえず，さらに，特別規定は50%を超えるべきではないとして，68%の留保枠は過度であり，このコミュナル政令は無効であると判示した。

　(b)　R.チトラレーカ事件判決（1964年）　バラージ事件判決に従い，マイソール政府は，社会的・教育的後進階級を決定するために「収入を加味した職業」テストを用い，1963年の政令に盛り込んだ。この政令は，カーストや居住地を無視しており，ヒンドゥー中の真の後進階級に利益を与えてはいないという申立てに対して，最高裁は，次のように判示してこの政令を有効とした。

　「(最高裁は，)カーストは後進性を決定する一つの要件にすぎず，支配的なテストではないとしてきた。(これに対して本件高裁は，)カーストがヒンドゥー後進階級を決定する重要な基準であると述べ，政府は基準の一つとしてカーストを採用すべきだと判示した。……カーストは，ある階級の後進性を確定するための一つの適切な要件にすぎず，何らかの機関がある特定のグループの後進性をカーストに言及することなしに決定しうるとしたならば，裁判所がそれを妨げる理由はない。これまで，市民の後進階級を確定する基準としてカーストを除外してはこなかったが，それを不可欠の基準とはしてこな

かった。……ある一定の状況の下において，憲法第15条4項の『階級』を決定するときにカーストを除外したとしても，他の基準で十分に分類がおこなわれるならば，その分類は無効とはいえないと考える。」

(c) その他の判決　後述のP.ラジェンドラン（Rajendran）事件判決（1968年)[15]およびペリアカルッパム（Periakaruppan）事件判決（1971年)[16]に対して，ジャンキ・プラサド（Janki Prasad）事件判決（1973年）は，「匹敵テスト」（OBCがSC／STに匹敵するものでなければならないとするもの。）は，SC／STを真の社会的・教育的後進性を持つものであることを示す基本的な要件であり，しかも，OBCを分類する一モデルとして有益であるとして，バラージ事件判決の立場をとった。

プラディプ・タンドン（Pradip Tandon）事件判決（1975年）は，カーストが他の中立的な指針とともに適用されるべき後進性基準の一つでありうるという以前の判決を否定し，カーストが社会的・教育的後進性についての一つの分類基準であることさえ認めなかった。この判決で，レイ（A.N.Ray）裁判官は，「国民の社会的・教育的後進階級は，カーストに基づくグループ以外のものであり」，「カーストも人種も宗教も分類の基準とはなしえない。」と判示した。これらの判決をふまえて最高裁が，留保についてのガイドラインを設定したのがK.C.ヴァサント・クマール（K.C.Vasanth Kumar）事件判決[17]であるが，そこでは裁判官全員が後進性を決定するための主要な基準として経済的基準を認めていた。

（2） P.ラジェンドラン事件判決（1968年），ペリアカルッパム事件判決（1971年）など

OBCについてのカースト分類基準を基本的には支持する判決として，P.ラジェンドラン事件判決（1968年），ペリアカルッパム事件判決（1971年），バララム（U.S.V.Balaram）事件判決（1972年)[18]などがある。

(a) P.ラジェンドラン事件判決（1968年）　医科大学への入学について定めるマドラス政府の政令は，社会的・教育的後進階級への定員留保枠を定めていたが，その附則の後進階級リストが実際には，一定のカーストリストであるという理由で，憲法第14条および15条違反であるとして訴えられた。最

高裁は，次のように判示して，その政令のカースト基準分類を認めた。

「問題となっている留保が，カーストのみを理由とするものであり，その社会的・教育的後進性を考慮に入れていないとしたら，第15条1項に違反することになろう。しかし，忘れてならないことは，一つのカーストは国民の一つの階級でもあり，そのカーストが全体として社会的・教育的に後進である場合には，そのカーストは国民の社会的・教育的後進階級であるという理由で，第15条4項に基づき当該カーストのために留保をおこなうことができる。本件では，社会的・教育的後進階級のリストが，カーストによって明記されていることは明らかである。しかし，このことは，カーストが唯一の基準であり，またこれらのカーストに属するものが国民の社会的・教育的後進階級ではないことを必ずしも意味しないのである。」

(b) ペリアカルッパム事件判決（1971年）　タミル・ナードゥ政府が，医科大学入学者選抜のために同州を六つの区域に分割し地域単位の選抜方法をとっていること，およびその入学定員の41％を社会的・教育的後進階級とSC/STに留保していることが違憲だとの申立てがなされた。最高裁は，地域単位の選抜方法を違憲としたが，カーストに基づく後進性の分類は，それらのカーストが社会的・教育的に後進であることが明示されているときには，第15条の範囲内にあり，41％の留保は過度ではないと判示して次のように述べた。

「資格を有し，能力のある学生を医科大学の門から閉め出すことが国家の当面の利益に反することを忘れてはならないが，その利益は長期にわたる利益と調和させなければならない。……歴史的理由に基づいて得られた優位を基本権と考えるべきではない。後進階級が前進し，国民の発展した層にその地位を占めるのを援助することが必要だとするならば長期的視野に立って，国家の利益はそれに仕えるべきであろう。……一つのカーストは，常に一つの階級とみなされてきた。……インドに，社会的・教育的後進性をかかえる多くのカーストが存在しているという事実を否定することはできない。」

(c) U.S.V.バララム事件判決（1972年）　貧困，職業，カーストおよび教育に基づく基準に従った後進階級リストを作成し，アーンドラ・プラデーシ

ュ政府は，医科大学の定員を後進階級志願者のために25％留保する政令を出した（SC/STへの留保とあわせて43％となる）。この政令は，第15条1項および第29条2項に違反しており，第15条4項によっても正当化されないとする申立てに対して，最高裁は，当該カーストリストは合憲であり，43％の留保は過度ではないとして，次のように判示した。

「一つのカーストが市民の一つの階級でもあること，かかるカーストが社会的・教育的後進性を持っていることも考慮に入れなければならない。必要なデータを収集し，あるカーストを社会的・教育的に後進だと認定するときには，同グループ内のわずかの人々が社会的にも教育的にも一般水準を上回っている場合でも，そのグループへの留保は正当とされなければならない。国内に社会的・教育的に後進な多数のカーストが存在しているという事実を否定することはできないし，第15条4項が明記するように，それらの利益を保護するために州は適切な規定を設けなければならない。」

(d) その他の判決　その他，公雇用における後進階級への留保についてのトリロキ・ナート（Triloki Nath）事件判決（1969年）[19]，後進階級の認定にあたっての「収入テスト」についてジャヤスリー（K.S.Jayasree）事件判決（1976年）[20]，第16条4項は1項の例外ではなく，1項の示す分類の一つであり，1項に基づいて後進階級への優遇も認められるとしてマンダル判決に大きな影響を与えたトーマス（N.M.Thomas）事件判決（1976年）[21]などがある。このトーマス事件判決は，SCは第15条1項および第16条2項の文言上の「カースト」ではなく，特別の意味を持っているとも判示していた。

3　マンダル報告書およびマンダル事件判決（1992年）

(1) マンダル報告書（1980年）

憲法第340条に基づいて1979年1月1日に設置された第二次後進階級委員会（マンダル委員長）への付託事項は，次のとおりである。

「①　社会的・教育的後進階級を決定する基準を確定すること，
②　定義した社会的・教育的後進階級の発展のためにとるべき措置を勧告すること，

③　連邦または州の公務に充分に参加していない後進階級国民のために，任命またはポストの留保についての規定を設けることが望ましいか否か調査すること，および

④　委員会が検討した事実を明記した報告書を大統領に提出し，適切と認めた勧告をおこなうこと」

委員会は，多くの困難と制約をかかえながらも精力的に活動し，1980年12月31日，報告書をまとめた。この報告書の内容は大きな反響をよび，インドを揺るがす一大政治問題ともなった（詳しくは，本書**資料Ⅱ**参照）。

この委員会は，インド全人口の約52％を構成する「階級」をOBCとし，3743のコミュナルグループを後進階級であると特定した。そして，これら後進階級のためにその人口割合に応じた留保が必要であるとしたが，留保には全体の50％を超えてはならないという法的な限界があることを認め，OBCへの27％の留保を勧告した（SC/STへの留保とあわせて，50％を超えないようにするため）。同報告書は，ヴァルナ社会構造の悪弊とそれが何世代にもわたって続いてきたことに問題関心を集中した。そして，伝統的な社会構造において，社会的後進性はその人のカースト地位の直接の結果であり，儀礼的な側面ではカースト制度のいくつかの特徴はなくなってきたかもしれないが，「それは政治的な側面ではより大きくなってきている」との見解を示した。また，報告書は，従来の判例を分析し，「人のカースト序列とその社会的・教育的地位との間には密接な結びつき」があり，したがって，「人の低いカースト儀礼上の地位は，その社会的後進性の結果である」と述べ，カーストと階級を同視するラジェンドラン事件判決の立場に賛成し，カーストと階級は同視しえないとするバラージ事件判決やチトラレーカ事件判決の立場を厳しく批判した[22]。このマンダル報告書が想定するインド社会像は，押川文子が指摘するように，「1950年代の初頭に制定されたインド憲法の想定した社会像とも著しく異なっている」（押川［1989］6頁）。

（2）　マンダル事件判決 (1992年)

1990年8月13日，インド政府は政府公務における社会的・教育的後進階級のための留保を拡大する覚書（OM）を出した。このOMは，従来SC/STに

留保していたものに加え，OBCに定員枠27%を留保しようとするものであった。このOMが憲法違反であるとする令状訴訟が提起され，決定が下されたものの最終的な決着にはいたらなかった。1991年総選挙後の1991年9月25日，政府はあらたなOMを出し，問題の解決をはかったが，この新OMに対しても令状訴訟が提起された。この事件は，最高裁の九人の裁判官で構成する特別法廷（憲法法廷）で審理されることとなり，1992年11月16日，判決が下された。これがいわゆる「マンダル事件判決」である[23]。膨大でしかも多岐にわたる論点を含むマンダル事件判決の全内容にわたって詳細な検討をおこなうことは筆者の能力をはるかに超える。そこで，パーマナンド・シン（Parmanand Singh）のまとめに準拠し，以下，簡潔に紹介・検討してみたい（Singh.P.［1998］p.40.）[24]。

(a) 後進階級とカースト　四人の裁判官（M.H.カーニア（M.H.Kania），B.P.ジーヴァン・レッディ（B.P.Jeevan Reddy），M.N.ヴェンカタチャーリア（M.N.Venkatachalia），A.M.アーマディ（A.M.Ahmadi））が，カーストは一つの社会階級なので第16条4項の下では全体として一つの階級とみなしうると明言する。すなわち，「階級」という文言は「カースト」という文言と同じではないが，ある特定のカーストが社会的に後進であるとき，それは一つの階級を構成すると述べられた。これに二人の裁判官（S.R.パンディアン（S.R.Pandian），S.B.サワント（S.B.Sawant））が同調し，カーストグループを後進階級指定のための分類単位とすることに賛成した。反対意見をとった裁判官たち（クルディップ・シン（Kuldip Singh），T.K.トーメン（T.K.Thommen），R.M.サハイ（R.M.Sahai））は，後進性の判断テストとしては，経済テストをおこなうべきであり，カーストテストをとるべきではないと主張した。

なお，第16条は，「階級」の保護について定めており，個人の保護を定めたものではないことも明言された。

(b) 第16条4項にいう「後進階級」は，第15条4項にいう「社会的・教育的後進階級」とは異なっている　多数意見は，バラージ事件判決を変更し，第15条4項が強調するのは社会的後進性であるとする。教育的後進性は，社会的経済的後進性の結果だとされた。また，第340条は，その表現からして

も，第1次憲法改正案（1951年）審議過程をふまえても，第15条4項と関係していると考えた。さらに，第16条4項は，公務上著しく不十分な代表しかもたない社会的後進階級という広い範疇（すなわち，第15条4項よりも広い範疇であり，SC/STも第16条4項では分けて規定されていない。）をカヴァーするものであるとした。

(c) 後進階級は，SC/STに匹敵する必要はない　バラージ事件判決などは，OBCの拡張的運用に歯止めをかけるために，OBCはSC/STに匹敵する必要があると解してきた。このバラージ事件判決などは，「SC/STとの匹敵」という要件をたてることによって，真の後進階級を認定しようとする判決と評価されてきたが，マンダル事件判決は，マンダル報告書に全面的に依拠することによって匹敵性を不必要とし，バラージ事件判決を覆した。

(d) 富裕層は除かねばならない　S.R.パンディアン（S.R.Pandian）裁判官を除き，他のすべての裁判官は，指定すべき後進階級の中から富裕層を除くべきだとする。そして，除くべき富裕層の基準を決める委員会を政府が設置することを求めた。政府は，この命令に従い，ラム・ナンダン（Ram Nandan）委員会を任命した（この委員会は，1993年3月16日，報告書を提出した）。政府は，この「除外の基準」を認め，その後，除外の基準を明確にしない州の計画を，マンダル事件判決に違反しているという理由でしりぞけている。

(e) 第16条4項は，後進階級を「後進的」と「著しく後進的」とに分類することを認めている　バラージ事件判決は，かかる再分類は，留保の便益を主張しうる後進階級のグループを限定することになり，真の後進グループを実質的には排除してしまうことになると判示していた。マンダル事件判決の多数意見は，後進階級の中のあるものは他のものよりも一層後進的でありうるとし，下位区分を承認した。パーマナンド・シンは，当初この区分に反対していたが，「後進階級が公開の競争から保護されるべきだとすれば，最も不利益を受けている者が後進階級中の比較的発展した層に対して保護されるべきでないとする理由はない。」[25]として，この下位区分に賛成している。

(f) 第16条4項は，第16条1項の例外ではない　第16条4項は，同1項の例外ではなく，1項の示す分類の一つであるとするトーマス事件判決の見

解をとった。しかし，多数意見は，同時に，第16条4項は専ら後進階級のための留保権限を定めており，1項は後進階級のためのいかなる優遇も定めてはいないと判示した。この点がトーマス事件判決と異なった点であり，トーマス事件判決は1項に基づく後進階級への優遇を認めていた（トーマス事件判決のベーグ反対意見をマンダル事件判決多数意見は採用したのである）。

(g) 留保は，昇進には認められない　昇進のすべての段階での留保は，第335条の定める行政の効率性を損なうので認められないと判示した。レッディ裁判官は，「いったん公職に就けば，他者と競争し，他者と同じ条件で昇進を得るというのが行政の効率性であり，松葉杖はその人の全キャリアにわたって提供されるものではない。」と述べた。また，サワント裁判官は，「昇進における留保は，不必要な不満，頽廃，嫉妬，仕事上の無関心，さらには行政における不断の敵意を生ぜしめる。」と述べている。留保における昇進の問題は，その後大きな論議をよんだ。

(h) 発展階級中の貧困者への留保は，第16条4項に基づいては認められない　最高裁は，第16条4項の目的は歴史的不正を匡正することにあり，社会のすべての部門の貧困者を救済することではないと判示した。社会的後進性は，カーストの不平等および過去の差別を理由とするものであるので，発展階級中の貧困者は社会的には後進でないと考えられた。この見解により，最高裁は，社会の全部門から経済的後進性を理由として10％の公職を留保する政令を無効としたのである。

(i) 留保は，50％を超えてはならない　すべての裁判官が，「留保は，公職または任用の少数に限定されるべきである。」という憲法制定議会におけるB.R.アンベードカルの言明を支持しつつ引用した。そして，全員一致で，第16条4項に基づく留保は，50％を超えてはならないと判示した。しかし，マンダル事件判決は，第16条4項の留保についてのみ言及するので，他の憲法上の根拠による留保をあわせると50％を超えることはありうる。これをマンダル事件判決は明示的に否定するものではない。このことが，その後大きな争点となった。前記アンベードカルの言明は，留保の総枠を述べているように解されるからである。

4 マンダル事件判決後の判決と最近の憲法改正

カーストを重要なOBC認定基準とし，OBCへの積極的な差別是正策，留保措置を認めたマンダル事件判決後のインド憲法をめぐる論議は，次の三つの点にまとめることができよう。第一に，SC/STへの優遇と留保措置をOBCとの関係で，より強化，明確化しようとする動きが強まったこと。第二に，マンダル事件判決の射程を明らかにすることによって，OBCへの留保をさらに拡大していこうとする動きが強まったことである。そして，それらに対して，第三に，優遇と留保の拡大に一定の歯止めをかけようとする学説，判例の動きも出てきた。

(1) マンダル事件判決後の主要な判決

マンダル事件判決は，昇進に留保は認められないとし，留保の総枠は50％を超えてはならないとした（ただ，SC/STの昇進における留保は認められていたので，その扱いとの整合性が問題となった）[26]。したがって，問題となるのは，上級職，高度専門職などでの留保が認められるのか否か，さらには，高度専門職業人養成課程での留保が認められるのか否か，認められるとしたらその基準と要件は何か，ということである。事実上，入学試験成績の合格最低点を設けないで留保を認めるアジー・クマール・シン（Ajiy Kumar Singh）事件判決（1994年）[27]や，高度専門教育での留保を認めるとしたK.L.ナラシムハン（K. L.Narasimhan）事件判決（1997年）[28]などが登場する一方で，能力平等原則を全く無視した留保措置の一方的な拡大に歯止めをかけようとする判決も登場する。ここでは，第一に，高等教育および高度専門職業人養成課程における留保の問題と教育目的および成績との関係についての判決と，第二に，昇進と成績評価および先任原則との関係についての判決にしぼり，次の二つの判決を中心に紹介する。

(a) プレーティ・シュリヴァスタヴァ（Preeti Srivastava）事件判決（1999年）[29]　この判決は，医学大学院コースへの入学試験において，留保枠志願者の合格最低点を引き下げることを認めつつ，それが一般志願者の合格最低点との間にあまりにも大きな差があってはならないとした。この点について，従来の最高裁判決は，留保枠志願者に合格最低点が定められていないと

しても（たとえ零点だったとしても合格を認められる場合がありうる），合憲であると判示していた[30]。しかし，この判決は，医学高等教育の目的は，水準を下げて留保枠定員を必ずみたすことによって達成されるのではなく，「一定の才能を有する留保枠志願者が，一般枠志願者との競争によって，大学院医学教育を受ける機会と便益を奪われないことを保障すること」にあると述べる。そして，第15条4項に基づく留保措置について，次のように判示した。

「第15条4項に基づくすべての留保は，能力を持つ学生に最高度の教育をおこなうことの重要性と，不利益な地位に置かれているSC/STへの補償的便益として社会的衡平に反してでも入学を認めることの重要性との間の均衡をはからねばならない。特別留保規定の合理性と，優れた能力を持つ者に高等教育のわずかの機会を提供するという国民的利益の促進との間の調和は，高等教育において後進階級のために最低点を引き下げるという特別規定の判断にも適用される。」

マノハル（Manohar）裁判官は，一定の高レヴェルの職位と職務における留保に反対する。彼の見解は，後進階級への留保は，保護されたグループのためのみならず，社会の利益ともなるので，「第15条4項に基づく場合のみならず，留保特別規定は，国家的発展に貢献するために，（高度専門職業人教育を）……最優秀者に高度の効率性をもっておこなうべきであるという国民的利益と調和させなければならない。」というものであった。

留保枠志願者に対して，合格最低点の緩和は認められるが，それは，当該教育機関がその本来の教育目的を達成しえなくなったり，一般枠志願者と著しく不均衡のある得点であってはならない。すなわち，教育機関は，国民的利益を損なうまで教育水準を低くしたり，学生の質を下げたりすることはできないのである。高度専門職業人養成課程への入学に留保はおこなうべきでないとする判決もみられる。また，留保枠志願者が合格最低点をみたせなかったために医科大学院課程の留保枠に欠員が生じた場合には，当該定員は一定の成績を得た一般志願者で充足しうるようにすべきであるとの判決も出されてきた[31]。

(b) アジト・シン（Ajit Singh）II事件判決 (1999年)[32]　　最高裁は，アジ

ト・シンⅡ事件判決において，留保定員枠の名簿に載った昇進対象者は以前の下位の職で彼らの上司であった者，また後から昇進した一般枠採用職員との関係において，その在職年数が長いからといって上級職への昇進の優先権を主張することができないと判示した[33]。

この判決で最高裁は，第15条4項および第16条4項は，留保についてのいかなる基本権をも与えないというラジェンドラン事件判決で示した原則を再確認している。昇進を配慮すべきことを求める権利は，第14条および第16条4項に基づいてすべての個人に与えられる基本権である。この点について次のように判示する。

「第16条4項は，他のすべての点で昇進の資格を持ち，考慮の範囲内に入るすべての被用者のために昇進の『考慮を受ける』という基本権を定めている。平等の機会は，ここでは昇進を考慮されるべき権利を意味する。ある人が昇進の適格性と基準をみたしているのに昇進の対象とされないのなら，その一身上の権利である，昇進を考慮されるべき基本権の明白な侵害となる。」

採用試験で，留保枠志願者に対して合格最低点を緩和することは認められるが，政府は，行政に必要とされる最低得点がどの程度なのかを客観的に決定することを求められる[34]。昇進についても，行政の効率性（憲法第335条）に矛盾しないかぎり，配慮をおこなうことができるが，いずれにしても，第16条4項は「配慮」を憲法上の要請として国に義務づけるのではなく，それを認めているにすぎないと解される[35]。

留保措置と能力主義との調和とバランスをはかるという，これらの判決の問題意識にもかかわらず，その後，政治的影響力を持つコミュニティが留保の枠の中に入ろうとする試みが続いてきた。

（2）　最近の憲法改正と留保措置

マンダル事件判決およびその後の判決の結果，憲法解釈上の疑義をなくすために必要とされた憲法改正，政治的な決着をはかるためにおこなわれた憲法改正には，次のものがある。

　　(a)　第76次改正（1994年8月31日）　　憲法第31B条は，憲法第9附則に規定する法律および規則は，憲法第三編が定める基本権と両立せず，またはそ

れを除去もしくは制限するという理由で無効とみなされることはない,とする。この憲法改正は,タミル・ナードゥ州の留保法[36]とマンダル判決を調整するために,この附則に一つの法律を追加した（第9附則257号の次に257A号を追加）。マンダル事件判決は,留保の総枠を50％としていたが,この留保法は,公雇用における総計69％の留保を定めていたからである。

(b) 第77次改正 (1995年6月17日)　1955年以降,SC/STへの公職留保はその採用時のみならず,昇進にもおこなわれていた。ところが,マンダル事件判決で第16条4項の留保は昇進には及ばないと判示されたので,この判決が逆にSC/STへの公職留保にも及ぶこととなった。マンダル事件判決は,当時のやり方を5年間,すなわち1997年11月16日まで続けることを認めたので,それ以降の対応として憲法改正が必要となった。この改正で,SC/STへの公職留保はその採用時のみならず,昇進にも適用されることを明記する第16条4A項が追加された。

(c) 第79次改正 (2000年1月21日)　この改正は,本章のテーマと直接関係しておこなわれたものではないが,関連するものである。すなわち,第334条（衆議院,州立法院でのSC/STへの議席留保およびアングロインディアンへの特別代表）は,当初10年後に廃止するとされていたが,10年ごとに延長され,この改正によって「50年」が「60年」とされた。

(d) 第81次改正 (2000年6月9日)　従来,SC/STへの留保は,過年度の未充足留保数をも次年度以降に繰り越して50％の枠外で扱われてきた。この扱いは,マンダル事件判決に反するとして,政府は1997年8月29日OMを出して従来の扱いを変更しようとした。これに対して抗議の声が上がり,この憲法改正によって,憲法第16条に4B項を新設し,従来の扱いを認める余地を残したのである。

(e) 第82次改正 (2000年9月8日)　S.ヴィノド・クマール (S.Vinod Kumar) 事件判決 (1996年)[37]は,第335条にてらして,第16条4項に基づく留保は,昇進要件を緩和して留保をおこなうことまでは認めていないと判示した。この改正は,この判決を覆すためにおこなわれたものである。

このクマール事件判決は,昇進における留保の問題について,合格点およ

び評価基準の緩和は憲法第335条の規定からして，第16条4項に基づいても認められないと判示していた。この改正案は，第335条に但書を追加し，昇進のための留保の規定が存在するときには，SC/STメンバーの昇進については要件を緩和することを認めようとするものである。この改正後は，合格最低点の引下げや評価基準の「緩和」の程度と，行政の効率性との調和をめぐる争いとなっている。

(f) 第83次改正（2000年9月8日）　第73次改正（1993年4月24日）に基づいて各州法は，1994年4月23日までに改正することを義務づけられていた。ところが，アルナチャール・プラデーシュ州にSCは存在せず，州立法院，あるいは州公務上SCへの留保はおこなわれていなかった。そこで，SCが存在していない，アルナチャール・プラデーシュ州には第243D条が適用されないとする第243M条3A項を追加した。

以上みてきたように，1990年代後半の憲法改正は，そのほとんどが本章のテーマに関係するものであり，この問題がインド政治の重要な争点となっていたことがうかがわれる。

なお，2000年2月に設置された憲法改革検討委員会（National Commission to Review the Working of The Constitution）は，2001年1月8日，七つの報告書を，そして同年5月11日には四つの報告書を公表した。この5月11日に公表された報告書が基本権の拡大に関するものである。この中で，新しい基本権の憲法上の明記を求めるとともに平等権の拡充が勧告されている。すなわち，まず第一に，法の下の平等を定める第14条に新2項を設け，平等にはすべての権利と自由を完全に均しく享受することを含むこと，不当な差別で不利益を被っている人とその集団のために国が何らかの措置をとることを妨げるものではないことなどを明記すること。第二に，従来「宗教，人種，カースト，性別または出生地を理由とする」差別，異なった取扱いを禁じていた条項に，「エスニック，社会的出身，皮膚の色，年齢，言語，政治的意見その他の意見，財産，家柄」の列挙事由を加えること，などを勧告している（詳しくは，本書**資料**Ⅲ参照）[38]）。

第4章　インド憲法におけるアファーマティヴ・アクションと留保措置

5　SC/STに対する留保代表制度

（1）　インド憲法施行とSC/STへの留保議席

本書第❷章でも紹介したように，インド憲法は，その第340条～342条においてSC/STへの留保議席を明記している。すなわち，SCは人口の約15.5％，STは約7.5％を占めているので衆議院議席の23％をSC/STが占めるように選挙制度をつくることが憲法上の要請とされている。

1951～52年の第1回衆議院総選挙（以下総選挙と略記する）から1967年の第4回総選挙までの結果を紹介・検討した堀本武功の研究によれば，国民会議派の獲得議席の17％前後はSCへの留保議席によって占められている[39]。以前から指摘されていたように，<u>SC/STのための留保議席ではなく</u>，圧倒的な優位政党である国民会議派の多数派形成，<u>政権維持のための</u>有効なシステムとして機能していたことは明らかであろう。SC自らの代表を自らの手で国会におくろうとアンベードカルらが結成したインド共和党は，議席獲得すら困難な状況であった（アンベードカル自身も留保議席選挙区で国民会議派のSC候補者に敗れている）。したがって，議席留保期間を延長しようとする最初の憲法改正の審議にあたって，すでに延長反対がSC自身からも主張された[40]。

1977年の第6回総選挙までの結果を紹介・分析した押川文子の研究によっても，上述堀本の分析とほぼ同様のことが指摘されている[41]。1962年の第3回総選挙以降，完全小選挙区制（すべて1人区）となったため，留保議席選挙区では一般的にかなりの多数を占めるSC/ST以外の有権者の支持を得なければ，SC/ST候補者は当選できなくなった。また，非留保議席に占めるSC/ST議員の数も一層減少した[42]。

このような問題をかかえながらも，憲法施行後10年間とされていた留保期間は，10年ごとに改正され続けている（憲法第334条は，1960年憲法第8次改正，1970年憲法第23次改正，1980年憲法第45次改正，1990年憲法第62次改正，および2000年憲法第79次改正により，それぞれ10年ずつ延長され，現在「60年」となっている）。

（2）　「連立の時代」におけるSC/STへの留保議席

第13回総選挙（1999年）は，総議席545のうち，アングロインディアンへの2議席を除く543議席をめぐって争われた[43]。このうち，SCへ79議席，ST

へ41議席が留保されている。この総選挙では，インド人民党（BJP）と国民民主連合との連立勢力が勝利をおさめ引き続き政権を担当することとなったが，いずれの政党も単独では過半数には遠く及ばず，連立政権が不可避の政治状況が到来している。かかる状況におけるSC/STへの留保議席の評価は以前ほど簡単ではない。ここでは，広瀬崇子を中心とする研究に依拠し[44]，問題点を指摘しておくにとどめざるをえない。

　一般的にいえば，SCをはじめとする後進カーストあるいはSTの多い地域では，選挙の際にこれらのコミュニティが自分たちの利益を守ってくれそうな候補者に投票する傾向が強くなってきている。一党優位体制が崩壊した理由はいくつか挙げられるが，州レヴェルでカースト，宗教などを基礎とするコミュニティが独自の要求を掲げ，それぞれが独自の政党を組織化する例も少なからず出てきた状況では，中央での政権獲得・維持のために，これらのカースト勢力，地方勢力との協力関係が中央での政権獲得・維持を左右するようになった[45]。1999年の第13回総選挙でBJPが連立政権を維持できた原因の一つに，低カーストなど従来の支持層以外の弱点部分で勢力を伸ばしつつあることが挙げられ，BJPとの連合諸政党が受入れ先として働いていることに起因するといわれている（これに対して国民会議派は，この対応が不十分であった，といわれている。なお，第14回総選挙（2004年）では，国民会議派を中心とする連立勢力が勝利をおさめた）。したがって，BJPあるいは国民会議派と協力関係を維持しつつ独自の要求を実現していこうとする従来の手法に加えて，低カーストなどが独自の政治勢力として選挙に参加する動きも強くなっている。これらの政党の中には，大衆社会党，民族ジャナタ・ダルなどがある。

　大衆社会党は，SCを基本的な支持基盤とする政党であり，1984年に設立された。第13回総選挙では，14議席を獲得している。民族ジャナタ・ダルは，ビハール州内のOBCに支持基盤をもつ地域政党である。第13回総選挙では，7議席を獲得している。また，アンベードカルの創設したインド共和党は，分裂を重ねつつも存続しているが，独自の代表を当選させるまでの勢いはない。

第4章　インド憲法におけるアファーマティヴ・アクションと留保措置

（3）　留保代表制度の評価をめぐって

上述してきた，SC/STへの留保代表制度はどのように評価されてきたのであろうか。

S.K.チャタジー（S.K.Chatterjee）は，次のような厳しい評価を下している。

「憲法制定過程では，二つの宗教的マイノリティ（ムスリムとインディアン・クリスチャン）の卓越した国民的指導者であったT.フセイン（T.Husain）とH.C.ムーケルジーの努力と説得によって，宗教的マイノリティを理由とする，当初の議席留保構想が放棄された。すべてのムスリム議員がこのことに賛成したわけではないが，率直な感情を吐露しつつコミュナルごとの議席留保の廃止に賛意を表明したのである。

これに対してSCは，人口規模に応じた代表を主張し，諮問委員会もこれに同意せざるをえなかった。アンベードカルやラムのような指導者たちでさえ，コミュナルな利害に拘泥した。憲法案審議においては諮問委員会委員長のパテールが裁定したように，その審議内容に限界は設けられてはいなかった（Rao ［1966］ vol.IV, p.598.）。もし，アンベードカルがフセインやムーケルジーのような勇気，判断力，そして決断力を持っていたならば，カーストに基づく永続的な亀裂からインドを救うことができたであろう。カーストのみに基づくコミュニティの一部門への議席留保は，永続的なカースト主義，分離，排除と分裂を意味し，インドの統合と国民的利害を損なうものである。当初10年と明記されていたこの議席留保が，48年続けられているのにもかかわらず，彼らの不利益を改善するのに役立っておらず，逆にカースト社会（casteist society）が永続化しているとさえいえよう」（Chaterjee, S.K. ［1996］ pp.772-5.）。

また，この合同選挙によるマイノリティの代表は，マイノリティの代表といっても制度上マジョリティの支持を得られないと当選できない。したがって，結局真のマイノリティ代表とはならないのではないか，という批判が以前から続いている。さらに，独立後50年以上，この留保議席が支配政党の維持・強化のために用いられてきた，機能してきた，との指摘もある。例えば，ラジニ・コタリ（Rajini Kothari）を含め多くの論者は，インドにおける一党

優位体制（Predominant Party System）の維持のためにSCへの留保議席が意図的に活用されてきたとする[46]。

しかし，同時に，積極的役割も指摘できよう。長い間歴史的には存在しないものとされ，政治の舞台には登場できなかった一定のクラスが明確な位置づけを持って1930年代以降国政をはじめ，各州政治にも登場できるようになったことは，政治生活の分野のみならず，社会的な評価の変化をもたらす契機となったという意味でも重要であろう。今日の代表制論においても，「少数派の存在をいわば視角化する代表者の存在を認め」[47]ることの意義は，インドのみならず日本においても重要な論点であり続けている。また，政治的な権利拡大の動きの一つとしても評価できる。政治参加が実質的には一握りのエリート層に限られていた状況が独立後50年の間に大きく変化したことは，何人も認めるところであろう。国民の政治意識は高まり，低カーストの利益を代表する彼ら自身の政党もいくつか登場してきた。このような動きの背景にSC/STへの留保議席の存在を読みとることは不当ではあるまい。1980年代後半以降政党状況が大きく変わり，連立政権が一般化し，政権交代が起こりうるという状況になったとき留保議席は，一党優位体制の維持とは違う意味でまた非常に重要な役割を果たしている。

ただ，インドのみならず，「国民国家」の将来は，多元的で多様な（多文化，多言語，そして事実上多民族的な）社会構成員のコンセンサスを得つつ，国家の構造，構成についての根本的再考をはかることによってのみ開かれうると思われる[48]。換言すれば，論議の公共空間を維持しつつ，「社会正義と公正を具体的に実現していく」というあらたな国民的合意が形成できるか否かにかかっている。この局面において，SC/STへの留保議席を，有力政党が全国政党化していくためのたんなる手段，「質の政治を顧慮しない単なる数の政治」しか考えないポピュリズム的利用の手段としてではなく，被差別階層への積極的措置の一つとしてどのように位置づけうるかは大きな課題となろう。

III　インド憲法におけるマイノリティの保護と権利の保障

1　インド憲法におけるマイノリティとOBC

　あらたな国民国家のあり方を模索するとき，現代国家の憲法がどのような形で当該国家の宗教的・言語的・文化的マイノリティの権利を保障していくのかは，国家そのものが存立し続けることのできる「国民統合」創出の課題ともかかわる困難な問題である。インド憲法は，50数年前にその一つのあり方を提示した。同時に，インド憲法は上述のマイノリティ（「狭義のマイノリティ」ということもできよう。）のみならず，現在，①社会的・経済的・教育的に後進的だと認められるグループ，②何らかの理由で差別されてきたグループへの一定の配慮・優遇，さらには優遇留保枠の設定を明記する。これらのグループは，その後進性などからの脱却のために過渡的に優遇措置がとられるのであり，その特性そのものを今日においても，また将来的にも配慮・尊重しようとする「狭義のマイノリティ」とは異なっている（詳しくは，本書第1章参照）。

　今日，憲法上指定カースト（SC）とよばれる旧不可触民への補償的差別（優遇と留保）と異なり，OBCへの優遇と留保は，その理由づけを経済的後進性にのみ着目しておこなうならば，インドの圧倒的多数の人々がその対象となりうるし，その認定をカースト基準に基づいておこなえば，憲法が否定・克服の対象としたカースト差別の永続化，再活性化が問題とならざるをえない。

　ここで，「SC/ST」，「社会的・教育的後進階級」，「社会の弱者層」，「後進階級」，および「その他の後進階級（OBC）」のそれぞれの関係について簡単に整理しておこう。まず「社会の弱者層」（憲法第46条）は，言葉の上では最も広い概念である。第46条を実現するための措置は，留保以外の，例えば経済的な向上または貧困の除去などの社会正義を実現するための多様な措置である。しかも，それは，グループのみならず個人をも対象とする。したがって，（SC/ST）⊂（社会の弱者層）などの関係が成り立つことに論議の余地

はない。次に，第15条4項で「SC/ST」と「社会的・教育的後進階級」とは並列して規定されているので，両者は異なった概念である（「SC/ST」≠「社会的・教育的後進階級」）。また，「後進階級」（第16条4項）は，それに対するたんなる配慮・優遇ではなく，留保が定められているので，「社会の弱者層」よりは，狭い概念と考えられる。さらに，第16条4項は，公務における留保にのみ関係しているので，特別規定を設けることができるとする第15条4項の範囲よりは狭い[49]。しかし，そこに「SC/ST」が含まれるとしても，「社会的・教育的後進階級」が含まれるとすれば，その認定が重要な課題となる。すなわち，第一に，第15条4項は，「社会的・教育的後進階級」への特別規定を設けることを認めているが，それは，留保規定を認めるものなのか，第二に，第15条4項および第16条4項と第335条の規定との整合性，第三に，第330条および第332条は，SC/STへの留保を明記し，それを義務的なもの（憲法規範的な要請）としているが，後進階級への特別規定および留保は，「おこなうことができる」という，いわゆる「できる規定」（たんなる裁量規定といってしまうことができないことは，日本でも論議されてきたが。）であることなどである[50]。さらに，第四に，これらの問題は，制定時に憲法が構想していた基本的枠組みと，その後の一連の改正によって再構成されてきた「枠組み」との間に理念的な相違があるのではないかと考えることもできる。いずれにしても，後進階級（第16条4項）からSC/STを除いたものが，そのために留保をおこなうことのできる「その他の後進階級（OBC）」である。この意味でのOBCに対して，「公務に十分に代表されていない」ことを理由に，留保をおこなうことが「できる」。しかし，厳密にいえば，このOBC自体は憲法のどこにも定義されていない。端的にいえば，このOBCと社会的・教育的後進階級とは同じ階級を意味するのか否か，その認定と留保の基準はどのようなものであるべきだと考えるのか，が論議の対象となってきたのである。

2 アファーマティヴ・アクションと留保措置をめぐる憲法問題
（1） 初期の学説
インド憲法が明記する平等権は，普遍的な内容を当然に含みつつも，比較

憲法的にみて，注目すべき特徴を持ち，かつ総合的な内容を有している。上述したように，マイノリティへの保護およびマイノリティへの権利保障規定としてのインド憲法の各条項は，SC/STへの留保を憲法上明記しつつも，その他の後進階級に対しては，「優遇・配慮」を求めつつ，留保については否定的であったということができる[51]。憲法制定後，すぐにこの問題は顕在化し，留保の拡大が政治的な争点となるとともに憲法上解決すべき重要な論点を生み出してきた。この問題は，ソリ・J・ソラブジー（Soli J. Sorabjee）が次のように一般化している。「……アメリカ合衆国の状況と重要な違いなのであるが，インド憲法の起草者たちは，憲法自体の中に補償的差別の明示規定を盛り込んだ。……かくして，（他の多くの国と異なり）インドは不利益を受けてきたマイノリティのための各種の優遇措置に関する論議の大部分を免れてきたのである。しかし，優遇措置を認める憲法上の例外が非常に拡大されてきたので，非差別の一般原則が無効になってしまうのではないかとの深刻な問題が生じてきた。補償的差別は，それ自体が目的なのではなく，補償的差別が不平等状況を救済したときには終了すべきだと考えるのが基本である」[52]。同趣旨のことを，インドの代表的な憲法学者P.K.トリーパティ（P.K. Tripathi）も，次のように述べている。「（社会的後進性の基準に関して）……第一に，カーストや宗教が後進性の基準と認められるなら，第15条4項は，同1項の権利に完全に優位することになる。その結果は避けねばならない。第二に，1項はカーストを基準とした分類を禁じており，4項は社会的・教育的な後進性を基準とする分類を認めているので，4項の後進性認定のための基準は，カーストを避けねばならない。第三に，カーストを後進的とみなすものは，すでにSCの範疇に含められており，4項に明記されている。したがって，『階級』という表現は，カースト集団以外の集団を述べたものと解釈される。第四に，憲法の起草者たちは，どのカーストの人々が後進的であり，かかる認定による保護と特権を受ける資格があるのかを決定することを州に委ねる意図がなかったことを憲法の条文が示している」[53]。しかし，とりわけマンダル報告書とマンダル事件判決をめぐる論議の中で学説も，より詳細，多岐にわたって展開されるようになった。

（２）　判例および学説の概要

これまで論じてきたことも含めて，以下，判例および学説を整理してみたい。

(a)　後進階級のための特別規定　　第15条4項に基づく特別規定は，後進階級の発展のための積極的措置に限定されないし，教育機関およびその他の社会組織における留保をおこなうことができる。この補償的・保護的差別政策は，憲法の目的である「社会正義」を実現するためのものであるが，その内容と程度は，合理的なものでなければならず，究極の公益，すなわち国民的利益と社会の利益に合致するものでなければならない[54]。第15条4項は，第16条4項と同じく授権規範である。したがって，留保は正当な範囲を超えることはできない[55]。後進階級への定員枠留保は，その構成員がすでにその能力によって競争を経て留保定員を確保しているならば適用されない。また，留保をおこなうにあたっては，その他の国民の基本権を無視してはならない。特別規定は，いくつかの関連する考慮と結果を客観的に比較衡量したうえでなされる。したがって，留保は定期的な見直しをおこなう必要がある[56]。

高等教育のための特別規定を設けるにあたって，国民的利益を損なうまでに教育水準を低くしたり，学生の質を下げたりすることはできない。したがって，高度専門職業人養成教育機関への入学には留保をおこなうべきでないとする判例もみられる[57]。次のような事例について，判例はこれを無効と判示してきた。①すべての専門教育機関で定員の68％の留保をおこなうものとした事例，②SCまたはSTの志願者が一人いた場合，その他のすべての志願者を不合格にして，その一人を合格させた事例[58]。

(b)　後進階級の認定とその基準　　第330条および第332条がSC/STへの留保を明記しているのに対して，それに対応する後進階級についての留保規定は存在しない。しかし，第16条4項は，第335条とあわせて解釈すれば，国民の後進階級の任命またはポストの留保規定を設けることができる[59]。したがって，留保をおこなう場合には，その特定・認定には客観的な基準（テスト）が必要である。後進性の概念については，それを結局のところ貧困の結果であるとするのか，何らかの形でカースト基準を認めるのかについて鋭

い対立が続いてきた。後進性の概念は,社会の最も発展した階級との関係で後進的だとされる人々が含まれる階級という意味ではない。一般的にいえば,あるカーストが全体として社会的かつ教育的に後進だとみなされたとき,そのカーストを後進階級リストに載せることが認められる。カーストは,後進性を決定する関連事項の一つである。しかし,カースト以外の関連考慮要素に基づいてあるグループを後進的だと適切に分類しているときに,その分類がカーストを考慮に入れていないという理由で,無効とすべきではない[60]。OBCの認定にあたってカーストの役割をどのようにとらえるかについての混乱は,「分類単位としてのカースト (Caste as a unit of classification)」と「後進性認定単位としてのカースト (Caste as a measure of backwardness)」との区別を判例が明確にしてこなかったからだとM.ギャランター,パーマナンド・シンなどは批判している[61]。

ある人が,婚姻または養子によってSC/STまたはOBCになったとき,その人は必然的にSC/STまたはOBCが被ってきた無能力,不利益,侮辱または苦痛を受けることになるので留保の手段を利用する資格を得る。しかし,発展カーストに生まれ,有利な人生を歩んできた人が,養子,婚姻または改宗によって後進階級に移ったとき,その人は第15条4項または第16条4項のいずれに基づく留保の便益をも受けることはできない。というのは,SCなどの地位を自発的意思によって得,留保を求めることは「憲法上の詐欺を演ずる」ことになり,憲法の趣旨を逸脱すると考えられるからである[62]。

後進性の分類基準を裁判所が設けることはできない。裁判所は,ある分類基準,認定基準が恣意的で裁量の濫用であると判断したときに介入することができる。裁判所が,恣意的・差別的であり無効とした分類には,次のものがある[63]。①ブラーミン以外のすべてのコミュニティを社会的・教育的に後進だとする分類,②識字率の高いコミュニティを後進階級に含め,それより低いものを含めない分類,③人口の95%を後進的と分類し,特別規定の対象とする分類,④SC,STおよびOBCの三つの階級に同じ割合を留保し,各階級の留保枠未充足数を他の後進階級に繰り入れるとする分類。

なお,後進的だと認定された階級の中に富裕層が含まれていてもかまわな

いが，富裕層は，留保対象者から除かねばならない。というのは，留保の便益が，当該階級の最も貧困で困窮している部分に及ばねばならないからである。富裕層を留保の対象から除外しない議会または行政の行為は，第15条1項および4項違反となる[64]。

(c) 留保割合　第16条4項に基づいて認められる留保は，人口比例代表やコミュナル別代表ではなく，州の全公務との関係で十分な代表かどうかを問題とするものである[65]。この留保は，第16条および第335条が保障する平等を無意味ならしめる程に過度なものであってはならない。したがって，一般的には，特定の年度になされる任命または補職の50％を超えてはならないということができる。年度を超える留保の「先送り」ルールは，第16条4項の保障の範囲外と考えられるが，例外が全く認められないわけではない。付加的な留保が要請されるとき，そのルールと，合憲性の確保が求められる。判例が認めた例外としては，次のものがある。①住民全体が，他よりも著しく後進的である地域においては50％を超えることもありうる，②ある後進階級の構成員が，公開競争試験の成績によって選抜されたとき，それを50％の留保枠に不利にカウントしてはならない，③後進性以外の他の理由，例えば障害者のために第16条1項を根拠としてなされた留保は，同4項に基づく50％枠の中にカウントしてはならない，④50％限界の算定単位は，各年度であり，職種の全体ではない。

留保数の「先送り」のルールについては，憲法第81次改正により，第16条に4B項を追加することによって解決がはかられてきた。この4B項は，未充足留保定員を一つの別の「階級」とみなすことによって，50％算定の枠外としようとするものであった。この4B項の合憲性については，憲法上の疑義が争われている。

(d) 採用（任命）および昇進　「雇用」または「任命」という言葉は，選抜職への昇進を含むほどに広いという考えもあった。しかし，マンダル事件判決が昇進は任命には含まれないと判示したので，論議が再燃した。マンダル事件判決（多数意見）は，昇進における留保は，行政の効率性を損ない，憲法第335条に違反するとしたのである。その後，憲法第77次改正では，第

16条に4A項が追加された。

　憲法では,「ポスト(職位)」という文言が例えば第310条1項や第311条1項などにも用いられている。最高裁は,「任命」と「ポスト」という二つの文言は,後進階級が十分には代表されておらず,「職務外ポスト(ex-carde post)」を含まない職種のことをいうと判示した[66]。しかし,その場合でも,「任命」と「ポスト」という二つの文言は,当初の任命のことをいうのか,または,「選抜ポスト」,すなわちすでにある職種に任命されている人の中から昇進をおこなう「任命」を含むのか否かという論議は残った。

　また,選抜による昇進にあたって,その採用時期,現職への昇進時期が「留保」あるいは基準の緩和によってなされたものであるとき,留保カテゴリーの昇進対象者が「先任」性を主張しうるのかどうかが問題となる。この点については,以前の昇進における特別優遇の要素を排除しなければ,逆差別となり第14条から第16条が保障する平等に違反することになるとの判決がある[67]。

　(e)　高等教育機関における留保　　第15条1項に基づき,すべての市民はその能力に応じて(人種,宗教,カーストまたは言語にかかわらず),SC/STおよびOBCのための例外を除いて,均しく教育を受ける権利を有し,教育施設に入学する権利を持つ。後進階級に対して初等・中等教育のみならず,まさに高等教育を受ける機会が保障されなければ,社会正義の実現と後進性からの脱却は実現されない。しかし,高等教育には,その教育を受けるに必要最小限の「学力」が必要であり,教育目的の達成という要請も全国民的な課題である。問題は,入学試験および在学中の成績評価の「緩和」(優遇措置)が認められるのか,認められるとすればどの程度なのか,ということに帰着する。

　判決は,合格最低点をなくしてしまうことはできないが,合格最低点を引き下げることは認められるとする。最低点の引下げは,その教育機関での教育を不可能にするまでに下げてはならない。留保の目的は,一般志願者と競争して,高等教育を受ける機会を奪われないということだからである。もちろん,留保枠で一定の成績を得て入学した学生に対して,その将来の進路

（例えば医者）にふさわしい学力を身につけるべく，特別の配慮プログラムを工夫しなければならないことは当然である。

（3）「基本的人権としての留保」を考えることができるのか

OBCへの留保などを憲法解釈論としてどう構成すべきなのかを明確に提示するのが，裁判所に期待された役割であったはずである。裁判所は，後進性の分類および認定基準をつくることはできないが，ある分類基準，認定が恣意的で裁量の濫用だと判断することはできる。すなわち，裁判所は本来，補償政策の採用とそれ以外の優遇・便宜措置をとることとの間の憲法上のバランスをとる機関として期待されていた[68]。しかし，M.ギャランター（M. Galanter）も指摘するように，今日では「留保政策のより大きな境界線を形成し，その動機づけを与える政治プロセスの一つとなっている」[69]。裁判所が，その本来の伝統である留保権限の政治的濫用と歪曲に対する統制をおこなうには，あまりにも平等と補償的差別の論議が多面的で対立的な構図をとってしまっているともいえる。マンダル事件判決によって，最高裁もポピュリズムに陥ったといわれる所以である。しかし，この問題の最も基本的で本質的な点は，少なくとも明確にしておく必要があろう。

それは，「留保」の憲法的性質である。第15条4項および第16条4項は，一つの「できる規定」（…することができる）であり，後進諸階級の構成員のための基本権を創設するものではない[70]。すなわち「国」（第12条でいうところのもの。したがって，国，州および地方のすべての機関を意味する。）に優遇や留保をおこなう権限を与えるものであり，その基本的な内容は，憲法の基本構造をなすものと考えられてきた。したがって，たんなる政策規定ではなく，「憲法政策」規定だということもできる。これに対して，マーヘンドラ・シン（Mahendra P.Singh）は，これらの留保規定（SC/STに対するものに限定しつつ）もそれらが憲法第三編「基本権」に明記されているかぎり，「基本権」規定，すなわち基本的人権を保障したものだとする[71]。彼は，第三編の規定すべてが基本権ではないことを当然のこととして認めつつ，第15条4項および第16条4項は国に積極的義務を課しており，かつこれに対応する権利をSC/STに与えた規定であるとする。その理由づけとしては，憲法制定過程において，

第三編と第四編が分けられたとき,あえて第三編「基本権」に残されたこと,社会福祉国家における基本権は,多様な権利を含むこと,第335条との対応関係によっても「権利」であると解釈できること,留保措置を「政令」でおこなうことができること(第14条,および第15条1項の基本権の「制限」だとしたら,法律でおこなわなければならないはずである。),さらには,教育を受ける権利(第41条,45条および第46条)が第21条とあわせて基本権と理解されるようになっていること,などを挙げる。また,ドゥオーキン(R.Dworkin)の「平等への権利」の概念も援用する。ドゥオーキンは,「平等への権利」にも二つのもの,すなわち「平等処遇に対する権利(right to equal treatment)」と「平等な者として処遇される権利(right to treatment as an equal)」とがあり,後者の権利のほうが基本的な権利であり,平等処遇に対する権利は派生的な権利であるとする。社会的・全体的な観点からみて,より多く必要とされるものをみたす措置が,社会の構成員のそれぞれに「平等な者として処遇される権利」を尊重する措置だと考えるのである。

これに対して,パーマナンド・シンは,まずマーヘンドラ・シンの論議が,OBCへの留保を権利の問題として論じているのではなく,それがSC/STへの留保の問題に限定して論じられていることを確認した後,次のように批判する[72]。ドゥオーキンの「切り札」としての権利は,アメリカ合衆国などのアファーマティヴ・アクション(優先処遇)を正当化する論議ではあるが,インドでおこなわれている留保が基本権であることを説明する論議ではない。また,優遇措置が平等の保護に対する個人の権利を侵害するかどうかが問題にされているのであり,ある人が優遇留保枠の設定を求める「権利」として主張しうるかどうかを問題にするものでもない。すなわち,権利とは,望ましいこと,良いことをなすべきだとする(a proper policy)ものではなく,特定の規範的意味を有するものでなければならない。したがって,何人をも等しく配慮・尊重して扱うことを国に義務づけることは平等扱いの「原則」であり,権利ではない。

ただ,「平等」の内容が現実化しつつあり,『有利さへのアクセスの平等』論など各種の平等論が論議され,一方で,国際的にも人権概念の新たな構成

が試みられている今日[73]，インドにおける「平等」の実現をあらたな理論枠組みでとらえようとするマーヘンドラ・シンの主張は，そのドゥオーキン理解を別にして注目にあたいする。少なくとも，SC/STの問題に限定すれば，すでにそれを憲法制定時に「あらたな基本的人権」として構成しようとの試みがあったともいえ，今日，それがOBCとの関係で曖昧になり，政治的・政策的な課題との混淆が意図的になされてきたともいえるからである。

IV　むすびにかえて——マイノリティと「関係性の『豊かさ』の創造」

1950年に施行されたインド憲法は，独立後のインドの「豊かな」将来像をどのように構想していたのだろうか，また「豊かな」国民国家インドの実現のためには何をどのように解決していこうとしていたのだろうか。本書は，その模索・営為そのものが同様の困難をかかえる諸外国にいくつかの先例的試みを提示してきたこと，と同時に50数年の歩みのなかで限界にぶちあたり修正を余儀なくされた手法もあること，さらには，憲法制定時にはおそらく想定されていなかったにちがいないあらたな手法を憲法解釈論，最高裁判例としてあみ出してきたことなどを明らかにしようとしたものである。本章で扱ったアファーマティヴ・アクションと留保措置の問題，および本書で取り上げた「インドにおけるマイノリティ」の憲法問題は，憲法とマイノリティ，マイノリティと国民国家をめぐる多くの課題に貴重な示唆を与えるものと思われる。最後に，本書で詳細に述べてきたことをふまえ，ここでは二つのテーマにしぼり，明らかになった問題点を論争提起的に述べてみたい。

1　インド憲法の目指す「社会的，経済的，および政治的正義」と「平等」の実現

インド憲法前文は，「われら，インド人民（We, the People of India）」が主体となってつくり上げていくべき国民国家の理念を明記し，「すべての国民に社会的，経済的，および政治的正義」と「平等」を確保することを宣言している。これらの具体化は，膨大なインド憲法の個別条文と，その頻繁な改正

によってはかられてきたが，抽象的，端的にいえば基本的人権の観念，その内容の見直しを含む保障枠組みの再構成，統治システムの不断の民主主義的構築への努力，ということになろう。本書のまとめとして，10億すべての国民が統治の担い手（主権者）であり，かつ，たんに保護の対象ではなく基本的人権の主体たりうるために制憲者たちが構想したものと，それらが1980年代に大きく変化（変容）し，1990年代以降あらたな展開をみせている二つの問題について紹介し検討してみたい。

一つは，「正義と平等」実現のための手段として比較憲法的にも注目されてきた，国民の弱者層に対する優遇措置・留保措置の問題であり，もう一つは，最高裁が，「虐げられた人びとの最後の頼みの綱」として積極的な関与をおこなうSAL（Social Action Litigation——社会活動訴訟）の問題である。結論を先取りしていえば，二つとも「正義と平等」の実現手段として多くの成果をあげ，インドにおいてのみならず各国の関心をよぶ重要な意味を持っているが，前者（優遇措置・留保措置）は一定の限界と困難さを示しており，後者（社会活動訴訟）は，今後のさらなる可能性を示唆するものと評価できると考える。

2 優遇措置のみならず留保（Reservation）措置の憲法的承認とその「広がり」

すでに紹介してきたようにインド憲法は，国民への平等な権利の保障，社会的差別・不平等からの保護を定めるとともに，特定のグループに属する人々への特別保障，特別措置を明記している。法の下の平等，機会均等，および差別の禁止にとどまらず，アファーマティヴ・アクション（優遇措置）と留保措置（Reservation）を憲法上明記した（多くの国のようにたんなる立法政策によって解決をはかっていくものとはしなかった）ことはインド憲法の大きな特徴であろう[74]。

インド憲法がSC/STに対する優遇措置・留保措置を明記したのは，過去の不正義の矯正としての補償的差別であると解されてきた。しかし，その後展開されていった「その他の後進諸階級（OBC）」（OBC自体の定義規定は憲法に

は存在しない)に対する優遇措置・留保措置については補償的差別という論拠では十分に説明しきれない。このため，アファーマティヴ・アクションと留保措置の拡大をめぐっては，暴動・暴力事件を含む厳しい社会的対立を引き起こしてもきた。

　この問題については，簡潔にまとめると次のようにいえると思われる。

　① 憲法制定過程の最終段階でムスリムなどのマイノリティへの優遇・留保措置規定は削除されたが，SC/STへの留保規定は残された。憲法は，「マイノリティ」の概念をできるだけ避け，「国民」形成，国民「統合」に大きなウェイトを置いたといえよう。しかし，一方でSC/STなどに対する「後進性」改善・克服のための過渡的措置は必要不可欠とされている。

　② 憲法第1次改正(1950年)など，最高裁判決との関係でおこなわれた憲法改正のいくつかはこのテーマに関するものである。その後の憲法改正により，いわゆるOBCなどへの優遇措置も明記されていくことになる(第15条4項，16条4B項)。

　③ 最高裁は，「カースト」を後進性の基準とすることに否定的であり，この姿勢は1963年のバラージ事件判決[75]で集大成される。

　④ しかし，1992年のマンダル事件判決[76]において最高裁は「カースト」を後進性の分類基準とするマンダル報告書(1980年)の立場を基本的には承認する。このマンダル事件判決に対しては，最高裁もポピュリズムに陥ったとする法曹界などからの批判があった。

　⑤ いわゆるOBCなどへの優遇・留保措置が憲法上明記されたことを受けて，SC/STへのさらなる優遇・留保を憲法上明記することを求める動きがおこり(1990年代後半)，そのいくつかは憲法改正により明記された(16条4A項，335条但書)。

　これらのことから，次のように考えることができるのではないだろうか。

　憲法の規範的要請としてSC/STに対する優遇・留保措置を明記したことには積極的意義が認められる。このことを軽視することは許されないだろう。また，過渡的・例外的な措置であってもそれらを事情により延長することは

当然ありうるし，さらには，一定の範囲でその内容を当初予定されていなかった「他者」に及ぼすことも考えられうる。しかし，「優遇する・しない」というあらたな線引きが隣接する他者との緊張関係を生み出す場合には，経済的には貧しいなかでも支えあい，共同して築き上げてきた従来の「豊かな」関係を切断し，対立・緊張しあう関係（個的であるとともに集団的であるような「開かれた共同性」ではなく）を増幅する機能を果たすこととなろう。また，そのあらたな線引きが，憲法が克服の対象とした「カースト」を主たる基準としておこなわれることは，やはり問題点のほうが多いように思われる。もちろん，インドにおける民主主義を考えるとき，伝統的共同体の問題を全く無視して（切り離して）考えることはできないし，象徴的にいえば，「カーストの自由」と「カーストからの自由」をどう考えるかという困難な問題があることをふまえた上でのことであるが。

インド憲法の明記した優遇・留保措置は，今日なお政治参加の保障・拡大という選択可能で「豊かな」積極面を持つとともに，「弱者層」(46条)にあらたな分断と各種の「貧困」を生み出す措置として，克服すべき問題を多々はらんでいる。

3 「国家政策の指導原則」の基本権化，および社会活動訴訟（SAL）の展開

インド憲法は，その第三編を「基本権」とし，基本権とは「裁判に訴えて実現しうるもの」であることを明記している。これに対して第四編「国家政策の指導原則」は，裁判に訴えて実現しうるものではないが，「国の統治にとって基本的なものであり」，立法府はこれらを実現することを義務づけられているのである。

この問題について，簡潔にまとめると次のようにいえると思われる。

① 初期の最高裁は，指導原則を実現しようとする立法を基本権侵害として違憲判決を下してきた（指導原則に対する基本権の優位を承認）。

② その後，最高裁は，基本権と指導原則とが調和的に実現できるように法令を解釈しようとしてきた。

③　同時に，一定の指導原則に基本権としての憲法的性格を認める解釈を示してもきた（子どもの教育への権利など）。

④　1980年代後半以降，最高裁は指導原則を実現しようとする立法の合憲性を判断する，という受動的姿勢から，司法府が社会正義を実現するために積極的に関与すべきだという立場に変わってきた（いわゆるSALの開始，展開）。

⑤　これにともない従来の「近代的な」訴訟手続論などを大胆に見直し，令状請求訴訟という，ある意味で古典的な権能を手がかりに現代的な司法積極主義をとって，人権を具体的に保障してきている。

このSALは，司法パターナリズムという側面を持っているし，人権保障分野における司法府の自己主張（人権保障の役割は，人権委員会など裁判所以外の機関でおこなうよりは，やはり裁判所で，という）もあるかもしれない。しかし，すべての国民が「裁判を受ける権利」を持っており，それを行使することによって基本的人権のまさに「主体」となるべきだという理念の実現のために国民各層が連携しあうシステムととらえることができる（そこには，たんなる合理性を超えて，人間の自立性や主体性を見出そうとし，自分の周囲にいる人たちの願いを自らの使命として引き受けようとする，いわゆる「エージェンシー論」の影響なども読みとれよう[77]）。従来は孤立し，他者との関係を切断され，自らは「語ることのできない」ものとされ，周辺化，さらには不可視化されてきた人々が，ジャーナリスト，NGOなどの活動に支えられ，それを裁判所がサポートすることによって，「虐げられた人々」が他者と自由で平等な関係性を構築できるならば，隣接しあう国民の潜在的な能力を相互に発掘し，生かしていくことが可能となるのではないだろうか。この試みは，インドにおける国民間の豊かな関係性を創出する可能性を持っており，インド憲法が前文冒頭に明記した，まさに「われら，インド人民（We, the People of India）」の形成と統合にかかわる「豊かさ」の一つを含んでいると思われる。

1) Kagzi [2001] pp.741-50.インド憲法およびインド国内政治に関する文献としては，稲 [1993]，堀本 [1997]，古賀・内藤・中村 [1998]，広瀬 [2001] など参照。また，

第4章　インド憲法におけるアファーマティヴ・アクションと留保措置

インド憲法に関する最近の学説,判例については,Basu [2001]; Kagzi [2001]; Jain [2000]; Verma/Kusum [2000] などを参照した。
2) AIR 1995 SC 1648.
3) 押川文子『カースト制度と被差別民第5巻　フィールドからの報告』(明石書店,1995年) など参照。
4) 押川文子「インド政治とカースト」『講座現代アジア2　近代化と構造変動』295頁,320頁 (東京大学出版会,1994年)。
5) 憲法制定過程でB.R.Ambedkarを除く多くの委員が現第16条4項の削除を求めていたことについて,Shyamla Pappu, "Secularism, Equality, and Article 15 (4) and 16 (4)", in Kashyap [1993] p.110.
6) 山口博一「インド政府『後進諸階級委員会報告書』の研究」アジア経済第25巻1号2頁 (1984年),押川文子「インド社会像におけるカースト——二つの『後進階級委員会報告書』をてがかりに」アジア経済第30巻3号2頁 (1989年),孝忠 [1995 (c)] [1996] など参照。
7) 南アジアの国家と国民統合の課題については,佐藤宏編『南アジア現代史と国民統合』(アジア経済研究所,1988年) など参照。
8) *State of Madras v. Champakam Dorairajan*, AIR 1951 SC 226.最近の判決でも,県単位の入学割当数を固定することは憲法第14条に違反するとしたものがある。*Govind A. Mane v. State of Maharashtra*, AIR 2000 SC 1576.
9) C.A.D.vol.Ⅶ,pp.701-2; Singh,P. [1998] pp.28-30.
10) Basu [2001] p.126.
11) *M.R.Balaji v. State of Mysore*, AIR 1963 SC 649.
12) *R.Chitrallekha v. State of Mysore*, AIR 1964 SC 1823.
13) *Janki Prasad v. State of Jammu&Kashmir*, AIR 1973 SC 930.
14) *State of U.P. v. Pradip Tandon*, AIR 1975 SC 563.
15) *P.Rajendran v. State of Madras*, AIR 1968 SC 1012.
16) *Periakaruppan v. State of Tamil Nadu*, AIR 1971 SC 2303.
17) *K.C.Vasanth Kumar v. State of Karnataka*, AIR 1985 SC 1495.
18) *State of A.P. v. U.S.V.Balaram*, AIR 1972 SC 1375.
19) *Triloki Nath v. State of Jammu&Kashmir*, AIR 1969 SC 1.これらの判決について,Mrs. Beena Chaudhary, "Caste as a Criterion to Social and Educational Backwardness", 30-2 Civil & Military Law Journal 143, 1994.
20) *K.S.Jayasree v. State of Kerala*, AIR 1976 SC 2381.
21) *State of Kerala v. N.M.Thomas*, AIR 1976 SC 490.
22) この報告書について詳しくは,孝忠 [1995 (c)] [1996] を,その要旨については,後掲資料Ⅱを参照されたい。マンダル報告書とマンダル事件判決については,Vib-

hute [1993]; Bhatia [1995]. とりわけ後書に収録された, M.K.Bhandar, "Social Justice through Reservation: Dr.Ambedkar Revised", p.189. は, 憲法研究者の見解を紹介・分析した後, マンダル報告書は, 「アンベードカル博士が精力的に反対してきたカースト主義の再生であり, 政治的人気取りを立憲主義に優位させたもの」だと批判する。また, 同書中のSunil Mahajan, "Social Justice and Protective Discrimination in Favour of Scheduled Castes, Scheduled Tribes and Backward Classes", p.348. もマンダル報告書の内容および方法論上の欠陥を指摘する。さらには, Indian Bar Review, vol.17 (3&4), 1990;vol.18 (1), 1991が特集を組んだ。

23) *Indra Sawhney v. Union of India,* AIR 1993 SC 477; 1992 Supp. (3) SCC 217.
24) マンダル事件判決については, J.N.Pandy, *Constitutional Law of India,* 3rd ed., Central Law Agency, Allahabad, 1994. など参照。
25) Singh.P. [1998] p.42.
26) *Commissioner of Commercial Taxes, A.P.,Hyderabad v. G.Sethumadhava Rao,* AIR 1996 SC 1915. は, 留保の原則は, 最初の募集のみならず, 昇進にも適用されると判示した。マンダル事件判決がSC/STへの留保に与える影響について, D.N.Sandanshiv, "The Mandal Judgement: Deprivation without Hearing", A.U.Law Journal, 1993-1, p.13.
27) *Ajay Kumar Singh v. State of Bihar,* (1994) 4 SCC 2894.
28) *Post Graduate Institute of Medical Education & Research v. K.L.Narasimhan,* (1997) 6 SCC 283.
29) *Preeti Srivastava v. State of M.P.,* AIR 1999 SC 2894.
30) *State of M.P., v. Nivedita Jain, Kumari,* AIR 1981 SC 2045.
31) *Sadhna Devi v. State of U.P.,* AIR 1997 SC 1120.
32) *Ajit Singh* II *v. State of Punjab,* (1999) 7 SCC 209.
33) 以前の, *Union of India v.Virpal Singh Chuhan,* AIR 1996 SC 448; *Jagdish Lal v. State of Haryana,* AIR 1997 SC 2366. を変更するものである。
34) *Haridas Parsedia v. Urmila Shakya,* AIR 2000 SC 278; *Ram Bhagat Singh v. State of Haryana,* (1997) 11 SCC 471. 前者の判決は, 1971年M.P.州交通局職員 (Ⅲ種行政職) 募集規則11-A条に基づいてなされる募集について, 同20条は, SC/ST志願者への合格最低点の緩和を認めるが, その緩和が憲法第16条4項に基づき認められると判示した。
35) (1997) 7 SCC 209.
36) The Tamil Nadu Backward Classes, Scheduled Castes and Scheduled Tribes (Reservation of Seats in Educational Institutions and of Appointments or Posts in the Services under the States) Act,1993 (Tamil Nadu Act of 1994).
37) *S.Vind Kumar v. Union of India,* (1996) 6 SCC 580.

38) A Consultation Paper on Enlargement of Fundamental Rights, http://ncrwc.nic.in/vsncrwc/panel71.htm
39) 堀本武功「保留議席（指定カースト）の成立経緯とその後の展開」［大内1977］73頁。
40) 同99頁。なお，指定カーストが仏教に改宗したときには，ヒンドゥーではなくなるので，指定カーストではなくなり，留保議席への立候補資格は認められない，とされた。しかし，その後各州および連邦直轄領ごとに作成する「指定されたカースト」のリストに仏教徒を含めるなどの措置がとられるようになっている。押川文子「独立後の『不可触民』——なにが，どこまで変ったのか」『カースト制度と被差別民　第五巻』（明石書店，1995年）19頁以下など参照。
41) 押川文子「独立後インドの指定カースト・指定部族政策の展開」アジア経済第22巻1号26頁（1981年）。
42) 同30頁第3表参照。
43) Norio Kondo, *Indian Parliamentary Elections after Independence: Social Changes and Electoral Participation*, IDE, Tokyo, 2003.
44) 広瀬崇子編『10億人の民主主義』（御茶の水書房，2002年）など参照。
45) 同11頁以下。
46) Rajini Kothari, *Politics in India,* 1970.
47) 高橋和之「『国民内閣制』再論（上）」ジュリスト1136号65頁（1998年）。
48) ラジニ・コタリ著，広瀬崇子訳『インド民主政治の転換』184頁（勁草書房，1999年）など参照。
49) Sunil Mahajan, "Social Justice and Protective Discrimination in Favour of Scheduled Castes, Sheduled Tribes and Backward Classes", in Bhatia［1995］pp. 348, 352.; Sharma,S.K.［1989］p.90-.
50) (1995) Supp (3) SCC 146. は，SC/STへのポストの留保を認め，OBCへの留保を認めない措置は，差別ではないと判示した。
51) マンダル事件判決は，優遇や除外は，留保の補助手段だと考える。
52) Soli J.Sorabjee, "Equality in the United States and India", in: Henkin/Rosenthal［1990］p.94. また，S.Chanderは，「後進性は，それ自身永続する傾向を持っている。したがって，後進リストに挙げられた人々は，享受する各種特権や便宜のためにその後進性を維持しようとする。かくして，後進性それ自体が所与の利益となる。」(Chander［1995］p.108.) と述べる。
53) P.K.Tripatthi, *Some Insights into Fundamental Rights,* University of Bombay, Bombay, 1972, p.204.
54) AIR 1999 SC 2894.
55) Basu［2001］p.127.

56) (1999) 7 SCC 209.
57) AIR 1999 SC 2894.
58) *Abdul Latif v. State of Bihar,* AIR 1964 Pat. 393.
59) State of Bihar v. Bal Mukund Sah, AIR 2000 SC 1296.
60) Basu [2001] p.129.
61) Galanter [1984] p.232 ;Parmanand Singh, "Current Reservation Critics in India:Reflection on Mandal Report", 17 (3&4) 18 (1) Indian Bar Review 205 (1990-91).
62) *Valsamma Paul v. Cochin University,* AIR 1996 SC 1011.また, *Soosai v. Union of India,* AIR 1986 SC 733.は, ヒンドゥー社会秩序の中でカースト構成員が被ってきた無能力や不利益が, 改宗コミュニティのあらたな環境の中でその過酷な抑圧が続いている場合を除き, 改宗によりSCではなくなると判示した。
63) Basu [2001] p.131.
64) AIR 2000 SC 498.資産テストは, 後進階級中の豊かな層を除くためのものである。*Ashok Kumar Thakur v. State of Bihar,* (1995) 5 SCC 403.
65) 一般に, 県単位の割当数を固定することは, 憲法第14条に違反する (AIR 2000 SC 1576.) が, アッサム医科大学の学部・大学院で, 医科大学を持たないアルナチャール・プラデーシュ, メガラヤ, ミゾラム, ナガランドおよびトリプラの五つの州の志願者に対する同数 (2名) の留保は, この五つの州の志願者が別の「階級」を構成しているので有効と判示した (*Narayan Sharma(Dr.) v. Pankaj Kumar Lehkar(Dr.)* AIR 2000 SC 72.)。
66) *General Manager, Southern Railway v. Rangachari,* AIR 1962 SC 36.この判決は, マンダル事件判決によって変更された。
67) AIR 1996 SC 1189.
68) アンベードカルも, 裁判所がこのような役割を果たすべきことを強調していた (C.A.D. vol.Ⅶ, pp.700-02.)。Aparajit [1992] p.326.
69) Galanter [1984].
70) (1999) 7 SCC 209.
71) Singh,M. [1994] pp.31-41.; "Jurisprudential Foundations of Affirmative Action: Some Aspects of Equality and Social Justice", 10&11 Del.L.Rev.3 (1981-82).
72) Singh,P. [1995] ; "Some Reflections on Indian Experience with Policy of Reservation", 25J.I.L.Inst.46 (1983).
73) 国際人権に関する多数の論稿の中から, ここでは, 大沼 [1998] のみを挙げておきたい。また, 人権を「Right to be Human」と構成する考えについて, 安田 [1994] などを参照。

74) Thomas E.Weisskopf, *Affirmative Action in the United States and India,* Routledge, New York, 2004.
75) *M.R.Balaji v. State of Mysore,* AIR1963SC649.
76) *Indra Sawhney v. Union of India,* AIR1993SC477.
77) 柏木隆夫『市場経済の哲学』146頁（創文社，1995年）。

資料Ⅰ　インド憲法

　（1950年1月26日に施行されたインド憲法は，その後90回を超える改正がおこなわれている。ここでは，本書で論及した，あるいは本書の内容と密接に関連する条文のみを以下に紹介する（2003年第92次改正まで）。インド憲法の詳細な訳出としては，筆者による，『インド憲法──概要及び翻訳』（衆議院憲法調査会事務局，2002年），「インド憲法」（阿部照哉・畑博行編『世界の憲法集〔第三版〕』所収，有信堂，2005年），および『インド憲法』（関西大学出版部，1992年）がある。なお，孝忠延夫・浅野宜之『インドの憲法』（関西大学出版部，2005年）（近刊）も参照していただければ幸いである。）

インド憲法（抄）

前　文
　われらインド人民は，インドを主権を有する社会主義的・政教分離主義的・民主主義共和国となし，すべての国民に，
　　社会的，経済的および政治的正義，
　　思想，表現，信条，信仰，および崇拝の自由，
　　地位および機会の平等
を確保し，
かつ，すべての国民に，
　　個人の尊厳と国民国家の統一および統合をもたらす友愛を
促進することを
厳粛に決意し，
　1949年11月26日憲法制定議会においてこの憲法を採択，制定し，かつ，われら国民自身に付与する。

第一編　連邦およびその領域
第1条　（連邦の名称およびその領域）
　1．インドすなわちバーラトは，諸州の連邦である。（以下略）

第二編　公民権

第5条　（この憲法施行の際における公民権）

　この憲法施行のときにおいて，インド領内に住所を有する者であって，次に掲げる者は，これをインド公民とする。

(a)インド領内において出生した者

(b)両親のいずれかがインド領内で出生した者　または

(c)この憲法施行に先立ち5年以上インド領内に正常に居住した者

第三編　基本権

第12条　（定義）

　この編において『国』とは，文脈の許すかぎり，インドの政府および国会，各州の政府および議会ならびにインド領内またはインド政府の監督の下にあるすべての地方機関その他の機関を含むものとする。

第13条　（基本権と抵触し，または基本権を侵害する法律）

　1．この憲法施行までインド領内で効力を有していたすべての法律は，この編の規定に抵触するかぎり，その限度において無効とする。

　2．国は，この編によって与えられる権利を奪い，または制限する法律を制定してはならず，この項に違反して制定される法律は，その限度において無効とする。

（以下略）

第14条　（法の下の平等）

　国は，インド領内において，何人に対しても法律の前の平等または法律の平等な保護を否認してはならない。

第15条　（宗教，人種，カースト，性別または出生地を理由とする差別の禁止）

　1．国は，宗教，人種，カースト，性別，出生地またはそれらのいずれかのみを理由として公民に対する差別をおこなってはならない。

　2．公民は，宗教，人種，カースト，性別，出生地またはそれらのいずれかのみを理由として，次に掲げる事項に関し無資格とされ，負担を課され，制限を付され，または条件を課されることはない。

(a)店舗，公衆食堂，旅館，および公衆娯楽場への立入り

(b)全部または一部が国家基金により維持され，または一般の用に供されている井戸，用水地，浴場，通路または娯楽地の使用

　3．この条の規定は，国が女子および子どもに対する特別規定を設けることを妨げるものではない。

　4．この条および第29条2項の規定は，国が公民の社会的・教育的後進階級また

は指定カーストおよび指定部族の進歩のために特別規定を設けることを妨げるものではない。

第16条　（公務への雇用における機会均等）

1．国の下にある官職への雇用または任命に関する事項については，いかなる公民も平等の機会を与えられる。

2．いかなる公民も，宗教，人種，カースト，性別，家柄，出生地，居住地またはそれらのいずれかのみを理由として，国の下にある官職への雇用または任命につき不適格とされ，差別されることはない。

3．この条の規定は，国が州または連邦領内の政府，地方機関またはその他の機関における各職種の雇用または任命に関して，当該雇用または任命前に当該州または連邦領内に居住を必要とする旨規定する法律を制定することを妨げるものではない。

4．この条の規定は，国がその公務に十分に代表されていないと認める後進階級公民のために任命または職を留保する旨の規定を設けることを妨げるものではない。

4A．この条の規定は，国がその公務に十分に代表されていないと認める指定カーストおよび指定部族のためにいかなる職階への昇進についても，留保のための規定を設けることを妨げるものではない。

4B．この条の規定は，過年度に充足されるべき欠員を一つの別の階級として4項または4A項に基づきなされる留保のための規定に従って当該年度に欠員を充足するために留保をおこなうことを妨げるものではないし，また，欠員のある階級は当該年度全体数の50％留保上限充足にあたって，同年の欠員とあわせて算定しないことを妨げるものでもない。

第17条　（不可触民制の廃止）

『不可触民制』は廃止され，いかなる形式におけるその慣行も禁止される。『不可触民制』より生ずる無資格を強制することは法律で処罰される犯罪である。

第19条　（言論の自由等に関する一定の権利の保護）

1．すべての公民は，次に掲げる権利を有する。

(a)言論および表現の自由

(b)平和的に，かつ武器を携帯することなく集会すること

(c)結社または組合を組織すること

(d)インド領内を自由に移動すること

(e)インド領内のいずれかの地域に居住し，または定住すること

(f)　〔削除〕

資料I　インド憲法

(g)専門的職業に就き，または職業，交易もしくは事業をおこなうこと（以下略）

第21条　（生命および人身の自由の保護）

何人も，法律の定める手続によらなければ，その生命または人身の自由を奪われない。

第23条　（人身売買および強制労働の禁止）

1．人身売買，ベガーその他これに類する形式の強制労働は，禁止される。この規定の違反は，法律により処罰される犯罪となる。

2．この条の規定は，国が公の目的のために義務的役務を課することを妨げるものではない。ただし，国が当該役務を課するにあたっては，宗教，人種，カースト，階層またはそれらのいずれかのみを理由として差別をしてはならない。

第24条　（工場等における子ども雇用の禁止）

14歳以下の子どもは，工場もしくは鉱山での労働に雇用し，またはその他の危険な業務に従事させてはならない。

第25条　（良心の自由，ならびに信仰告白，祭祀および布教の自由）

1．公の秩序，道徳，衛生およびこの編のその他の規定の制限内で，何人も等しく良心の自由を保障され，自由に信仰を告白し，祭祀をおこない，および布教する権利を保障される。

2．この条の規定は，次に掲げる事項に関する既存の法律の施行に影響を及ぼし，または国がこれに関する法律を制定することを妨げるものではない。

(a)宗教活動に関連する経済的，財政的，政治的その他の非宗教的活動を規制または制限すること

(b)社会福祉および社会改良のため，または公共的性質を有するヒンドゥーの宗教施設をすべての階層およびヒンドゥー各分派へ開放するための規定をもうけること（以下略）

第29条　（マイノリティの利益保護）

1．インド領内またはその一部に居住する公民であって，固有の言語，文字または文化を有する者は，それを保持する権利を有する。

2．公民は，宗教，人種，カースト，言語またはそれらのいずれかのみを理由として国が維持しまたは国家基金の援助を受けている教育機関で学ぶことを拒否されてはならない。

第30条　（教育施設を設立，管理するマイノリティの権利）

1．宗教または言語に基づくマイノリティは，自らの選択で教育施設を設立，管理する権利を有する。

1A．1項で規定された，マイノリティの設立・管理する教育施設財産の強制収用を法律で定めるにあたっては，同項で保障された権利を制限または廃棄しないよう，国は当該財産収用のために定められた法律に基づいて額を定めなければならない。

2．国は，教育施設に補助をおこなうにあたって，宗教または言語に基づくマイノリティが管理するものであることを理由として差別してはならない。

第31C条　（一定の指導原則を実現する法律の適用除外）

第13条に定める内容にかかわらず，第四編で規定する諸原則のすべてまたはその中のあるものを保障するためにとられた国家政策を実現していく法律は，それが第14条または第19条により与えられた権利と両立せず，またはそれらの権利を除去もしくは制限するという理由で無効とされてはならない。また，これらの国家政策を実行するためのものであるという宣言を含む法律は，これらの政策を実行していないという理由で裁判所に訴えられることはない。（以下略）

第32条　（この編の規定する権利行使のための救済措置）

1．この編によって与えられた権利を実現していくため，適正な手続により最高裁判所に提訴する権利が保障される。

2．この編によって保障された権利を保障するため，最高裁判所は，適切な指令，命令または人身保護令状，職務執行令状，禁止令状，権限開示令状もしくは移送命令書の性質を有する令状を含む令状を発する権限を有する。

3．1項および2項に基づいて最高裁判所に与えられた権限を損なうことなく，国会は，2項に基づいて最高裁判所が行使しうる権限のすべてまたは一部を他の裁判所がその管轄区域において行使することができるとする法律を定めることができる。

4．この条により保障される権利は，この憲法が別段の定めを設けている場合を除き，停止されることはない。

第四編　国家政策の指導原則

第37条　（この編の原則の適用）

この編に定める規定は，裁判所による強制が保障されるものではないが，ここで示された原則は，国の統治にとって基本的なものであり，立法にあたってこれらの原則を適用することは国の義務である。

第38条　（国民の福祉増進のための国による社会秩序の確保）

1．国は，社会的・経済的・政治的正義が国民生活のすべての組織にいきわたるよう，社会秩序をできるかぎり効果的に保障，保護することによって人民の福祉を

増進することに努めなければならない。

2．国は，異なった地域に居住し，または異なった職業に従事する個人間においてのみならず，それらの異なった国民集団相互間においても，とくに収入の不平等の減少につとめ，地位，便宜および機会の不平等の除去に努めなければならない。

第39条　（国の遵守すべき一定の政策原則）

国は，とくに次に掲げる事項を確保する政策をとらなければならない。

(a)男女均しく公民は，充分な生活手段に対する権利を持つこと
(b)社会の物的資源の所有および管理は，公共の利益に最も役立つよう配分されること
(c)経済制度の運用は，富と生産手段の集中が公共に害をもたらすことのないようにすること
(d)男女の別なく，等しい労働に対しては等しい賃金の支払いがなされること
(e)男女労働者および幼児の健康と体力を酷使してはならず，また，公民が経済的必要に迫られて，その年齢または体力に相応しない職に就くことのないようにすること
(f)子どもが，健康的かつ自由と尊厳を有する条件で発育する機会と便宜を与えられること，また，年少者を搾取から保護し，道徳的・物質的放任から保護すること

第39A条　（平等な裁判と無料法律扶助）

国は，法制度の運用が平等の機会の原則のうえにたった裁判を増進するように努めなければならない。また，とくに裁判を保障する機会が経済的またはその他の制約によって否定されることのないよう適切な立法，計画その他の措置を講じて，無料法律扶助をおこなわなければならない。

第40条　（村パンチャーヤトの組織）

国は，村パンチャーヤを組織し，それが自治単位としての機能を持つのに必要な権限を与えなければならない。

第42条　（正当で人間らしい労働条件および母性保護に関する規定）

国は，正当で人間らしい労働条件を保障し，母性を保護するための規定を設けなければならない。

第44条　（国民のための統一民法典）

国は，公民のために，インド領内を通じての統一民法典を保障するよう努めなければならない。

第45条　（子どもに対する無償の義務教育）

国は，この憲法施行後10年以内に14歳までのすべての子どもに対し，無償の義務教育をおこなうよう努めなければならない。

第46条　（指定カースト，指定部族その他の弱者層に対する教育上および経済上の利益の促進）

国は，人民の弱者層とりわけ指定カーストおよび指定部族の教育上および経済上の利益を特別の配慮をもって促進し，また，これらの者を社会的不正義および一切の搾取から保護しなければならない。

第48A条　（環境の保護，改善ならびに森林および野生動物の保護）

国は，環境の保護，改善ならびに国内の森林および野生動物の保護に努めなければならない。

第50条　（行政からの司法の分離）

国は，公務において，司法を行政より分離する措置をとらなければならない。

第四A編　基本義務

第51A条　（基本義務）

次に掲げる事項は，すべてのインド公民の義務である。

(a)この憲法を遵守し，この憲法の理念と制度，国旗および国歌を尊重すること
(b)自由を目指すインドの国民的闘争を鼓舞する高貴な理念を育み，守ること
(c)インドの主権，統一および統合を維持し，守ること　　（以下略）

第五編　連邦
第六編　州
第七編　〔削除〕
第八編　連邦領
第九編　パンチャーヤト

第243B条　（パンチャーヤトの構成）

1．すべての州に，この編の規定に従い，村規模，中間規模，および県規模のパンチャーヤトを置く。　（以下略）

第九A編　自治都市
第十編　指定地域および部族地域

第244条　（指定地域および部族地域の行政）

1．アッサム州，メガラヤ州，トリプラ州およびミゾラム州を除く州の指定地域および指定部族の行政および監督については，第5附則の定めるところによる。

2．アッサム州，メガラヤ州，トリプラ州およびミゾラム州の部族地域の行政については，第6附則の定めるところによる。

第十一編　連邦と州との関係
　　　第十二編　財政，財産，契約および訴訟
　　　第十三編　インド領内における取引，商業および交通
　　　第十四編　連邦および州の公務
　　　第十四A編　審判所
　　　第十五編　選　挙
第325条　（宗教，人種，カースト，性別を理由として選挙人名簿から除外されることのない権利または特別選挙人名簿に加わることを要求されない権利）

　国会の両議院または州議会の議院もしくは両議院の選挙のため，すべての選挙区に一つの一般選挙人名簿を備えるものとし，何人も宗教，人種，カースト，性別またはそのいずれかのみを理由として当該選挙人名簿から除外され，または選挙人名簿に加わることを要求されない。

　　　第十六編　特定階級に対する特別規定
第330条　（指定カーストおよび指定部族に対する衆議院の議席留保）

　1．衆議院においては，次に掲げる者のために議席を留保する。
(a)指定カースト
(b)アッサム自治県における指定部族を除く指定部族，および
(c)アッサム自治県における指定部族　　（以下略）

第331条　（衆議院におけるアングロインディアンの代表）

　第81条の規定にかかわらず，大統領はアングロインディアン・コミュニティが衆議院において十分に代表されていないと認めるときには，衆議院に2名を超えない範囲において当該コミュニティに属する者を指名することができる。

第332条　（指定カーストおよび指定部族に対する州立法院の議席の留保）

　1．アッサム自治県における指定部族を除き，すべての州立法院においては，指定カーストおよび指定部族のために議席を留保する。

　2．アッサム州立法院においては，その自治県のためにも議席を留保する。

　3．1項の規定に基づいて州立法院において指定カーストまたは指定部族のために留保する議席は，当該州立法院の議席総数に対し，当該州の指定カーストの人口または当該州もしくはその一部における指定部族の人口と当該州の総人口との比率にできるだけ均しくなるように定めるものとする。　　（以下略）

第333条　（州立法院におけるアングロインディアン・コミュニティの代表）

　第170条の規定にかかわらず，州知事は州議会にアングロインディアン・コミュニティの代表を出す必要があり，かつ，十分に代表されていないと認めるときには，

当該コミュニティに属する者1名を州立法院に指名することができる。

第334条　（議席の留保および特別代表の60年後における廃止）

この編の前条までの規定にかかわらず，次に掲げる事項に関するこの憲法の規定は，この憲法施行後60年を経過した日にその効力を失う。

(a) 衆議院および州立法院における指定カーストおよび指定部族のための議席の留保

(b) 衆議院および州立法院における指名によるアングロインディアン・コミュニティの代表

ただし，この条の規定は，その当時在任する衆議院または州立法院が解散されるまで，衆議院または州立法院における代表に影響を及ぼさない。

第335条　（公務および公職に対する指定カーストおよび指定部族の要求）

連邦または州の事務に関する公務または公職への任命にあたって指定カーストまたは指定部族に属する者の要求は，行政の能率性維持と矛盾しないかぎり考慮しなければならない。

ただし，本条は，連邦または州の事項に関するいかなる職階の昇進での留保についても，指定カーストおよび指定部族に属する者のために各試験の合格最低点を緩和したり，評価基準を下げたりすることを妨げるものではない。

第338条　（指定カーストおよび指定部族のための全国委員会）

1．指定カーストおよび指定部族のための全国委員会として，指定カースト・指定部族全国委員会を置く。

2．この目的のために国会が制定した法律の規定に従い，この委員会は，委員長，副委員長およびその他の5名の委員で構成するものとし，任命された委員長，副委員長およびその他の5名の委員の勤務条件および任期は，大統領が規則で定めるものとする。　（以下略）

第340条　（後進階級の状況を調査する委員会の設置）

1．大統領は，命令で，適当と認める者をもって構成する委員会を置き，インド国内の社会的・教育的後進階級の状態およびその困窮状態を調査し，その困難の除去およびその状態の改善のために連邦または州がとるべき措置ならびに当該目的のため連邦または州が与えられるべき交付金および当該交付金の下付条件に関し勧告させることができる。委員会の設置に関する命令は，当該委員会がとるべき手続を定めなければならない。

2．委員会は，付託された事項を調査し，収集した事実および適当と認める勧告を付した報告書を大統領に提出しなければならない。

3．大統領は，報告を受け取ったときには，とられた措置を説明する覚書を付し，当該報告書の写しを国会の両議院に提出させなければならない。

第341条　（指定カースト）

1．大統領は，公示で，州または連邦領に関し，州にあっては当該州の知事と協議した後，カースト，人種もしくは部族またはカースト，人種もしくは部族内の部分もしくは集団を，この憲法にいう当該州または連邦領における指定カーストとみなす旨を規定することができる。

2．国会は，法律で，1項の規定に基づいて発せられる公示により定められる指定カーストの表につき，カースト，人種もしくは部族またはカースト，人種もしくは部族の部分もしくは集団をこれに追加し，またはこれから削除することができる。この場合においては，前記の場合を除き，1項の規定に基づいて発せられる公示は，これに続く公示によって変更してはならない。

第342条　（指定部族）

1．大統領は，公示で，州または連邦領に関し，州にあっては当該州の知事と協議した後，部族もしくは部族社会または部族もしくは部族社会の部分もしくは集団を，この憲法にいう当該州または連邦領における指定部族とみなす旨を規定することができる。

2．国会は，法律で，1項の規定に基づいて発せられる公示により定められる指定部族の表につき，部族もしくは部族社会または部族もしくは部族社会の部分もしくは集団をこれに追加し，またはこれから削除することができる。この場合においては，前記の場合を除き，1項の規定に基づいて発せられる公示は，これに続く公示によって変更してはならない。

第十七編　公用語

第343条　（連邦の公用語）

1．連邦の公用語は，デーヴァナーガリー字によるヒンディー語とする。連邦の公に使用する数字の形式は，インド数字の国際的形式とする。

2．1項の規定にかかわらず，この憲法施行後15年間は，この憲法施行まで使用されていた英語が連邦の公のすべての目的のために継続して使用される。

ただし，大統領は，当該15年の期間中，命令で連邦の公の目的のために英語の外にヒンディー語，インド数字の国際的形式の外に数字のデーヴァナーガリー形式の使用を認めることができる。

3．この条の規定にかかわらず，国会は法律で当該15年を経過したのちにおいて当該法律で定める目的のために，

(a)英語，または

(b)デーヴァナーガリー形式の数字

を用いることを規定することができる。

第345条 （州における1または2以上の公用語）

　州議会は，第346条および第347条に規定する場合を除き，法律で州の公の目的の全部または一部のために使用されるべき公用語として，当該州において使用されている1もしくはそれ以上の言語またはヒンディー語を採用することができる。

　ただし，州議会が法律で別段の規定を設けるまでは，この憲法施行まで州において使用されていた英語が公の目的のために引き続き使用される。

第350条 （苦情申請に使用する言語）

　何人も連邦または州の官吏または機関に対する苦情処理の申請を連邦または州において使用されている言語のいずれによっても提出することができる。

第350A条 （初等教育を母語でおこなう施設）

　州および州の地方機関は，その州内の言語的マイノリティに属する子女に初等普通教育課程においてその母語で教育を受けるための十分な施設を提供するよう努めなければならない。大統領は，かかる施設の確保および提供に必要または適当とみなす指令を州に対して発することができる。

第350B条 （言語的マイノリティのための特別官）

　1．大統領は，言語的マイノリティのために特別官を任命する。

　2．特別官は，この憲法の規定に基づいて言語的マイノリティに与えられる保護に関するすべての事項を調査し，大統領に対しその指示する期間ごとに当該事項につき報告することを任務とする。大統領は，当該報告をすべて国会の両院に提出させ，また，当該州政府に送付する。

　　第十八編　非常事態規定
　　第十九編　雑　則
　　第二十編　憲法改正

第368条 （国会の憲法改正権とその手続）

　1．この憲法の規定にかかわらず，国会は，この条に定められた手続に従い，この憲法の条項を追加，変更または廃止することによってその憲法改正権を行使することができる。

　2．この憲法の改正は，国会のいずれかの議院における改正法案の提出によってのみ発案することができる。当該法案が両議院においてその議院の総議員の過半数であり，かつ，出席して投票する議員の3分の2以上の多数で可決されたときには，

認証を求めるため大統領へ提出されるものとし，認証されたとき，憲法は，当該法案の字句に従って改正される。（以下略）

　　第二十一編　暫定的，経過的および特別規定
　　第二十二編　略称，施行，ヒンディー語による正文および廃止
　　第1附則～第12附則　　（略）

資料Ⅱ　マンダル報告書

　(憲法第340条に基づいて1979年1月1日に設置された第二次後進階級委員会(マンダル委員長)は，1980年12月31日，報告書をとりまとめた(Reservation for Backward Classes: Mandal Commission Report of tke Backward Classes Commission, Akalank, 1980.)。このマンダル報告書は，第一部と第二部とに分けられ，第一部は第1巻と第2巻で構成されている。第1巻(主報告および勧告)は，第1章から第14章，第2巻(第一次後進階級委員会の構成と付託事項)は，付表1～21を含んでいる。第二部は，第3巻から第7巻で構成されており，その内容は，第3巻(インド法律研究所の作成した調査研究)，第4巻(南北4州の比較考察)，第5巻(社会的・教育的実地調査および同調査票についての覚書)，第6巻(OBCの州別リスト)，ならびに第7巻(反対意見書)である。ここでは，報告書全体の内容を端的に示す，第一部第1巻第14章の概要を以下に紹介する。マンダル報告書の詳しい紹介としては，筆者による[1995c][1996]を参照されたい。)

マンダル報告書(抄訳)

第14章　報告書の要約

(1)　第1章　第一次後進階級委員会

　第一次後進階級委員会は，1953年1月29日に設立され，1955年3月31日，その報告書を提出した。この委員会は，自らが作成した基準に基づいて2399のカーストを社会的・教育的に後進であるとした。また，公務および教育施設への留保を含む，後進階級への様々な福祉施策を勧告した。

　中央政府は，この委員会のおこなった認定が後進階級を認定する客観的な基準に基づくものではないとの理由で，その勧告を受け入れなかった。委員会の委員11人中，5人が反対意見を表している。政府は，委員会が国民の非常に広範な部分を後進的と分類しているので，本当に必要なことが曖昧になり，特別の援助をおこなう

ことができない，と考えた。また，政府は，後進性の一つの基準としてカーストを採用することに反対し，経済的テストを適用することを望んだ。

憲法第340条は，「社会的・教育的後進階級」について規定するので，経済的テストの適用は誤りであると思われる。

（2） 第2章　いくつかの州におけるOBCの地位

インド英領州が社会の被抑圧・被差別部門の福祉のために特別の計画を実行していたときから，約100年たっている。その第一の段階は，マドラス政府が被抑圧階級学生へ特別の便宜を提供する，教育施設への財政補助を定めた1885年補助金法を制定したことにはじまる。マイソールがこれに続き，今日までにすべての南部諸州がOBCに対するかなり総合的な計画を実行してきている。今日，16の州と二つの州政府が，この目的のために設置した後進階級委員会・審議会の勧告に基づいてこれらの施策をおこなっており，その他のものは，その都度実施するというやり方をとっている。

政府雇用における職の留保および教育施設における定員の留保，財政援助，学習手段への助成などの特別の配慮が，いくつかの州政府によってOBCに与えられている。この点に関しては，他の諸州と比べて南部の諸州が多くの措置をとってきたといえよう。カルナータカは，すべての州公務中，SC/STへ留保した18％に加えて，OBCからの志願者のために48％を留保している。タミル・ナードゥの場合には，この数字は，それぞれ18％，50％である。

（3） 第3章　方法論および論拠とした資料

政府が指摘した，第一次後進階級委員会報告書の一つの重大な欠陥は，それがOBCを認定する客観的な基準を作成していない，ということであった。実地調査および客観的テストを作成することの必要性は，いくつかの最高裁判決も繰り返し強調してきた。このことをふまえて，本委員会は，第一次資料収集のためにかなりの独立した資料を利用することに格別の配慮をおこなった。このためにとったいくつかの重要な措置としては，①社会的後進性についての社会学者のセミナー，②州政府，中央政府および一般国民へのアンケート調査，③議員，著名人，社会学者などからの証言を得るための，委員会による国内視察，④全国規模での社会的・教育的調査，⑤重要テーマについての専門機関による報告書の作成，ならびに⑥人口統計の分析などがある。

このような多面的なアプローチを広くとることができたので，報告書作成のための確実で信頼しうる論拠および資料を得ることができた。

（4）　第4章　社会的後進性とカースト

　カーストは，ヒンドゥー社会構造の積み上げられた煉瓦である。それは，ヒンドゥー社会を何世紀もの間，一つの権威づけられた序列に秩序づけた多数のグループに分割することによってヒンドゥー社会の社会意識を分断し続けてきた。このことが，人々のカースト序列とその社会的，教育的および経済的地位とを密接に結びつける結果をもたらしている。

　この社会成層の枠組みが，その制度に深く根づいた利害を生み出し，高位カーストが低位カーストを搾取することを可能ならしめてきた。カースト制度の本当の勝利は，ブラーミンの最高性を維持したことにあるのではなく，事物の自然の秩序の一部として，儀式的なヒエラルヒーにおける低位カーストの劣った地位を認める，低位カーストの意識を決定づけたことにある。ブラーミニズムが道徳的権威を持つカースト制度をつくり出すことに成功したのは，よく考えぬかれた，複雑で難解な内容を持つ聖典，神話および儀式によるところが大きい。

　われわれのシャーストラの大部分は，四ヴァルナ制度を是認しており，この宗教上の是認のゆえに，カースト制度は，不平等で不公正な，どの社会制度より長続きしている。

　カーストのヒエラルヒーが，社会の恒久的な成層となっているので，低位カーストのメンバーは，その生活のすべての分野で差別を受け，このことが，社会的・教育的・経済的後進性の原因となってきた。

　カーストは，個人生活のすべての側面を根拠づけ，コントロールしているので，「序列の不安定」のない社会をつくり出してきた。換言すれば，低位カーストは，社会的にのみ後進なのではなく，教育的，政治的かつ経済的にもそうだったのである。他方，高位カーストは，これらすべての分野で発展していた。また，カーストの地位の役割は，社会に非常に浸透しているので，正義の観念とその運用は，カーストによって完全に色分けされてきた。

（5）　第5章　カーストの社会的原動力

　カーストは，その大きな弾力性のおかげで何世紀にもわたって続いてきている。前章で展開した論議に対しては，①ヒンドゥー・シャーストラに基礎を置くカースト制度モデルは，社会的現実の実態を示してはいない，②カーストの制約は，英国の導入した『法の支配』，都市化，工業化，大衆教育の普及，そしてとりわけ独立の達成と成人普通選挙制の実施の結果，かなり緩やかになっている，との異議が出されるかもしれない。しかし，これらの変化は，カースト制度を実質的に変更するものではない。重点の置きどころの変化を示すにすぎないのである。

資料Ⅱ　マンダル報告書

　これらの変化の結果，一定のカーストタブーが弱まっている一方で，インド政治におけるカースト主義とその重要性が増大していることが一般的に認められている。このことは，おそらく不可避であった。今日，インドにおいて，カースト制度は動員および一体化という，すでにつくられた伝統的チャネルを提供することによって，有益な役割を果たしているが，このことは，その伝統的チャネルを深めかつ広めることに役立っている。R.コタリが述べたように，「インド政治における『カースト主義』に不平を言う人は，現実には社会に何の基盤も持たない政治を求めていることになる。」

　社会的動態の歩みは，疑いなく進んでおり，カースト制度のいくつかの伝統的特質は不可避的に弱まっている。しかし，カーストは，その儀礼面で失ってきたものがあるとしても，政治面でそれ以上のものを得ている。このことから，カースト制度が近い将来に消滅するだろうと考えることは非現実的であろう。

（6）　第6章　社会正義，成績および特権

　法律の前の平等は，インド憲法第14条で保障された基本的人権の一つである。しかし，『平等』原則は，諸刃の剣である。それは，強者とハンディを持つ者とを人生のレースで同じ立場に置く。等しい者の間でのみ平等が存在するというのが社会正義の格言である。不平等な者を平等に扱うことは，不平等を広げることになる。社会の人間性は，その社会が，弱者，ハンディを持つ者，恵まれない者にどのような保護を与えるかによって決定される。『機会の平等』および『取扱いの平等』は，強者と弱者とを同位に置くので，そのことが社会的正義を否定することにつながる。したがって，実際には，『結果の平等』が社会の平等主義的建前の最終的吟味となる。非常に不平等な社会では，社会の不利益を受けている部門に特別の保護と特権を与えることによってのみ，弱者が強者による搾取を拒むことが可能となる。インド憲法の制定者たちが，SC/STおよびOBCの利益を保護するために，第15条4項，16条4項および第46条などの特別規定を設けてきたのは，このことを考えたからにほかならない。

　後進階級に対するポストの留保などの規定は，基本権の侵害であり，成績優秀な人への正当な処遇を否定するものだと考える人もいる。実際，『成績』それ自体は，一般的に恵まれた環境の賜物であり，試験における高得点は，その受験者に本来備わっている資質を必ずしも反映しない。農村出身で社会的・教育的に後進な両親を持つ子どもは，恵まれた家庭の子どもと等しい土俵で答案用紙を書き上げることはできない。このことをふまえて，『成績』と『平等』は，適切な見通しをもって評価されなければならず，『不平等』なものを同じ土俵で競争させるときには，特権

の要素を適切に認め，または割り引かなければならない。
　（7）　第7章　社会正義，憲法および法律
　基本権と国家政策の指導原則との間の対立の要素は，国会での論議や裁判所の判決の対象となってきた。第15条4項および第16条4項を実行するために，いくつかの州政府がOBCのために政府公務および教育施設での留保をおこなってきており，当該留保命令に対するいくつかの訴訟が高裁および最高裁に提起されてきた。かなりの判例法が，このテーマについて徐々に形成されてきたが，その要旨は次のようにまとめられる。

　カーストは，ヒンドゥーコミュニティ中のOBCを認定する一つの重要な要素である。後進性は，社会的かつ教育的なものであり，社会的かまたは教育的なものなのではない。カーストは，国民の一階級でもあり，カーストが全体として社会的・教育的に後進であるときには，第15条4項の意味における国民の社会的・教育的後進階級であるという理由で，当該カーストのために留保をおこなうことができる。後進階級を『後進的』と『著しく後進的』とに細分類することは，第15条4項からは認められない。第15条4項に基づくポストの留保の総数は，50％を超えてはならない。OBC認定のための客観的な基準が現地調査などをもとに作成されなければならない。

　（8）　第8章　OBCの福祉についての南北比較
　南部の諸州は，北部の諸州より，OBCの福祉のための計画実行の実質的な歩みを進めてきた。そのうえ，北部では，OBCのためのささやかな福祉施策でさえ，鋭い反発が生じているのに，南部ではこれら施策が比較的平穏に実施されてきた。この現象を十分に理解するため，委員会はボンベイのタータ社会科学研究所に4州（タミル・ナードゥ，カルナータカ，ビハールおよびウッタル・プラデーシュ）の比較研究を委託した。

　タータ研究所は，このテーマに取り組むにあたっていくつかの仮説をたてた。この仮説とは，①留保計画は，南部で長い歴史を有している，②南部では，発展カーストは分裂している，③OBCは北部ではSC/STと密接な関係にはなく，後進階級運動が分裂している，④南部では後進階級が北部より政治的に自覚している，⑤留保計画が北部では突然におこなわれた，⑥反発に対する後進階級の対応能力は，その数，政治的自覚，優先度，および代替機会の欠如の認識に依存している，そして⑦南部では第三セクターが発展しており，発展カーストの雇用を確保できるが，北部では第三セクターは不振である，などである。タータ研究所の研究報告は，いくつかの事例と4州の歴史的発展を検討し，これらの仮説を検証している。

(9) 第9章　中央政府および州政府による証言

　委員会は，州政府および連邦領に対するアンケートと中央政府省庁に対するアンケートをおこなった。これらのアンケートは，①OBCの地位，OBCのためにとった措置の比較検討，②社会的・教育的後進性についてのそれぞれの考え方の調査，および③委員会の付託事項に関する有益な手がかりを得ること，のために計画された。

　大部分の州政府が，カーストを社会的・教育的後進性を決定する重要な基準と考えていた。いくつかの州は，経済的テストを好ましいと考えており，また，いくつかの州はカーストと収入テストを結びつけて用いていた。それぞれの援助の内容は多様であるが，18の州政府と連邦領がOBCへの福祉に特別措置をおこなってきている。例えば，OBCへの政府公務の留保は，カルナータカ，タミル・ナードゥでは50％，パンジャーブでは5％，そしてラージャスタン，オリッサ，デリーなどでは0％である。地方団体，州公務委員会，高裁などでのOBCの代表もほとんど認められていない。社会的差別は，今なおOBCに対しておこなわれている。

　SCリストの中に含められてはいないけれども，いくつかのカースト/コミュニティが不可触民として扱われている。後進階級の福祉計画を開始したすべての州政府は，この目的のために中央によってなされる別の計画の割当がないので，自らの財源でその計画を実施しなければならない。

　中央政府省庁の提供した資料によれば，OBCは全人口の約52％であるが，全政府雇用者の12.55％がOBCである。第一級職では，わずか4.69％にすぎず，これはOBCの国内人口割合からすれば，10分の1にみたないことになる。

(10) 第10章　一般国民による証言など

　一般国民に対するアンケートの回答者の約3分の2が，独立後もインドのカースト構造に実質的な変化は生じていないと答えている。後進性認定の基準に関しては，回答者の約4分の3が，カーストを用いることに賛成している。また，回答者の4分の3以上が後進階級の被っている各種の不利益を申し立て，多くの人がその不利益を除去するための具体的な措置がとられていないと感じていた。彼らは，職の留保定数枠を広げること，およびOBCの子どもたちにもっと学習手段を提供することを望んでいる。OBCのために提案された改善措置としては，①政府雇用および教育施設での留保，②利息なしの資金貸付，農村および宅地の無償配分などである。

　委員会での証言の中で，第六期および第七期衆議院議員も，さきに要約した内容と同趣旨の見解を述べた。何人かの議員は，与えられた利益によってOBCとSC/STとの間の対立が生ずることになるという，敵対的な宣伝に注意を呼びかけた。

委員会では，最高裁が審理の中で確立してきた後進性認定の基準を採用すべきだとする主張もあった。また，州政府が作成し，裁判所が認めたOBCリストを全体として採用すべきだ，という主張もあった。

各州での視察中には，ある特定のカーストをOBCリストに含めることを求める多くの陳情があった。また，回答者の多くは，カーストを後進階級認定の基準と考え，OBCの向上のために上述した特典を与えることに賛成した。

(11) 第11章 社会的・教育的現地調査および後進性の基準

407県中405県を網羅する全国規模での社会的・教育的調査が1980年2月から6月にかけて，各州の経済統計局の協力を得ておこなわれた。現地調査で収集した膨大な資料は，コンピュータ入力され，31の項目にまとめられた。これらの項目をもとにして，各州および連邦領ごとに，社会的・教育的後進性を決定する11の指標または基準が導き出され，それらは三つの大枠，すなわち，社会的，教育的および経済的の三つのグループに分けられた。そして，そのグループのそれぞれの重要性を考えて，社会的指標には各3ポイント，教育的指標には各2ポイント，経済的指標には各1ポイントを与えた。各指標に与えたポイントを合計すると22ポイントになる。これら11の指標は，調査の対象となったすべてのカーストに適用された。この適用の結果，11ポイント以上を得たカーストを社会的・教育的後進性を持つものとしてリストに挙げた。

(12) 第12章 OBCの認定

社会的・教育的現地調査の結果，かなりの数のカーストが各州で後進的と認定された。この現地調査は，県ごとに二つの村と一つの都市部を調査しただけなので，当然のことながらかなりの数のカーストが無視されていた。また，いくつかの事例では，サンプル規模があまりにも小さかったために，結果が信頼できないものもあった。

このことをふまえて，州ごとの完全なOBCリストを作成するために二つの補充的なアプローチをとった。第一は，1961年インド人口調査統計に載っている原始部族，原住部族，高地部族，森林部族など11グループの州規模リストである。これらのグループは，そのカーストおよびコミュニティの社会的・教育的地位がSC/STと類似していると考えられた。第二に，国内の広範囲にわたる視察から得た，委員会委員の知識および一般国民からの大量の証言などに基づいて，実地調査でカヴァーしきれないOBCの州別リストを作成した。委員会の作成したOBCリストは，このように徹底したアプローチの結果である。

各州政府の公示した後進階級リストにも含まれている，周知のOBCのいくつか

が，現地調査に基づく「後進性」の認定から除外されてしまっていることが明らかとなった。このことは，調査サンプルの不均衡，統計学的手法をもとにする社会学的調査には避けられないものである。

11の指標（基準）は，カーストをもとにしているので，非ヒンドゥーコミュニティには適用できない。このことから，三つの別の基準を，非ヒンドゥー後進コミュニティ認定のために考えた。

利用できる人口調査資料に基づいて，ヒンドゥーおよび非ヒンドゥーOBCの人口は，インド全人口の約52％と見積もられた。なお，この数字は，全人口の22.5％を占めるSC/STを含まない数字である。

(13) 第13章　勧　告

SC/STへの留保は，その人口，すなわち22.5％に比例している。しかし，憲法第15条4項および第16条4項に基づく留保を50％未満に限定する法的義務が存在しているので，委員会は，OBCへ27％の留保を勧告する。この勧告は，中央と州の全政府公務および技術・専門教育施設に適用しなければならない。

学生の文化的環境の向上をはかる教育機会の特別の提供がOBC人口密集地を選んで漸次導入されるべきである。とりわけ，そこでは職業訓練に重点を置かなければならない。OBC学生が一般定員枠で入学した学生に追いつくよう，技術・専門教育施設ではOBC学生へ独自の指導援助をおこなうべきである。

村職人の技術向上のための特別計画を作成し，小規模工場建設に対して助成金を交付すべきである。

国内の工業・商業分野へのOBCの参入を促進するために，すべての州政府は，金融機関および技術機関の独自のネットワークをつくるべきである。

現在の生産関係の枠組みでは，後進階級は主として小規模土地保有者，賃借人，農業労働者，村職人などであり，その生計を富裕農民に大きく依存している。このことから，OBCは，支配カーストの精神的・物質的拘束を受け続けているのである。これらの生産関係を，全国的に実施する構造改革と漸進的な土地改革によって根本的に変革しなければ，OBCは真に独立した存在とはならない。したがって，最も優先すべきなのは，すべての州による根本的な土地改革である。現在，OBCへの福祉施策に対して州は中央の援助を受けることができない。いくつかの州は，財源の不足からOBCへの充分な発展計画が実施できないので，中央の援助が必要であることを明言している。それゆえ，OBCのために特別に計画されるすべての福祉計画は，SC/STの場合と同様な方法と規模で中央政府が財政的に支えるべきであることを強く勧告する。

資料Ⅲ　インド憲法改革検討委員会報告書

　（2002年3月31日，政府に提出された最終報告書は，2部全4冊（総計約2000頁）からなる膨大なものである（Review of the Working of the Constitution: Report of the National Commission to Review the Working of the Constitution, vol.1 & 2（Book1〜3）．報告書として，Report of the National Commission to Review the Working of the Constitution, Universal, New Delhi, 2002.）。ここでは，最終報告書の提言・勧告〔1〕〜〔249〕のうち，本書と関係の深い「基本権」（〔1〕〜〔20〕），「指導原則」（〔21〕〜〔27〕），ならびに「社会的，経済的および発展の速度」（〔214〕〜〔249〕）を紹介する。詳しくは，筆者による〔2003b〕を参照されたい。）

インド憲法改革検討委員会報告書（抄）

基本権

　〔1〕　憲法第12条に，次の原注を加える。

　「〔原注〕本条において『他の機関』という表現は，その職責が公的性質を有するものに関わるすべての人を含むものとする。」

　〔2〕　第15条および第16条における差別の禁止は，「エスニック，もしくは社会的出自，政治その他の見解または財産もしくは出生」に及ぶ。

　〔3〕　第19条1項(a)号および2項を，以下のように読み替える。

　「第19条

　1．すべての公民は以下の権利を有する。

　(a)言論および表現の自由。それらには，出版その他のメディアの自由，見解を支持する自由，ならびに情報および思想を求め，受領し，伝える自由を含むものとする。

　2．1項(a)号は，次に掲げる利益のために同項が与える権利の行使に対し，法律が合理的制限を課すかぎりにおいて，現行法に何ら影響を与えず，または国がいかなる法律を制定しようともそれを妨げるものではない。

『次に掲げる利益』とは、インドの主権と統一、国家の安全、外国との友好関係、公序、礼節もしくは道徳、または裁判所の権限との関係、名誉毀損もしくは攻撃的煽動、または信頼関係に基づいて受領した情報のうち、公益のため必要とされた場合を除いて、情報の開示を妨げる利益である。」

〔4〕 憲法第19条2項の但書を、次のとおり補足する。

「ただし、法廷侮辱については、最高裁は善意の申立ておよび公益性があると判断しうるときには、正当性の抗弁を認めることができる。」

〔5〕 第21条は、同条1項とし、あらたな2項を次の形で挿入する。

「2．何人も、拷問、または残虐的、非人道的もしくは屈辱的扱い、または処罰を受けることはない。」

〔6〕 〔5〕で提案した第21条2項のあとに、次の新3項を加える。

「3．生命への権利または自由への権利を不当に奪われたすべての人は、補償を受ける実効的権利を有する。」

〔7〕 第21条のあとに、次の新第21A条を加える。

「第21A条

1．何人もインド領から出国する権利を有し、また、すべての公民はインドへ帰国する権利を有する。

2．1項は、国が、インドの主権および統一、インドと外国との友好関係についての利益または一般的公益において合理的制約を課すことを妨げるものではない。」

〔8〕 次の新第21B条を加える。

「第21B条

1．何人も、自らの私事、家族生活、家庭および通信を尊重される権利を有する。

2．1項は、国の安全もしくは治安のため、無秩序もしくは犯罪の予防のため、健康もしくは道徳の保護のため、または権利その他自由の保護のために、1項の定める権利の行使に対して国が合理的制約を課する法律をつくることを妨げるものではない。」

〔9〕 第21C条に、年最低80日の農業従事賃金への権利を保障するため、国に適切な法律を定める義務を課すことを加える。

〔10〕 第22条に次の変更をおこなう。

（i） 第一および第二但書、ならびに1978年憲法（第44次改正）法第3条に含まれる第22条4項の原注を、次の但書に代え、またこの立法によって修正される1978年法第3条は、3月を超えない期限内に施行しなければならない。

「ただし、諮問会議は、議長その他2名以上の委員で構成されるものとし、かつ

諮問会議の議長その他の委員は，現役の高等裁判所裁判官が就任するものとする。
　また，この項のいかなる規定も，7項(a)号に基づき国会が法律で定める最長6月を超えて何人をも拘留できる権限を認めるものではない。」
　(ii)　憲法第22条7項(b)号において，「最長期間」という言葉を，「最長6月を超えない期間」に置き換える。
〔11〕　第30条のあとに，次の条項を第30A条として加える。
「第30A条（裁判所および審判所へのアクセスならびに迅速な裁判）
　1．何人も，独立した裁判所，または適切なその他の独立しかつ公正な審判所もしくはフォーラムによって，公平な公の審理の下で判断された法を適用し，解決しうる争訟を提起する権利を有する。
　2．裁判所へのアクセスの権利は，如何なる事項も裁判所，審判所その他のフォーラムによって合理的範囲で迅速かつ効果的に審判される権利を含み，また国は当該目的を達するためにあらゆる合理的措置をとるものとする。」
〔12〕　第四編第39A条を第三編に移し，次の新第30B条とする。
「第30B条（平等な裁判および無償法律扶助）
　国は，法的制度の運用が正義を促進するように保障するものとし，またとくに，裁判を確保する機会が経済的その他の不利益を理由に否定されないよう保障するために，適切な立法，計画その他の措置によって，無償の法律扶助をおこなう。」
〔13〕　第300A条を次のように改める。
「第300A条
　1．財産の剝奪または取得は，法律の根拠に基づき，かつ公的目的のためにのみおこなうことができる。
　2．財産の恣意的な剝奪または取得は認められない。
　ただし，指定カーストおよび指定部族が所有しまたは慣習的に用いている農地，森林および都市外住宅地は，当該土地取得の前に適切な回復措置を定める法律の根拠がある場合を除き，剝奪または取得されることはない。」
〔14〕　第31B条の最後に，次の但書を加える。
「ただし，以後第9附則その他これに関する規定が定める法律および規則に対して，本条が与える保護は，当該法律および規則が次に掲げるものに関する場合を除き，適用しない。
　(a)重要かつ本質的に農地改良または土地改良に関わる場合
　(b)第15条および第16条に基づく留保の合理的量に関わる場合
　(c)第39条(b)号または(c)号に明記するすべてまたはいくつかの原則のために国の政

策を実行する規定に関わる場合」

〔15〕 第359条1項および1A項は，「（第20条および第21条を除き）」の部分を次のように置き換え，変更する。

「（第17条，20条，21条，23条，24条，25条および第32条を除き）」

〔16〕 2001年憲法（第93次改正）法案，すなわち6歳から14歳に達するまでの子どもの教育への権利を基本的権利とした当該規定を修正し，また次のように拡大して読むものとする。

「第30C条

すべての子どもは，14歳に達するまで無償教育への権利を有するものとする。また，少女ならびに指定カーストおよび指定部族の子どもの場合には，18歳に達するまでとする。」

〔17〕 第24条のあとに，次の条項を加える。

「第24A条

すべての子どもは，基本的需要への配慮と援助，ならびにあらゆる形態の放置，危害，および搾取からの保護の権利を有する。」

〔18〕 第30C条案のあとに，次の条項を第30D条として加える。

「第30D条（飲料水の安全，公害防止，環境保護および持続的発展への権利）

何人も次の権利を有する。

(a)安全な飲料水への

(b)健康または平穏を害することなしに開発することへの　ならびに

(c)次に掲げるもののために，現在および将来の世代の利益のために環境を保護することへの権利

　(i)公害および環境破壊の防止

　(ii)資源保護の促進　ならびに

　(iii)生態系の持続可能な発展および正当な経済的・社会的発展を促進する範囲内での自然資源使用の確保」

〔19〕 第25条の原注IIを削除し，また同条2項(b)号を次のように変更する。

「(b)社会福祉および社会改革を規定し，または，公的性質を持つヒンドゥー教，シク教，ジャイナ教もしくは仏教の宗教施設をこれら宗教の如何なる階層および部門にも開放することを規定する。」

〔20〕 この憲法規定に基づいて必要な行為をおこなうという観点から最適な人口レヴェルが規定されることが望ましい。憲法第347条における，「人口の相当数」という表現を「人口の10％以上」に置き換える。

指導原則

〔21〕 本委員会は，憲法第四編冒頭を「国家政策および行為の指導原則」と修正すべきことを勧告する。

〔22〕 多くの雇用機会を創出するため5年以内に雇用促進計画を立案し，雇用機会創出によって多くの潜在的可能性を実現し，かつ効果をあげるようにすべきである。この計画内容には，次の(i)から(viii)を含む。

(i)収入および雇用機会増加のためにおこなわれる一連の活動を活性化する農業生産力の改善

(ii)果実，野菜および花，輸出用切り花および医薬植物，ならびに農産物の付加価値を第一義的目的とする生物操作産業の設立を含む総合園芸

(iii)畜産の強化，および良質の日常用生産物の創出

(iv)村の沼，および池などの共同財産の使用を含む集約的水産総合計画

(v)造林地で加増1200万ヘクタールを生み出し，また農村資産形成事業へ貢献するための植林および未開墾地の開発

(vi)植林のための土壌および水資源の保護，ならびに環境保護的な農業に向けての自然資源保護

(vii)保水および治水

(viii)害虫駆除その他の改善技術による有機肥料の生産および使用，ならびにそれらを用いての有機健康食品の生産

〔23〕 本委員会は，義務教育その他新世紀の知識社会に関する事項についての報告を国会へ提出するために，独立性を持つ国家教育委員会が5年毎に設置されるべき旨勧告する。この場合，財政委員会のモデルを有効に参照するものとする。

〔24〕 第47条のあとに，次の条項を加える。

「第47A条（人口のコントロール）

国は教育手段および小家族規範の履行によって，人口のコントロールを保障するように努めなければならない。」

〔25〕 異教徒間の制度は，当該市民団体（Civil Society）の主導性を促進するように設計されるべきである。この制度は，1993年人権保護法に基づいて設置されなければならない。この法律によれば，同法の第12条(b)号から(j)号に規定する職責を果たすための委員会とみなされる「マイノリティ全国委員会，指定カーストおよび指定部族全国委員会，ならびに女性全国委員会の長」の参加を，とくに規定している。この機関は，その他の制定法上の職責に加えて，「モハラ委員会（Mohalla Committees）」その他の市民団体の設置と機能，および重要領域の主導性をとくに

調査するために宗教間の調和を促進する機構として宗派間調整国家財団と協働しても機能しうる。同法第12条の拡大による適切な委任法制定にともない，その目的は，独立機構の設置のためのさらなる支出なしに達成しうる。第3条3項のその後の修正にともない同法の第12条は，次の(k)号の追加によって修正する。

「(k)市民団体の主導性，異教徒間および宗教間の調和ならびに社会的団結の促進」。

後進階級国家委員会およびサファーイ・カラムチャリ国家委員会の長は，この機関へ選出される。

〔26〕 指導原則および経済的，社会的および文化的権利，ならびにとくに(i)労働への権利，(ii)健康への権利，(iii)衣食住への権利，(iv)14歳未満の者の教育への権利および14歳以上の者への教育の権利，ならびに(v)文化への権利，の履行レヴェルの状態を第一次的に調査する高い地位を持った機関が必要である。当該機関は，時宜に応じて，各州の長の下，各州に要求される資源の範囲を調査するとともに，適切な資源配分を勧告しなければならない。国家政策の指導原則がより効果的に実現されるよう保障するため，次の手続に従うべきである。

(i)計画委員会は，国家政策の指導原則の遂行/実現につき，当該委員会が作成したすべての計画および要綱を特筆/強調することを保証すべきである。

(ii)インド政府のすべての省/部は，国家政策の指導原則の遂行/実現の範囲，目標の不足額，不足額の理由，および，もしあれば，それらの十分な実現を保障するための救済方法を示した年次特別報告書を作成すべきである。

(iii)(ii)の報告書は，国会の省庁関連常任委員会によって検討および議論される。国会の省庁関連常任委員会は，これに関するその勧告とともに省庁の業績/失敗を示す省庁活動についての報告書を提出するものとする。

(iv)上記(ii)および(iii)にいう報告書はともに，省庁の代表および国会の省庁関連常任委員会の代表が参加する各種のNGO，市民団体グループ等の代表との対話型セミナーによる計画委員会によって議論される。この相互作用に関する報告書は，会期内に国会へ提出されるものとする。

(v)国会は，3月の期間内に上記(iv)の報告書について議論し，かつ当該関係政府省庁に実施を求める処置に関する決議をおこなわなければならない。 上記の機構は州によって採用される。

〔27〕 全国統計委員会（2001年）の報告書は，政策の公式化および経済セクターの進行ならびに社会経済的変更の速度の監視の双方のために，統計システムによって作成され，充分で信頼性があり，時宜にかなった社会経済データの利用の重要性

を強調するものとする。この委員会は，国立統計委員会の支援をうけ，それらの履行の重要性をも強調する。

社会経済的変革および発展の速度

〔214〕 すべてのサービスを提供する省庁や機関により，市民の権原を列挙する市民憲章が準備される。市民が，当該憲章の明記する形態および範囲の公的給付や業務を受けられない場合，彼/彼女は，資格を有するオンブズマンを通じて，簡便で効果的な苦情救済制度に訴えることができる。これらの市民憲章は指定カースト（SC），指定部族（ST），およびその他の貧困階層に属する市民の権原を明確に規定していなければならない。これらの貧困階層の場合には，当該憲章は，優先的にSC，ST，BC（後進階級），マイノリティ，女性，サファーイ・カラムチャリ（safai karamcharis）のための国家および州審議会に，オンブズマン組織として効果的な役割を果たすことを規定する。これらの国家および州審議会の憲章とその構成方法は，その役割，とりわけ多様な貧困階層のためのオンブズマン組織としての役割を促進するものとしなければならない。

〔215〕 昇任と配置の考慮について定める第6章に基づき，設立を勧告された市民サービス委員会（The Civil Services Boards）は，SC/ST，その他の貧困カテゴリーの福祉を増進する公務員の行為をとくに検討するよう命じられる。公務員の，経済機関/省庁への昇進と配置を検討する場合には，上記不利益を受けている者の福祉，発展，そして活性化のための法律と規則に基づいて憲法的価値および規範を履行するために良心的かつ効果的に勤務してきた公務員に優先的処遇を与え，これに該当しない者や当該カテゴリーに関連する分野と部署において少なくとも5年間にわたって勤務してこなかった者は，経済省庁/機関における配置から除外される。このために，当該条項は，第1級または第2級の公務員がこの報告書第2部第3書の1390頁から1391頁の3.2で詳細に述べられた指針に従い，昇進に必要とされる社会正義証明（Social Justice Clearance）に関する条項を規定する。

〔216〕 SC/STの構成員に対する留保は，留保が存在し適用可能な政府，公的部門，銀行およびその他の金融組織，大学およびその他すべての制度と組織における役職と欠員への留保に関するすべての事例と紛争を裁定するアラクシャン・ナヤーヤ・アダラート（Arakshan Nyaya Adalats）または審判所の設置を含めて，この報告書第2部第3書の1406頁〜1408頁の8.10で詳細に述べるように，留保の全側面について扱う法令の範囲内で規定される。これらの審判所は高等裁判所の地位を持ち，上訴が認められるのは最高裁判所のみとする。当該審判所はデリーの主法廷と州に

おけるその他の法廷を持つ。委員長，副委員長，およびその他の審判所とその法廷の構成員は，その地位に就く前の彼らの地位における留保の履行に関する彼らの記録に基づいて選出されるものとする。当該法令は，とりわけ意図的もしくは怠惰によって留保を履行しなかった疑いのある者の収監を含む罰則条項を持つ。当該法令と関連条項は，憲法第9附則に基づいて規定される。

〔217〕 SC/STへの留保に関して長年にわたっておこなわれてきた従来の権利に対して1997年になされた侵害を回復するために，過去2年以内に制定された三つの憲法改正が直ちに実施されなければならない。中央および州政府は，1997年に出された名簿に関する執行命令を修正し，1996年以前の名簿を回復するものとする。このことは，上記の法令の範囲内でおこなわれる。

〔218〕 後進階級（BC）への留保もまた，BCに関する留保の特定性を含むものでなければならず，SC/STに関する法令の場合に勧告される留保，罰則規定等において公正と正義を提供するアラクシャン・ナヤーヤ・アダラートまたは審判所に関する規定も含む法令に基づいておこなわれる。

〔219〕 私有化と負の投資の後であっても，公的部門の業務の私有化または負の投資化に関する解釈覚書の中に，SC/ST，BCのため政府の留保政策が，従来と同様の形態で継続される旨を定めることが命ぜられ，このことがまた留保に関する当該法令にも規定される。社会統合の手段として，両親のうち一人がSCまたはSTであり，もう一人が非SCまたは非STである子どもに対しては半分の割合の留保がなされ，この留保をカーストのない者に対する留保とよぶ。

〔220〕 上級裁判所での留保の公的導入に反対する有力な意見と，過去50年にわたった遅々とした教育の発展にもかかわらず，上級裁判所の裁判官としての任命に必要とされる高潔性，資質，および洞察力を相当数のSC/ST，およびBCが有するようになってきている。必要とされる能力を持つ各州のSC/ST，およびBCの十分な数の人員を確実に増員してきたという事実にかんがみ，また，最高裁判所と高等裁判所における公式の留保に反対する一般的な意見を配慮しつつ，他方で，必要とされる能力と資質にもかかわらず裁判官の任命の際に無視されているのではないかというSC/ST，およびBCからなるインド人の大多数の疎外感が解決されるように，実際上，全国/州または多様な宗教的コミュニティからなる多様な社会的部分/地域からの賛同という点に帰着すると思われる方法で，合理的な人数のSC/ST，およびBCを最高裁判所と高等裁判所の法廷席に送り込む方法が見出されなければならない。

〔221〕 公的配給制度に基づく店舗の配分や，当局による必需品の配給のための

ガソリンステーション，ガス機関等その他の配分の問題に関して，SC/ST，およびBC（BCのマイノリティと，とくにより後進的および最も後進的な後進階級を含む）に対し，これらの各範疇に属する女性の適切な比率をともなって，留保がおこなわれなければならない。これらの貧困層の事業主が，その事業を遂行できるように援助する支援制度が必要である。これらの措置は，この報告書第2部第3書の1393頁4.6で示す方針にそっておこなわれる。

〔222〕 関係者すべてに適用される多くの雇用プログラムは，彼らが通常従事する不定期雇用に加えて，1年に最低80日間の農作業従事に関する法定最低賃金を彼らに支給するために拡大されなければならない。賃金支払の方式等といった，とられるべき業務の性質は，この報告書第2部第3書の1392頁から1393頁4.5で詳述されるものとする。基本権としての勤労の権利を含めることは，この報告の〔9〕で勧告されており，これは当該プログラムに必要な憲法的基盤と支援を提供するものである。

〔223〕 SC/STの発展と権限付与に必要な包括的手段の重要な内容項目として，SCの少年少女，STの少年少女のために，SC/STのための居住地域学校（residential schools）を本邦の各県に設立する。また，本委員会は，BCに属するマイノリティを含み，BC間のより後進的および最も後進的な後進階級に対する特別の配慮をふまえて，BCの少年少女のための居住地域学校を各県のBCのために設立することを勧告する。弱者層範疇の生徒の比率（75%）と他の社会範疇の比率（25%），設立場所の原則，マイノリティBCをどのように含めるのかについての方法，調整と資金積立，志願者の選別方法，経営等は，この報告書第2部第3書の1395頁から1397頁5.4と6.2で詳述される。当該制度は，この重要かつ不可欠な制度における希望に根拠を与えた，アーンドラ・プラデーシュ州の過去20年間にわたる先例と経験の支援を獲得してきた。さらに，貧困層と中産階層の家族からなるBCのうち，とくにより後進的および最も後進的な後進階級のSC/ST，およびBCが，国費で，全レヴェルと全学科において，海外の教育機関と同様に本邦の良質で名声ある教育機関で教育を受けるための適正な便宜を得るべきであり必要でもある旨を，本委員会は勧告する。このための資金積立は，この報告書第2部第3書の1395頁および1396頁5.4の(v)に示す方法によって得られるものとする。この報告書第2部第3書の1395頁および1396頁5.4の(ii)および(iv)で詳述した手段は，当該事項に依拠するものとする。

〔224〕 技術的，職業的，科学的，専門的学科の当該学習コースで学ぼうとする学生に動機づけを提供しなければならない。SC/STのための教育プログラムへの

大規模なシフトこそが，現代世界に参加するための技術と知識の基礎という点で当該コミュニティを他のそれと同等にするのに必要とされる種類の量的拡大の達成を可能にする。このことによってのみ，彼らは自らの強さに基づいて競争し，公的生活の様々な領域で指導的役割を果たす地位に就くのである。当該範疇の人々の中に適切な人口割合で，高度の教育を受けた専門的，科学的，技術的な人的資源を蓄積するための手段のこうした側面は，高水準の居住地域学校と初等教育に関する初期の勧告にそうことが念頭に置かれなければならず，設備と支出もそれに従ってなされなければならない。

〔225〕 社会政策は，SC/ST，およびBC（BCのマイノリティととくによりいっそうの後進階級を含む）が，これらの各範疇の少女にとくに配慮しつつ，同様の条件で競争することを可能にすることを目的とする。このことは常に必要であるが，台頭する知識社会の文脈において，なおいっそう重要で緊急を要するものとなる。留保は上記の貧困カテゴリーが，過去に彼らが除外され，および/または他の手段で排除されていた州の教育機関に入学することを支援してきた。留保は，これらの阻害要因が消えない以上，必要である。しかし，国の教育制度から独立かつ分離した高水準の内容を持ち，ほとんど非SC，非ST，非BC範疇からなる富裕層が設立した高水準の教育機関が成長することによって，留保に加えて他の手段を導入することを保障することが重要となってきている。こうした手段をとらなければ，初等教育に関する本委員会の勧告にそって，SC/ST，およびBCと他の社会とのギャップは容赦なく継続し，拡大さえするのである。

〔226〕 1993年の肉体労働によるごみ収集者の雇用と乾式トイレ建設（禁止）法 (The Employment of Manual Scavengers and Construction of Dry Latrines (Prohibition) Act, 1993) は，現在のサファーイ・カラムチャリの雇用と収入を侵害することなしに，人間の尊厳を損なう肉体労働によるごみ収集に関するこの名誉毀損的な慣行を早期に終結させるために厳格に施行されなければならない。全州に対する同法の自動適用可能性は，この報告書第2部第3書の1399頁の7.2で提案する修正によってなされる。また，肉体労働による清掃制度の廃止，サファーイ・カラムチャリの解放と回復措置，そして移行期間におけるサファーイ・カラムチャリの保護に関する特定詳細事項は，昇進の際に考慮される公務員の社会的正義証明制度への編入を含めて，報告書第2部第3書の1399頁から1401頁の7.3で詳述されるものとする。サファーイ・カラムチャリに関する国家審議会に課せられた制限は除去され，国家人権委員会と同等の権限と機能的自律を付与される。つまり，サファーイ・カラムチャリの全般的解放と十分な社会復帰という目的達成のために十分に付与され

なければならない。このことは，国家的な社会正義政策と結びついた国家的な公衆衛生政策に関する不可欠な構成要素を形成する。

〔227〕　SC/STの発展の要請と優先権にそった計画立案とこの計画を効果的に遂行するために，SCP/TSP（Special Component Plan for Scheduled Castes (SCP), and Tribal Sub-Plan (TSP)）の支出全額（つまり，中央/各州の全計画支出と同比率の人口以上の支出）を引き受け，SC/STの専門家と彼らのために真摯に働く者を配置することにより適切な新制度を設立しなければ，SC/STおよび国家を苦難にもたらす厳しい状況が継続することになる。この新制度は，SC/STの発展に関する国家審議会，SC/STの発展に関する国の機関，SC/STの発展に関する州機関，およびSC/STの発展に関する県機関の統合されたネットワークから構成される。中央と各州の全計画支出から，部局ごとの配分がなされる前に，SC/STの人口比に等しい支出が，SC/STの要請と優先順位にそった計画立案に関するSCP/TSPの資金として，国家および当該州の機関の処置に対しておこなわれる。このために，報告書第2部第3書の1409頁から1411頁の9.2において当該制度が詳細に示される。このことにより直ちに，SCP/TSPの直面する様々な限界と困難が取り除かれ，SC/STの経済的解放，教育的平等，社会的尊厳のビジョンに基づいた社会発展に関する強力で統合された制度が設けられる。

〔228〕　助成資金，信用貸付，繰り延べの実施という形での支援制度にそって，SC/STに対する，様々な資源（純粋な公的使用には必要とされない政府の土地，ブーダンの土地，限度を超えた余剰の土地等）からの土地の配分と割当を含む土地改革をおこない，灌漑や他の手段によってこれらの土地の発展に着手する。これに関連して，報告書第2部第3書1410頁9.2の(9)の(b)および同書の1416頁から1417頁14(i)～(vi)で勧告された手段を履行する。同様に，農業労働者のための最低賃金法の実施については，報告書第2部第3書1410頁9.2の(9)の(c)で勧告された手段を履行する。部族コミュニテイに属する土地の転用を防ぎ，発展計画による退去前の効果的な事前の回復措置のために，強力な法的行動が必要とされる。この目的のために，報告書第2部第3書の1414頁から1415頁13.2に記載する手段をとるものとする。また，部族コミュニテイは，彼らの生計のためだけでなく，森林に強く結びついた彼らの生活様式と文化的アイデンティティを保護するために，森林資源の管理に協力しなければならない。この目的のために，報告書第2部第3書の1416頁13.2の(10)および(11)で勧告する行動をとるものとする。

〔229〕　STの土地所有者，産業およびその他の発展に関する保護との調和について，報告書第2部第3書の1415頁から1416頁13.2の(6)，(8)および(9)で示され

資料Ⅲ　インド憲法改革検討委員会報告書

た行動をとらなければならない。

〔230〕　部族の人々の文化的遺産と知的財産権の健全な伝統を保護するために，特別な保護制度が設けられる。このことは，部族の人々の土地と土地に関連する制度上の権利の転用を防ぐ努力と同様に部族のアイデンティティにとって重要である。

〔231〕　憲法第5附則の及ぶ全領域が，第6附則のみが現在適用されている北東州以外の部族領域に第6附則の適用可能性を拡張しつつ，直ちに第6附則に移行し，第5附則も第6附則も適用されない全部族領域もまた直ちに第6附則に移行するものとする。第6附則の組織の選出代表と関連公務員のための訓練とオリエンテーションに関する特別プログラムが，第6附則に基づいて構想される地方の発展的・行政的自治の十分な可能性を保護するために，整然と着手され，実行される。

〔232〕　「効率性」を口実とする私的な偏見とBCマイノリティを含むSC/ST，BC，および女性の向上心との間でのギャップを克服するために，政府は堅固かつ明白に介入しなければならない。このために，政府は報告書第2部第3書の1412頁および1413頁11.3で示す方針にそってイニシアチブをとる。

〔233〕　さらに，政府は，各部門の各レヴェルで他の経済活動部門を調査し，SC/STが十分に各部門で代表されているかどうかを判断する。十分に代表されていない場合には，留保または他の手段のどちらかを通じた救済手段が，各部門の各レヴェルで十分に代表されるように処置するために用いられる。同様の行動が，BCマイノリティ，とくに，より後進的および最も後進的な後進階級を含む後進階級と全カテゴリーの女性についてもとられる。真の効率性への要求を弱めることなしに，非経済的偏見が排除されるならば，こうしたことは可能である。

〔234〕　農業従事者と他の伝統的生産者層は，WTO，IPR等の体制による突然の予期できない一定の悪影響に直面している。上記体制の利益を保護しつつ，同時に彼らをこうした悪影響から保護するために，グローバリゼーション担当大臣，農業担当大臣，他の伝統的生産部門，ならびに他の伝統的生産者層の組織，および農民組織の正式な代表の参加によって，全国規模での会議が，彼らの間の合意を得る救済手段を確認するために開催され，こうした手段が直ちに履行される。履行，矯正，修正を継続的に監視するための当該手段に関する継続的制度が時宜に応じて必要である。

〔235〕　農業従事者と他の多くの伝統的生産者階層は，干ばつ，サイクロン，洪水などの自然災害の悪影響を被っている。したがって，収穫物保険，収穫調整を含む自然災害の悪影響から農業従事者らを保護するのに必要な手段を確認し，こうした手段について同意し，継続的な監視，矯正，修正に関する全国的な継続的機関を

231

設置するものとする。

〔236〕 効果的な法的制度によって，不可触民制に基づく残虐行為や差別的慣行に対抗すると同時に，当該制度およびその効果的な運用によって，SC/STを保護する必要がある。また，同時に，一般社会通念に深く根づいた姿勢の変化も必要である。

〔237〕 法的制度に関しては，「1989年指定カーストおよび指定部族（残虐行為防止）法」を強化し，その実効的な施行を保障する必要がある。このことは，残虐行為リスト記載の一定の犯罪，それ以外の罰則規定，一定の抜け穴の適切な防止，および被害者の包括的回復措置などを包含する同法に基づいて犯罪を専門的に裁く特別裁判所の設立を含むものとする。このために，報告書第2部第3書の1401頁から1404頁8.2.1，8.2.2，8.2.3，8.3および8.4(a)から(p)に示す手段をとるものとする。

〔238〕 現代的発展にそった新しい形態とともに，古い形態においても幅広く有効なものとして継続している不可触民制への配慮，人権教育，道徳教育を包含する多様な手段，不可触民制に対する強力な民主的運動の形成，そして，1995年の市民権保護法（PCR Act）に基づく効果的な刑罰行為が必要とされる。これに関しては，報告書第2部第3書の1404頁と1405頁の8.6から8.8に示すあらゆる手段が用いられる。

〔239〕 第6章で言及した国家科学技術審議会も，SC/STおよびBC，女性や社会の他の貧困層を包含するための現代科学技術および高度科学技術研究への庇護を拡大する手段を促進し，本邦における高度な科学技術研究の発展に貢献できるようにするために，さらには，彼らが非科学的な偏見によってこうした重要な領域から排除されているという感情を持たないようにするために，こうした分野に参加し，その潜在的才能が認識，養成されうる方法を考案しなければならない。

〔240〕 インド憲法は，SC/ST，BC，マイノリティ，および他の弱者層の利益保護と促進のための独自規定を持っている。改正などの同様の手段でこれらの条項を強化することが必要である。したがって，第46条，335条，16条，15条および第7附則のリストIIIの精神を堅持しつつ，報告書第2部第3書の1417頁および1418頁15に示す憲法改正をおこなうべきである。

〔241〕 マイノリティに対しては，次の事項を実施する。

(a) マイノリティコミュニティ間の教育水準発展のための方法がとられるものとする。学問，専門，事業，社会政治領域および低所得の職業領域マイノリティ間のBC，SC/STの指導者を含むコミュニティの指導者との充分な協議の後に，特別プ

ログラムが立案されるものとする。当該プログラムには十分な支出がなされる。教育的で文化的な発展のみが，コミュニティの能力を高めると同時に，国家統合という目的を支援するのである。これは国家的結合への本道である。

(b) 現在の立法府におけるマイノリティ共同体の政治的代表において，とくにムスリムは，彼らの人口比が著しく低下してきている。政治的代表間のBCの比率はほとんどゼロである。これは疎外感情にその原因を求めることができる。このような状況において，政治生活への参加のために，彼らの間で，BC, SC/STを含めたマイノリティコミュニティにおけるリーダーシップ能力を形成することが政党に課せられた義務である。インド政治の多元主義強化のために国家の役割が強調されなければならない。

(c) BCのリスト上認定され，記載され，そして，事実上，宗教的マイノリティ人口の大部分を形成する宗教的マイノリティに属するBCは，BCに対する発展努力において，彼らと同様のヒンドゥー教徒への特別な配慮とともに取り上げられるものとする。これは，BCについて別途言及する第10附則におけるBCの発展と権限付与のための作業部会が作成したBC発展のためのアプローチの形式となる。

(d) 州警察，軍隊において，不十分にしか代表されていないマイノリティコミュニティに属する人物の特別採用を実施するための努力がなされる必要がある。

〔242〕 各州において，言語的マイノリティに，母語による初等教育の段階で，彼らの子どもに指導の便宜が提供されるものとする。言語的マイノリティの直面する多様な問題に関する継続的な年次報告書において，多くの勧告が言語的マイノリティに関する委員会委員長によってなされてきた。社会正義・機能活性化省（the Ministry of Social Justice and Empowerment）と人的資源開発省（the Ministry of Human Resources Development）は，これらすべての勧告を照らし合わせ，それらについて具体的な行動がとられるように処置する。

〔243〕 犯罪傾向者として不当に烙印を押されてきた部族/コミュニティは，一般社会からと同様に法と秩序の代表による搾取と横暴な扱いに従属してきた。彼らの中にはSTのリストに含まれる者もいれば，SCのリストやBCのリストに含まれる者もいる。彼らの発展に関する特別なアプローチが，継続計画におけるST, SC, およびBCの発展に関する作業部会報告，ならびに，SC/STに関する国家審議会やBCに関する国家審議会といった，SC/STに関する審議会委員長の年間報告において詳述され強調されてきた。当該部族に関して有益な特別報告もまた存在する。しかし，その勧告には注目が集まっていない。社会正義・機能活性化省と部族福祉担当省は，作業部会の報告，国家審議会の報告や他の報告に含まれるこれら全資料お

よび勧告を参照し，当該部族の経済的発展，教育的発展，雇用機会の創出，社会的解放，および十分な回復措置に関するプログラムを強化するものとする。ヴィムクタジャーティ（vimktajatis）について指摘されることは，遊動民的（nomadic）および準遊動民的（sub-nomadic）部族やコミュニティにも十分にあてはまる。SC/ST，およびBCのリストで分類されたこれらの部族コミュニティ共同体の集団の継続的窮状は，第46条を含む憲法の委任に真摯に依拠する，計画立案，予算配分，予算計上，および行政に関する機関の失敗の典型事例である。10.5.2から10.5.3で勧告された，SC/STの発展に関する国家機関等の統合ネットワークの設立が，実践的な制度メカニズムを，SCPやTSPの枠組内の遊動民的および準遊動民的部族と同様にヴィムクタジャーティをも定めることになる。同様に，〔246〕で言及するBCの発展に関するアプローチもまた，BCリストに含まれるヴィムクタジャーティや遊動民的および準遊動民的部族/コミュニティに関する実践的なアプローチを含む。

〔244〕 本委員会もまた，上述の人々および遊動民的部族の権利のための活動をおこなう集団のために形成された代表を検討し，それを，彼らが審議会を通じて同様の事項をすすんで検討しうるとの提案とともに，社会正義・機能活性化省に付託してきた。

〔245〕 1978年から1980年に制定された農業労働者のための連邦立法を直ちに導入し，成立させるものとする。農業労働者に特別配慮をおこなう最低賃金法の確実な履行に関する現実的な枠組みが，県の収税官/両頭審議官および県警察による監督についての適合的な水準に依拠しつつ，直ちに実行されなければならない。この目的のために，報告書第2部第3書の1413頁17.2で述べた手段がとられる。

〔246〕 物乞いやその他の強制労働の憲法上の禁止にもかかわらず，隷属的労働の慣行は，地方の最も強力な層によって援助されているために，これまで消滅してこなかった。子ども労働もまた広範にみうけられる。憲法の規範命題を保持しつつこの問題に効果的に対処するために，本委員会は，十分な権限を持ち，1990年から1991年に地方労働に関する審議会で勧告された，隷属的労働の解放と回復措置に関する国家機関が，州レベルでの同様の機関にならって直ちに設立されるべきことを勧告する。さらに，報告書第2部第3書の1414頁19.2で言及した，解放隷属的労働者の回復措置と解放子ども労働者のための教育，およびその他の手段がとられるものとする。

〔247〕 政府は，宗教的マイノリティに属するBCに，彼らと同様の境遇のヒンドゥー教徒と同様の方法でとくに配慮しつつ，彼らの発展の全分野——経済，教育，

資料Ⅲ　インド憲法改革検討委員会報告書

社会，雇用，留保など——をカバーする第10次計画において，BCの雇用に関する作業部会の勧告のすべてを直ちに履行するものとする。例えば，BCのための居住区域学校のいくつかは，ムスリムBCの集中する地域に設置されるものとする。さらに，各県の少年少女の比率に基づいてSC/STに別途勧告されたような，75％がBCで，25％が他のカテゴリーからなるBCのための県優秀校が設けられるものとする。雇用の留保が存在するにもかかわらず，留保や他の手段によって彼らの教育を促進する手段が存在しないことは異常であるので，政府は，教育制度においてBCのための留保を遅滞なくおこなうものとする。

〔248〕　留保，発展，活性化，栄養不良および妊産婦貧血症を含む健康，ならびに，暴力からの保護を内容としつつ，報告書第2部第3書の1412頁16.2に示す提案にそった行動がとられるものとする。

〔249〕　売春，子ども売春，そして子ども買春に関する問題は，指標となる1997年7月9日のゴーラヴ・ジェイン事件（Gaurav Jain's Case）最高裁判決や，報告書第2部第3書の1414頁から1415頁の20.1と20.2に示す1997年設置の，売春，子ども売買春についての事務委員会の報告の対象となってきた。この問題領域について，政府は，当該判決と事務報告の履行，デーヴァダーシ（Devadasi）制度の廃止，発展と教育に関する条項，HIV/AIDSの予防を内容としつつ，報告書第2部第3書の1415頁の20.3に示す提案にそった行動をとる。

主要参考文献

《日本語のもの》

浅野 [1997]：浅野宜之「インド憲法改正と地方制度——村落パンチャーヤトを中心として」(『南アジアの市場化・法・社会』名古屋大学大学院国際開発研究科) 33頁

アンベードカル [1994]：B.R.アンベードカル著，山崎元一・吉村玲子訳『カーストの絶滅』明石書店

稲 [1993]：稲正樹『インド憲法の研究』信山社

井上 [2001]：井上達夫『現代の貧困』岩波書店

大内 [1977]：大内穂編『インド憲法の制定と運用』アジア経済研究所

—— [1978]：大内穂編『インド憲法の基本問題』アジア経済研究所

大沼 [1998]：大沼保昭『人権，国家，文明』筑摩書房

岡田 [1999]：岡田信弘「第三世代の人権論」(高見勝利編『人権論の新展開』北大図書刊行会) 157頁

押川 [1989]：押川文子「インド社会像におけるカースト——二つの『後進階級委員会報告書』をてがかりに」アジア経済第30巻3号2頁

—— [1997]：押川文子編『南アジアの社会変容と女性』アジア経済研究所

金 [2003]：金東勲『国際人権法とマイノリティの地位』東信堂

古賀・内藤・中村 [1998]：古賀正則・内藤雅雄・中村平治編『現代インドの展望』岩波書店

孝忠 [1985a]：孝忠延夫「B.R.アンベードカルとインド憲法 (1)」関西大学法学論集第34巻6号77頁

—— [1985b]：「B.R.アンベードカルとインド憲法 (2・完)」同第35巻1号195頁

—— [1985c]：「B.R.アンベードカルの憲法構想」同3.4.5号491頁

—— [1987]：「インド憲法における国家政策の指導原則——基本権との関係を中心として」『法と政治の理論と現実 (上)』有斐閣

—— [1992]：『インド憲法』関西大学出版部

—— [1993]：「インド憲法における基本権の保障と国家政策の指導原則」関西大学法学論集第43巻1.2号229頁

—— [1995a]：「インド憲法における『マイノリティ』」同第45巻2.3号265頁

―――［1995b］：「インド憲法の改正――第62次改正から第76次改正まで」同4号192頁
―――［1995c］：「インド憲法におけるアファーマティヴ・アクション（1）」同5号100頁
―――［1996］：「インド憲法におけるアファーマティヴ・アクション（2）」同6号239頁
―――［1997］：「インド憲法における『人権』概念」比較法研究59号58頁
―――［2000］：「人権の裁判的保障の制度と現実」『憲法問題』11号20頁、三省堂
―――［2002a］：「南アジアの憲法と『国民統合』」（堀本・広瀬［2002］51頁）
―――［2002b］：「インド憲法におけるアファーマティヴ・アクションと留保措置」関西大学法学研究所研究叢書第24冊23頁
―――［2003a］：『インド憲法――概要及び翻訳』（衆憲資第20号）衆議院憲法調査会事務局
―――［2003b］：「インド憲法の改正――憲法改革検討委員会最終報告を手がかりとして」関西大学法学論集第52巻4.5号240頁
小谷［1994］：小谷汪之ほか編『叢書　カースト制度と被差別民』（全5巻）明石書店
―――［1996］：『不可触民とカースト制度の歴史』明石書店
キール，山際訳［1983］：ダナジャイ・キール著，山際素男訳『アンベードカルの生涯』三一書房
作本［1997］：作本直行編『アジア諸国の憲法制度』アジア経済研究所
佐藤創［2001］：佐藤創「『現代型訴訟』としてのインド公益訴訟（Ⅰ），（Ⅱ）」アジア経済第42巻6号2頁，同7号18頁
佐藤宏［1988］：佐藤宏編『南アジア現代史と国民統合』アジア経済研究所
―――［2000］：「コミュナリズムへの視点――アヨーディヤー事件とインド政治研究」アジア経済第41巻10.11号108頁
寿台［2000］：寿台順誠「アンベードカルの憲法思想・序論――インドにおける憲法文化の確立」マハーラーシュトラ7号71頁
千葉［1998］：千葉正士『アジア法の多元的構造』成文堂
長崎［1996］：長崎暢子『ガンディー　反近代の実験』岩波書店
ビーア［1981］：ローレンス・W・ビーア編，佐藤功監訳『アジアの憲法制度』学陽書房
樋口［1999］：樋口陽一「マイノリティの憲法上の権利――地域的分権を含む」法

律時報第71巻12号94頁
広瀬 [2001]：広瀬崇子編『10億人の民主主義』御茶の水書房
堀本 [1997]：堀本武功『インド現代政治史』刀水書房
堀本・広瀬 [2002]：堀本武功・広瀬崇子編『現代南アジア3　民主主義へのとりくみ』東京大学出版会
安田 [1994]：安田信之「『アジア型』人権論の試み──その理論と展望」憲法理論研究会編『人権理論の新展開』119頁，敬文堂
──── [2000]：『東南アジア法』日本評論社
山崎 [1983]：山崎元一『インド社会と新仏教　アンベードカルの人と思想』刀水書房

《英語のもの》

Ahuja [1997]：Sangeeta Ahuja, *People, Law and Justice,* 2vols, Orient Longman, New Delhi.
Akluwalia [1981]：B.K.Akluwalia/S.Akluwalia (ed.), *B.R.Ambedkar and Human Rights,* Vivek, Delhi.
Ambedkar [1946]：B.R.Ambedkar, *What Congress and Gandhi have done to The Untouchables,* 2nd ed., Thacker, Bombay.
──── [1979] [1982]　：*Dr.Babasaheb Ambedkar, Writing and Speeches,* vol.1,2, Government of Maharashtra, Bombay.
Aparajit [1992]：J.L.Aparajit, *Equality and Compensatory Discrimination under the Indian Constitution,* Dattons, Nagpur.
Bakshi [2000]：S.R.Bakshi (ed.), *B.R.Ambedkar His Social Ideology,* 3vols, Deep&Deep, New Delhi.
Banerjee [1965]：A.C.Banerjee (ed.), *Indian Constitutional Documents 1757-1947,* 4vols, A.Mukherjee, Calcutta.
Basu [1988]：*Shorter Constitution of India,* 3rd ed., Wadhwa, New Delhi.
──── [1994a]：*Constitutional Remedies and Writs,* Kamal Law House, Calcutta.
──── [1994b]：*Human Rights in Constitutional Law,* Prentice-Hall, New Delhi.
──── [2001]：*Shorter Constitution of India,* 13th ed., Wadhwa, New Delhi.
Basu/Kohli [1998]：A.Basu/A.Kohli, *Community Conflicts and the State in India,* Oxford, Calcutta.

Baxi [1994] : Upendra Baxi, "The 'Struggle' for the Redefinition of Secularism in India: Some Preliminary Reflections", 44Social Action13.

—— [2000] : "The Avatars of Indian Judicial Activism: Explorations in the Geographies of [In] Justice",in: Verma/Kusum [2000] p.156.

Beer [1992] : L.W.Beer (ed.), *Constitutional Systems in Late Twentieth Century Asia,* University of Washington Press, Seattle.

Bhandari [1993] : M.K.Bhandari, *Basic Structure of the Indian Constitution,* Deep&Deep, New Delhi.

Bhatia [1995a] : K.L.Bhatia (ed.), *Dr.Ambedkar Social Justice and The Indian Constitution,* Deep&Deep, New Delhi.

—— [1995b] : *Law and Change Towards 21st Century,* Deep&Deep, New Delhi.

C.A.D.: Constituent Assembly, Debates; Official Reports, 12vols, Lok Sabha Secretariat, New Delhi, 1966-67.

Chander,P [2000] : Prakash Chander, *Communal Politics in India,* Anomal Publications, New Delhi.

Chander,S [1995] : Shailja Chander, *Justice V.R.Krishna Iyer on Fundamental Rights and Directive Principles,* Deep&Deep, New Delhi.

Chatterjee,P. [1998] : Partha Chaterjee (ed.), *Wages of Freedom Fifty Years of the Indian Nation-State,* OUP, Delhi.

Chatterjee,S.K. [1996] : S.K.Chatterjee (ed.), *The Scheduled Castes in India,* 4vols, Gyan, New Delhi.

Chavan [2000] : Sheshrao Chavan, *The Makers of Indian Constitution Myth and Reality,* Bharatiya Vidya Bhavan, Mumbai.

Dhavan/Jacob [1978] : R.Dhavan/A.Jacob (ed.), *Indian Constitution Trends and Issues.*

Dhavan [1994] : Rajeev Dhavan, "Law as Struggle: Public Interest Law in India", 36 J.I.L.Insti., 302.

Dinstein/Tabory [1992] : Y.Dinstein/M.Tabory (ed.), *The Protection of Minorities and Human Rights,* Martinus Nijhoff, Dortrecht.

Diwan [1990] : Paras Diwan/Peeyushi Diwan, *Amending Powers and Constitutional Amendments,* Deep&Deep, New Delhi.

Dwivedi [1994] : K.C.Dwivedi, *Right to Freedom and The Supreme Court,* Deep&Deep, New Delhi.

Galanter [1984] : Mark Galanter, *Competing Equalities: Law and the Backward Classes in India,* University of California, Berkeley.

Gwyer/Appadprai [1957] : M.Gwyer/A.Appadprai, *Speeches and Documents on the Indian Constitutional Documents 1921-1947,* 2 vols., OUP, New Delhi.

Grover [1989] : V.Grover (ed.), *The Indian Constitution,* Deep&Deep, New Delhi.

—— [1990] : *Trends and Challenges to Indian Political System,* Deep&Deep, New Delhi.

—— [1997a] : *Political System and Constitution of India,* 10vols, Deep&Deep, New Delhi.

—— [1997b] ; *Political Process, Government Structure and Administration,* Deep&Deep, New Delhi.

—— [1999] : *The Constitution of India,* Deep&Deep, New Delhi.

Gupta [1991] : P.K.Sen Gupta, *India: Constituional Dynamics in a Changing Polity,* Chugh, Allahabad.

Hansaria [1992] : B.L.Hansaria, *Writ Jurisdiction under the Constitution,* Tripathi, Bombay.

Hasan [1984] : S.Hasan, *Supreme Court: Fundamental Rights and Directive Principles,* Deep&Deep, New Delhi.

Hegde [1997] : K.S.Hegde, "Directive Principles of State Policy in the Constitution of India", in: Grover [1997a] vol.2,p.59.

Henkin/Rosenthal [1990] : L. Henkin/A.J.Rosenthal (ed.), *Constitutionalism and Rights,* CUP, New York.

Jain,C.K. [1992] : C.K.Jain (ed.), *Constitutional Law of India,* CBS, New Delhi.

Jain,M.P. [2000] : "The Supreme Court and Fundamental Rights", in: Verma/Kusum [2000] p.1.

Jain,S.C. [2000] : Subhash C.Jain, *The Constitution of India——A Commemorative Edition on 50 Years of the Supreme Court of India,* Taxmann, New Delhi.

Jayal [2001] : N.G.Jayal (ed.), *Democracy in India,* OUP, New Delhi.

Kagzi [1984] : M.C.J.Kagzi, *The Constitution of India,* 4th ed., 2vols, Metropolitan, New Delhi.

―― [2001] : *The Constitution of India,* 6th ed., 2vols, Indian Law House, New Delhi.

Kashyap [1993] : Subhash C.Kashyap (ed.), *Perspectives on the Constitution,* Shipra, New Delhi.

Keeton [1964] : G.W.Keeton (ed.), *The British Commonwealth,* vol.6.

Keith [1969] : A.B.Keith, *A Constitutional History of India, 1600-1935.*

Kuber [1973] : W.N.Kuber, *Dr.Ambedkar A Critical Study,* People's Publishing House, New Delhi.

Kumar [1985] : Arun Kumar, *Cultural and Educational Rights of the Minorities under Indian Constitution,* Deep&Deep, New Delhi.

Mahar [1972] : J.M.Mahar (ed.), *The Untouchabes in Contemporary India,* UAP, Arizona.

Mehta [1990a] : S.M.Mehta, *A Commentary on Indian Constitutional Law,* 2nd ed., Deep&Deep, New Delhi.

―― [1990b] : *Constitution of India and Amendment Acts,* Deep&Deep, New Delhi.

Mishra/Singh [2002] : Naveen Mishra/Sudhir Kumar Singh, *Status of Minorities in South Asia,* Authors Press, New Delhi.

Nayak [2001] : Subhash Chandra Nayak, *Ethnicity and Nation-Building in Sri Lanka,* Kalinga Publications, Delhi.

Pylee [1984] : M.V.Pylee, *Constitutional Government in India,* 4th ed., S.Chand, New Delhi.

Rajashekhariah [1983] : A.M.Rajashekhariah (ed.), *The Socio-Economic Transformation of India, ――Dr. Ambedkar's vision (Papers and Proceedings of National Level Symposium)――*, KUP, Dharwad.

Rajashekhar [1993] : C.Rajashekhar, *Social Revolution and the Indian Constitution,* Deep&Deep, New Delhi.

Rao,B.S. [1966-68] : B.S.Rao, *The Framing of Indian Constitution,* 5vols, Indian Institute of Public Administration, New Delhi.

Rao/Prasad [1991] : R.V.R.Chandrasekhara Rao/V.S.Prasad (ed.), *Indian Constitution and Polity.*

Rao,T.V.S. [1992] : T.V.Subba Rao, *Constitutional Development in India,* Deep&Deep, New Delhi.

Rodrigues [2002] : Valerian Rodrigues (ed.), *The Essential Writings of B.R. Ambedkar,* OUP, New Delhi.

Sathyamurthy [1996] : T.V.Sathyamurthy (ed.), *Religion,Caste,Gender and Culture in Contemporary India,* OUP, New Delhi.

Seervai [1983-4] : M.K.Seervai, *Constitutional Law of India,* 3rd ed., Tripathi, Bombay.

—— [1988] : H.M.Seervai (ed.), *Constitutional Law of India,* Supplement to 3 rd ed.,Tripathi, Bombay.

Sehgal [1993] : B.P.Singh Sehgal, *Law, Judiciary and Justice in India,* Deep& Deep, New Delhi.

—— [1996] : B.P.Singh Sehgal (ed.), *Human Rights in India,* Deep&Deep, New Delhi.

Setalvad [1967] : M.C.Setalvad, *The Indian Constitution 1950-1965.*

Sharma,K. [2002] : Kanahaiyalal Sharma, *Reconstitution of the Constitution of India,* Deep&Deep, New Delhi.

Sharma,K. [1992] : Kusum Sharma, *Ambedkar and Indian Constitution,* Ashish, New Delhi.

Sharma,M.C. [1995] : M.C.Sharma, *Justice P.N.Bhagwati Court Constitution and Human Rights,* Universal, Delhi.

Sharma,R.N. [1992] : R.N.Sharma, *Fundamental Rights, Liberty and Social Order,* Deep&Deep, New Delhi.

Sharma,S.K. [1989] : S.K.Sharma, *Distributive Justice under Indian Constitution,* Deep&Deep, New Delhi.

Shukla [1994] : V.N.Shukla's (Revised by Mahendra Singh), *Constitution of India,* 9th ed., Eastern Book Company, Lucknow.

Shukla [2001] : V.N.Shukla's (Revised by Mahendra Singh), *Constitution of India,* 10th ed., Eastern Book Company, Lucknow.

Singh,M. [1981-82] : Mahendra P. Singh, "Jurisprudential Foundations of Affirmative Action: Some Aspects of Equality and Social Justice", 10&11 Delhi Law Review 39.

—— [1989] : *Comparative Constitutional Law,* Eastern Book Company, Lucknow.

—— [1994] : "Are Article16 (4) or15 (4) Fundamental Rights?", (1994) 3

SCC (J) 33.

Singh,P. [1995] : Parmanand Singh, "Fundamental Right to Reservation: A Rejoinder", (1995) 3SCC (J) 6.

—— [1998] : "Promoting Equality through Reservation: A Critique of Judicial Policy and Political Practice", 20 Delhi Law Review 23.

Sivaramayya [1984] : B.Sivaramayya, *Inequalities and the Law*, Eastern Book Company, Lucknow.

Siwach [1990] : J.R.Siwach, *Dinamics of Indian Government and Politics*, Sterling Publishers, New Delhi.

Srivastava [1989] : R.B.Srivastava, *Economic Justice under Indian Constitution*.

Tope [1982] : T.K.Tope, *Constitutional Law of India*, 1982ed., Eastern Book Company, Lucknow.

—— [1992] : *Constitutional Law of India*, 2nd ed., Eastern Book Company, Lucknow.

Tripathi [1972] : P.K.Tripathi, *Some Insights into Fundamental Rights*, University of Bombay, Bombay.

Verma/Kusum [2000] : S.K.Verma/Kusum (ed.), *Fifty Years of the Supreme Court of India*, OUP, New Delhi.

Vibhute [1993] : K.I.Vibhute (ed.), *Dr.Ambedkar and Empowerment: Constitutional Vicissitudes*, University of Poona, Bombay.

（その他，インド憲法制定過程およびインド憲法に関する基本文献（1970年代までのもの）については，松本脩作「インド憲法の制定過程に関する資料目録」（大内 [1977] 231頁）および同「インド憲法に関する基本文献の解説」（大内 [1978] 297頁）参照。）

あ と が き

　日本国憲法前文も本書の「まえがき」で紹介したインド憲法やアメリカ合衆国憲法と類似の表現で始められている。そして，その表現に続く文脈からして「われら日本国民」以外の他者との協力・協調関係を模索し，「国際社会において名誉ある地位」を占めるための「国民」像を示しているように読める。日本においては，「他者」の存在すら想定しえないかのような言説もみられるが，「日本国民」（その定義が問題となるのだが）をあえて国際社会という「他者」にさらすことによって従来の国民国家の限界をのり超えうる可能性を示そうとしているのかもしれない。本書で考察した「マイノリティ」の問題は，それぞれの国民国家が謳う「われら〇〇人民」の内実を明らかにし，他者としての「われら□□人民」と未来志向のあらたな関係性を築いていくための手がかりの一つとなるように思われる。

　本書は，これまでに公刊した論文を「インド憲法とマイノリティ」という問題意識と考察姿勢を明確にしたうえで，大幅に加筆・修正し，再構成したものである。このテーマに関して筆者がこれまでに著した論文の多くは「主要参考文献」に掲げてあるが，本書の各章のもとになった論文は，次の通りである。

序　章
「インド憲法における『国家と自由』」（古賀正則・内藤雅雄・中村平治編『現代インドの展望』岩波書店，1998年）
「南アジアの憲法と『国民統合』」（堀本武功・広瀬崇子編『現代南アジア3　民主主義へのとりくみ』東大出版会，2002年）

第1章
「インド憲法における『マイノリティ』」関西大学法学論集第45巻2．3

号，1995年

第2章

「B.R.アンベードカルの憲法構想」同第35巻3.4.5号，1985年

「B.R.アンベードカルの憲法思想」密教文化第186号，1994年

第3章

「インド憲法における国家政策の指導原則——基本権との関係を中心として」（関西大学法学部編『法と政治の理論と現実（上）』有斐閣，1987年）

「インド憲法における基本権の保障と国家政策の指導原則」関西大学法学論集第43巻1.2号，1993年

第4章

「人権の裁判的保障の制度と現実」全国憲法研究会編『憲法問題』第11号，三省堂，2000年

「インド憲法におけるアファーマティヴ・アクションと留保措置」関西大学法学研究所研究叢書第24冊，2002年

「インド憲法におけるマイノリティ代表制度——SC/STに対する留保代表制度を中心として」同上第29冊，2004年

インド憲法の研究を始めて約20年が経過した。本書をとりまとめる作業をおこないつつやり残していること，問題関心・考察が今なお不十分であることを痛感させられた。この間多くの人々の学恩を受けてきたが，ここでそれらの人々のお名前を列挙することは避けたい。個人的に手探りでインド憲法の研究を始めていた筆者が日本における南アジア研究の「仲間」が数多くいることを知ったのは，南アジア研究集会に参加するようになってからである（その後，日本南アジア学会に入会）。また，独りよがりの研究手法の修正をせまられたのは，古賀正則・内藤雅雄・中村平治編『現代インドの展望』（岩波書店，1998年）の共同執筆者に加えていただき，厳しい中にも暖かいご指摘・ご教示を受けたときであることを懐かしく思い出す。さらに，文部科学省特定領域研究（A）「南アジア世界の構造変動とネットワーク——多元的共生社会

の発展モデルを求めて」(領域代表者長崎暢子)という総合的な研究によって筆者の研究「位置」(おこなうべきこと)が分かってきたような気がしている。

2003年11月，アジア法研究会を発展的に継承したアジア法学会(安田信之代表理事)が設立された。従来の西欧法中心の研究手法の根本的見直しを迫るこれら研究グループの一員に加えていただいていることを幸せに思う。これらの研究でかかわりを持たせていただいた多くの研究者の方々にこの場をかりて深く感謝したい。

最後になったが法律文化社の秋山泰氏には前著(『国政調査権の研究』，1990年)に続き今回もお世話になった。心より感謝の意を表したい。

2005年1月26日　インド憲法施行55周年の日に

関西大学法学研究所「マイノリティ研究班」共同研究室にて

孝忠　延夫

事項・人名索引

あ 行

アーメダバード聖ザビエルカレッジ協会事件判決 ……… 67-, 71
アーリア人 ……… 62
アーンドラ・プラデーシュ ……… 166
アイルランド憲法 ……… 13, 112, 121
アジー・クマール・シン事件判決 ……… 172
アジーズ・バシャ事件判決 ……… 65, 68
アジト・シンⅡ事件判決 ……… 173-
アッサム ……… 50, 54
アッサム自治県 ……… 55
アッサム小委員会 ……… 44
アッサム外小委員会 ……… 44
新しい人権 ……… 25
アファーマティヴ・アクション ……… 5-, 27, 160-, 182-
アメリカ合衆国憲法 ……… 2-3, 99, 100
アヤール,A.K. ……… 120
アリーガル・ムスリム大学法 ……… 68
アルナチャル・プラデーシュ ……… 176
アングロインディアン ……… 36, 42, 55, 58
アンベードカル,B.R. ……… 29, 34, 48, 80-, 171, 179
違憲審査権 ……… 102
一党優位体制 ……… 177-, 180
イドガー食肉処理場事件 ……… 151
井上達夫 ……… 25
イブラヒム,K.T.M. ……… 44
インディアン・クリスチャン ……… 28, 39, 45-
インディラ・ガンディー ……… 132
インド共和党 ……… 177
インド憲法 ……… 2-, 60, 190, 200-
インド人民党（BJP） ……… 179
インド藩王国 ……… 47, 54, 57, 87-
インドゥラ・ソーニー事件判決→マンダル事件判決
ヴァサント・クマール事件判決 ……… 165
ヴァルナ社会構造 ……… 168
ヴィノド・クマール事件判決 ……… 175
ヴェンカタチャーリア,M.N. ……… 21
ウッタル・プラデーシュ ……… 151
エージェンシー ……… 153
英印円卓会議→円卓会議
S.K.パトロ司教事件判決 ……… 71
円卓会議 ……… 29, 83-, 117
オースティン,G. ……… 137
押川文子 ……… 61, 177

か 行

カースト ……… 35, 53, 164-, 169, 183, 193
カーンデカル,H.J. ……… 35
会議派（国民会議派） ……… 10, 29, 32, 107, 177-
カウル,R.A. ……… 36, 40, 120, 121
カナダ ……… 139
環境保護・環境権 ……… 19, 25
完全小選挙区制 ……… 177
ガンディー,M.K. ……… 29, 31, 80, 115
ガンディー,M. ……… 151
議院内閣制 ……… 91-, 102
基本権 ……… 13-, 61, 103, 111-, 127-, 188
基本権小委員会 ……… 37, 119-
基本権判決 ……… 19, 133, 144
客観訴訟 ……… 151
ギャランター,M. ……… 185, 188
銀行国有化事件判決 ……… 132
グジャラート大学事件判決 ……… 70
グプタ事件判決 ……… 15
クラス・アクション ……… 147
クリシュナ・アイヤール,V.R. ……… 15, 146
クリシュナマチャーリ,T.T. ……… 56
クリップス提案 ……… 31, 97
グル・ナーナク ……… 66
ケーサヴァナンダ事件判決→基本権判決
ケーララ教育法案事件判決 ……… 62, 70, 130
原告適格 ……… 15, 150
言語的マイノリティ ……… 38-, 61-, 64, 181
憲法改革検討委員会 ……… 20-, 176
憲法改正 ……… 8-9, 17-, 136, 174
憲法起草委員会 ……… 80, 97-
憲法顧問 ……… 45

憲法制定議会 ･･････････ 12-, 31-, 48, 97-, 118-
憲法前文 ･･････････････････････ 13-, 32, 141
憲法の基本構造 ･･･････････････ 19-, 136, 144
権力分立 ･･･････････････････････････････ 90-
公益訴訟 ･･････････････････････････････ 147
合格最低点 ･･････････････････････ 172, 187
後進階級 ･･････････ 46, 63, 163, 169, 182, 184-
公共訴訟 ･･････････････････････････････ 147
合同選挙 ･････････････････････････････ 30-, 38
公務委員会 ･･･････････････････････････ 103-
ゴーラク・ナート事件判決 ･･･････ 18, 130
国民会議派→会議派
国民国家（ネイション・ステイト）
････････････････････････････････ 1, 8, 180, 190
国民代表法 ････････････････････････････ 62
国民統合 ･････････････ 8, 10, 17-, 72, 181, 192
国民社会主義 ･･･････････････ 88, 95, 99, 106
国家政策の指導原則 ････ 13-, 103, 111-, 127-
国家とマイノリティ ･･････････････ 87-, 117-
コタリ,R. ･･････････････････････････････ 179
コミュナリズム ･･････････････････････ 101
コミュナル ･････････････ 36, 52, 82, 115, 128
コミュナル裁定 ･･････････････････････ 85
コミュナル政令 ･･････････････････････ 162
コミュニティ ･･･････ 12, 30-, 55, 67, 83, 185
コモン・ロー ････････････････････････ 90

さ　行

サードゥラ,M. ･･･････････････････････ 52
最低賃金法 ･･････････････････････････ 131
裁判を受ける権利 ･･･････････････ 16, 152-
サイモン委員会 ･････････････････ 29, 82-, 113
サウスバラ委員会 ･････････････････････ 82
サクセナ,S.L. ･････････････････････････ 44
サハヤ,S. ･････････････････････････････ 105
ザヒール,A. ･･････････････････････････ 42
サプルー委員会 ･･･････････････････････ 115
サワント,S.B. ････････････････････････ 171
サンターナム,K. ･･････････････････････ 101
サングマ,P.A. ････････････････････････ 21
シーパッハ,J.R. ･･････････････････････ 128
シールヴァイ,H.M. ･･･････････････ 128, 138
寺院立り闘争 ････････････････････････ 81
自衛官合祀拒否訴訟最高裁判決 ･････････ 11
G.F.カレッジ事件判決 ･･････････････････ 68

シ　ク ･････････････････ 30, 35-, 49, 51-, 58
シダーラジバーイ事件判決 ･･･････････ 65
指定カースト（SC）
･････････････････････ 3, 28, 33-, 43, 53, 161-, 177
指定部族（ST） ･･････････ 3, 35, 46-, 59, 161, 177
指導原則→国家政策の指導原則
死に至る断食 ･･･････････････････････ 31, 86
司法積極主義 ･･････････････････････ 14, 151
市民的不服従 ･･････････････････････････ 87
諮問委員会･･･････････････ 33, 41, 50, 53, 122-
集団の人権 ････････････････････････････ 25
シャー,K.T. ･･･････････････････ 37, 120, 121
シャーストラ ････････････････････････ 124
シャーバーノー事件判決 ･･･････････････ 11-
社会活動訴訟（SAL） ･･･････ 13-, 111, 146-, 191
社会正義 ･･･････････････ 15, 112, 150, 180, 184
社会の教育的後進階級 ･･･ 47, 61, 63, 163-, 182-
社会的ボイコット ･････････････････ 34, 96
ジャナタ・ダル ･････････････････････ 178
ジャヤスリー事件判決 ･････････････････ 167
ジャンキ・プラサド事件判決 ･･･････････ 165
州立法院 ･･････････････････････････････ 56
宗教的コミュニティ ･････････････ 50, 181
宗教的マイノリティ ･････････････ 61-, 64
収入テスト ･･････････････････････････ 167
収入を加味した職業テスト ･･････････ 164
寿台順誠 ･･････････････････････････････ 80
シュリニーヴァサン,R.B. ･････ 29, 83, 85
シロング駐屯地 ･････････････････････ 56
信教の自由 ･･････････････････････････ 10-
シンデ,V.R. ･･････････････････････････ 82
人権の普遍性 ････････････････････････ 24
森林保全事件 ････････････････････････ 152
スペイン憲法 ････････････････････････ 112
スリランカ ･･････････････････････ 1-2, 112
スワラージ ････････････････････････ 82, 113
政教分離主義（セキュラリズム） ･････ 9-
全インド裁判長会議 ･････････････････ 149
全インド指定カースト連合 ･･･････････ 87
全インド政党会議 ･･････････････ 83, 113
全インド被抑圧階級協会 ･････････････ 35
全聖人高等学校事件判決 ･････････････ 69
宗主権 ････････････････････････････････ 90
その他の後進階級（OBC） ･･･ 6-, 61, 161, 181-
ソラブジー,S.J. ･････････････････････ 183

事項・人名索引

た　行

- タージ・マハール汚染事件 …………… 151
- タイ王国憲法 …………… 112
- 第一回全インド不可触民会議 …………… 82
- 第一次後進階級委員会 …………… 6
- 第三世界 …………… 154
- 第三世代の人権 …………… 25
- ダイシー,A.V. …………… 99, 100
- 大衆社会党 …………… 178
- 大統領制 …………… 92, 102
- 第二次後進階級委員会（マンダル委員会） …………… 7, 161-, 167-
- ダウラトラム J. …………… 37
- ダス,S.R. …………… 128
- タミル人 …………… 10
- タミル・ナードゥ …………… 166
- タヤージ,M. …………… 53
- チトラレーカ事件判決 …………… 164, 168
- 千葉正士 …………… 24
- チャールズ・ロブソン事件 …………… 66
- チャーンドラチャド,Y.V. …………… 15, 148
- チャンドラ・バーヴァン事件判決 …………… 128, 131
- チャタジー,S.K. …………… 179
- チャンチャラ事件判決 …………… 63
- チャンパカム・ドライラージャン事件判決 …………… 128, 162
- 貯水池開放運動 …………… 81
- チンナンマ事件判決 …………… 65
- D.A.V.カレッジJr.事件判決 …………… 62
- D.A.V.カレッジB.事件判決 …………… 66
- デーブ・チャンド事件判決 …………… 130
- デシュパンデ,V.S. …………… 142
- デリー …………… 19, 49, 151
- デュープロセス …………… 103
- デューレカル,P.V. …………… 105
- 統一民法典 …………… 12, 121, 127
- ドゥオーキン …………… 189
- 同化 …………… 34
- 当事者適格（原告適格） …………… 149
- 統治法 …………… 29, 31, 60, 82, 98, 117
- トーマス事件判決 …………… 167, 170
- トラヴァンコール藩王国 …………… 89
- ドラヴィーダ人 …………… 62
- トリーパティ,P.K. …………… 183
- トリロキ・ナート事件判決 …………… 167

な　行

- ナーグプル …………… 107
- 内閣使節団 …………… 31, 87, 90
- ナガッパ,S. …………… 44
- 日本国憲法 …………… 2
- 認定マイノリティ …………… 57
- ネパール …………… 112
- ネルー …………… 10
- ネルー報告書 …………… 29, 83, 113-
- 能力平等原則 …………… 172

は　行

- バーク,E. …………… 91
- バーブリー・マスジット …………… 12
- パーマナンド・シン …………… 169, 185, 189
- バーラト …………… 3
- バールガヴァ,T. …………… 54, 56
- パールシー …………… 36, 39
- ハイデラバード藩王国 …………… 89
- パキスタン …………… 54, 88, 112
- パキスタン宣言 …………… 31
- バグワティ,P.N. …………… 14, 137, 148, 150
- バス,D.D. …………… 137
- 発展への権利 …………… 25, 154
- パテール,V. …………… 43, 44, 50, 51, 57, 124
- パトローニ事件判決 …………… 62
- ハニフ・クレシ事件判決 …………… 129
- バラージ事件判決 …………… 6, 163, 168, 170
- バララム事件判決 …………… 166
- バランガイ …………… 16, 153
- バルカン化 …………… 31, 89
- バローダ藩王 …………… 81
- 藩王国→インド藩王国
- バングラデシュ …………… 112
- パンジャーブ …………… 35, 47, 49, 58
- パンジャーブ土地改革法 …………… 18
- パンチャーヤト …………… 16, 19, 101, 126
- パンディアン,S.R. …………… 170
- パント,G.B. …………… 32
- 比較法文化論 …………… 24
- 非常事態 …………… 18, 139
- BJP政権 …………… 20
- 匹敵テスト …………… 165

被抑圧階級 …………………… 28-, 32-, 80-, 117
ピリー,M.V. ……………………………………… 141
PIL→社会活動訴訟（SAL）
PIL審査室 ……………………………………… 148-
ビルマ（ミャンマー） ……………………… 112
ピレイ,M. ………………………………………… 101
ヒンドゥー ………………… 28, 35, 43, 51, 84
ヒンドゥー法 …………………………………… 107
ヒンディー語 ……………………………… 19, 153
フィリピン憲法 ………………………………… 112
プーナ協定 ………………………… 31, 86, 93, 106
不可触民 …………………………… 31, 80-, 181
不可触民制 ………………………………… 38, 51
福祉国家 ……………………………………… 145, 189
仏　教 …………………………………………… 107
不在地主制度 …………………………………… 18
フセイン,T. …………………………………… 179
部族民（トライブ） ………………… 36, 44-, 152
富裕層 ……………………………………………… 185-
ブラーマ,R.N. ………………………………… 36
ブラーミン ………………………………… 162, 185
プラサド,R. ……………………………………… 119
プラサド事件判決 ……………………………… 130
プラディプ・タンドン事件判決 ……………… 165
フランス憲法制定議会 ………………………… 101
プレーティ・シュリヴァスタヴァ事件判決 172
プロレタリア独裁 ……………………………… 141
分離選挙 ………………… 30, 39, 53, 82-, 93-, 106
分離代表 ………………………………………… 29
分離定住 ………………………………………… 96
分離・独立 ……………………………………… 26
ヘグデ,K.S. …………………………………… 131
ヘーゲル ………………………………………… 87
ヘラクレス ……………………………………… 105
ペリアカルッパム事件判決 …………………… 165-
ベンガル ……………………………………… 47, 58
法曹革命 ……………………………………… 16, 152
補償の差別 ……………… 6, 161, 181, 183, 188, 191
ホッブス ………………………………………… 87
ポピュリズム …………………………………… 180
堀本武功 ………………………………………… 177
ボンベイ教育協会事件判決 …………………… 63

ま　行

マーク・ネットー事件判決 …………………… 66-

マーヘンドラ・シン ……………………… 188, 190
マイソール高裁 ………………………………… 131
マイノリティ
　…………………… 1-2, 24, 45, 54, 60-, 71-, 93, 181, 190
マイノリティ協定 ………………………… 29, 85
マイノリティ小委員会 ………… 33-, 37-, 84, 122
マイノリティ特別官 ………………… 47, 57, 59
マクドナルド首相 ………………………… 84, 85
マサーニ,M.R. ……………………………… 120, 121
マシュー ………………………………………… 134
マジョリティ ………………… 11, 25, 28, 48, 91
マトゥーラ精油所 ……………………………… 151
マドラス大学事件判決 ………………………… 63
マノハル ………………………………………… 173
マハール ………………………………………… 107
マハトマ …………………………………… 86, 105
マレーシア上位裁判所 ………………………… 147
マン,B.S. ……………………………………… 59
マンダル委員会→第二次後進階級委員会
マンダル事件判決 ……… 7-, 161-, 168-, 175, 186
マンダル報告書 …………………………… 7-, 167-
ミネルヴァ工場事件判決 ……………… 128, 136
身分法 …………………………………………… 12
ムーケルジー,H.C. ………………………… 33, 179
ムーケルジー,S.P. ……………………………… 37
ムスリム …………… 12, 28, 43, 52, 58, 68, 127
ムスリム女性離婚権保護法 …………………… 12
ムスリム連盟 ……………………………… 31, 38, 88
無料法律扶助 …………………………………… 19
ムンシー,K.M. ………… 33, 40, 43, 58-, 119, 127
メータ,H. …………………………………… 120, 121
メータ,M.C. …………………………………… 151
目標決議 …………………………… 13, 32, 99, 119

や　行

ヤグデヴ・シン事件判決 ……………………… 62
安田信之 ………………………………………… 24
優遇措置 ……………………… 6-, 57, 160-, 181, 191
横田耕一 ………………………………………… 25

ら　行

ラウ,B.N. ……………………………… 115-, 119, 122-
ラオ,K.V. ……………………………………… 106
ラスカル,N.C. ………………………………… 54
ラジェンドラン事件判決 ………… 165, 168, 174

事項・人名索引

ラム・ナンダン委員会……………170
ラリ,Z.H.……………………………53
リリー・クリアン事件判決……………67
ルートナスワミ,M.……………………37
ルピーの問題……………………………81
留保議席…………30-, 35, 46, 50, 55, 82-, 177
留保措置…………5-, 27, 29, 161-, 186-, 191
令状請求訴訟……………………………15
隷属的労働……………………………148, 153

ルソー……………………………………10
レイ,A.N.………………………………165
令状（令状訴訟）………………147, 169
レッディ,B.P.J.………………………171
レファレンダム…………………………85
連帯責任………………………………102
連邦制……………………………………99-
連立の時代……………………………177
ロンドン大学LSE………………………81

253

■著者紹介

孝忠　延夫（こうちゅう　のぶお）

現在　関西大学法学部教授・法学博士
1949年　島根県生まれ
1982年　関西大学大学院博士後期課程単位習得
1981年　関西大学法学部助手，1994年より現職

《主要著作》
『国政調査権の研究』（法律文化社，1990年）
『インド憲法』（関西大学出版部，1992年）
『「浸水」のまちから「親水」のまちへ』（編著）（法律文化社，1992年）など

2005年4月10日　初版第1刷発行

インド憲法とマイノリティ

著　者　孝忠延夫
発行者　岡村　勉

発行所　株式会社　法律文化社
〒603-8053　京都市北区上賀茂岩ケ垣内町71
電話 075(791)7131　FAX 075(721)8400
URL:http://www.hou-bun.co.jp/

© 2005 Nobuo Kochu Printed in Japan
印刷：一進印刷㈱／製本：藤沢製本所
装幀　白沢　正
ISBN4-589-02828-X

孝忠延夫著 **国政調査権の研究** A5判・364頁・5460円	"議会制の危機"が叫ばれると同時に"議会の復権"が唱えられる今日、"議会に与えられた武器"といわれる「国政調査権」の憲法的性格を国政に対する批判・監視権、特に内閣に対する議会的統制権と捉える視点に立ち、議会制民主主義のあり方を示唆。
愛敬浩二著 **近代立憲主義思想の原像** ―ジョン・ロック政治思想と現代憲法学― A5判・272頁・6825円	近代憲法の古典、ジョン・ロック『統治二論』の綿密な歴史的解読を通じて、憲法学と政治思想史を方法論的に統合し、立憲主義、リベラリズムをめぐる現代憲法学の理論状況に対して原理的な問題提起を行う。
元山 健著 **イギリス憲法の原理** ―サッチャーとブレアの時代の中で― A5判・300頁・4830円	戦後イギリス憲法の達成点と問題点を批判的に考察。イギリスにおける憲法論の相克を追い、その特質(普遍性と特殊性)と現代的課題を総括的に探り、今後の展開の可能性を問う。
ボード・ピエロート、ベルンハルト・シュリンク著／永田秀樹・松本和彦・倉田原志訳 **現代ドイツ基本権** A5判・570頁・12600円	ドイツの人権論に関する標準的な教科書。判例・事案を豊富に紹介し、それらの理論的位置づけを明快に説き、判例理論を体系的に解説する。巻末付録：「ドイツ連邦共和国基本法(抄)」「連邦憲法裁判所法」
山下健次・中村義孝・北村和生編 **フランスの人権保障** ―制度と理論― A5判・290頁・4515円	めざましい進展をとげるフランスの憲法研究。その人権保障について、憲法裁判、選挙と平等、男女平等、宗教的自由、インターネット規制などの制度と理論をめぐって歴史的展開と「現在」を鋭く解明。共同研究の成果。
小林 武著 **現代スイス憲法** A5判・484頁・6300円	現代国家として、給付行政をはじめ積極国家としての展開を示しつつあるスイス連邦憲法の全体像を理論的に解明。一部：現行憲法と全面改正作業／二部：主要テーマにおける新憲法への展望／三部：資料(現行憲法典と2つの公式全面改憲草案)

——**法律文化社**——

表示価格は定価（税込価格）です